经济法博士精品文库

李昌麒　卢代富　主编

地方政府参与金融监管法治论

刘志伟　著

法律出版社　LAW PRESS·CHINA

北京

图书在版编目(CIP)数据

地方政府参与金融监管法治论 / 刘志伟著. -- 北京：法律出版社，2023
(经济法博士精品文库 / 李昌麒，卢代富主编)
ISBN 978-7-5197-4728-2

Ⅰ. ①地… Ⅱ. ①刘… Ⅲ. ①地方政府—参与管理—金融监管—金融法—研究—中国 Ⅳ. ①D922.280.4

中国版本图书馆 CIP 数据核字(2020)第117154号

地方政府参与金融监管法治论
DIFANG ZHENGFU CANYU JINRONG JIANGUAN FAZHILUN

刘志伟 著

策划编辑 陈 妮
责任编辑 陈 妮 毛镜澄
装帧设计 李 瞻

出版发行 法律出版社
编辑统筹 法治与经济出版分社
责任校对 晁明慧
责任印制 吕亚莉
经　　销 新华书店

开本 710毫米×1000毫米 1/16
印张 19.25 字数 331千
版本 2023年4月第1版
印次 2023年4月第1次印刷
印刷 固安华明印业有限公司

地址：北京市丰台区莲花池西里7号(100073)
网址：www.lawpress.com.cn
投稿邮箱：info@lawpress.com.cn
举报盗版邮箱：jbwq@lawpress.com.cn

销售电话：010-83938349
客服电话：010-83938350
咨询电话：010-63939796

书号：ISBN 978-7-5197-4728-2
定价：98.00元
凡购买本社图书，如有印装错误，我社负责退换。电话：010-83938349

《经济法博士精品文库》出版说明

兴起于20世纪80年代初期的中国经济法学,经过40余年的发展,已经取得了令世人瞩目的成就。老一辈经济法学人筚路蓝缕,中青年经济法学人久久为功,我国经济法学研究呈现出百花齐放、主旋律清晰的可喜局面。世易时移,经济法的学科地位已为法学界广泛认同,而经济法作为一个独立的部门法,已经成为中国特色社会主义法律体系的重要组成部分。九层之台,起于垒土。作为一门新兴的、发展中的年轻学科,经济法学的许多领域还有待进一步开拓,许多问题还有待进一步挖掘。可以说,无论是经济法学宏观体系的构建,还是经济法学微观理论的深化,皆有赖学者们踔厉创新、踵事增华。

西南政法大学经济法学科点自20世纪80年代成立起,始终紧跟经济法学发展前沿,并在经济法理论和实务研究方面作了长期不懈的努力。经过全体教师的共同奋斗,学科点在学术团队建设和学术研究探讨方面取得了较丰硕的成果,在法学界享有一定的声誉:1996年取得博士学位授权资格、2002年被评为国家级高等学校重点学科点、2018年经济法学科教师团队入选首批"全国高校黄大年式教师团队"、2019年获"全国教育系统先进集体"、2021年获"全国先进基层党组织"……经济法学科全体学人脚踏实地,守正创新。但是,我们深知,经济法学的发展依然任重而道远,要实现经济法学发展和进一步发展的宏伟目标,只有与全国经济法学界的同仁并肩携手、共同努力,才能有效回应经济法学科发展中的新要求、新问题、新挑战,才能无愧于时代对经济法学科建设所寄予的厚望。

博士作为高层次的专门人才,向来是学科建设的生力军。为了充分发挥经济法博士在经济法学科发展中的重要作用,亦为经济法博士展示其成果提供畅通的途径,我们编辑出版《经济法博士精品文库》(以下简称《精品文库》)。本着优中选优的学术原则,《精品文库》面向全国征集稿件,计划每年出版 2 ~ 3 部作品。凡经济法领域的博士学位论文及其他与经济法领域相关的博士学位论文,均属于征稿范围。应征稿件经学科点聘请的《精品文库》编辑委员会审订后,择优推荐给出版社,并按有关规定资助出版。

泰山不让土壤,故能成其大;河海不择细流,故能就其深。热忱欢迎有志于经济法学科建设的博士踊跃赐稿!

西南政法大学经济法学科点

《经济法博士精品文库》编辑委员会

2023 年 4 月 10 日

序

金融是国家重要的核心竞争力，金融安全是国家安全的重要组成部分，金融制度是经济社会发展中重要的基础性制度。一方面，中国40余年的改革开放已启动"金融抑制"向"金融深化"的转换，更具竞争性、包容性的多元化金融服务体系雏形已现。其中，新兴地方性金融组织或业态的蓬勃发展正是一种典型表现。另一方面，既有中央集中垂直金融监管体制建立在正规金融体系的基础之上，对于包括地方性金融组织或业态在内的非正规金融的发展与监管缺乏考量和制度设计，遑论金融监管权力在中央与地方政府之间的分权。一个直观现象是，在"金融深化"进程中发展起来的地方性金融组织或业态，事实上已经超出了中央垂直金融监管体系作用的范围。由此，也就不难理解以地方性金融组织或业态为代表的非正规金融成为近年来接连发生的金融风险事件中的主角。在此背景下，地方金融监管问题遂成为政策和理论界共同关注的重大问题。这也凸显了监管权在中央与地方政府之间重新配置、确立地方政府在纵向金融监管体系中应有地位的制度价值。

回溯既往，中央政府自20世纪后期即开始关注地方政府在金融风险事件处置中的地位和作用。在中国先后颁布施行的《非法金融机构和非法金融业务活动取缔办法》(1998年，已失效)、《银行业监督管理法》(2003年)、国务院办公厅《关于严厉打击非法发行股票和非法经营证券业务有关问题的通知》(2006年)、国务院《关于同意建立处置非法集资部际联席会议制度的批复》(2007年)等法律、法规和其他规范性文件中，都曾要求地方政府对行政辖区内发生的金融风险事件承担最后的风险处置责任,但颇令人回味的是,并未配套赋予其金融监管职权。顶层设计层面,正式回应此项实践需求的是 2013 年召开的党的第十八届三中全会。全会通过的《中共中央关于全面深化改革若干重大问题的决定》提出了“落实金融监管改革措施和稳健标准,完善监管协调机制,界定中央和地方金融监管职责和风险处置责任”。随后,国务院于 2014 年出台《关于界定中央和地方金融监管职责和风险处置责任的意见》(国发〔2014〕30 号),要求地方政府承担地方金融监管的职责,特别是加强对民间借贷与农村合作金融机构的监管与管理,打击非法集资与金融诈骗、防范金融犯罪引发的金融风险与社会风险。2023 年 3 月中共中央、国务院印发《党和国家机构改革方案》,提出要“深化地方金融体制改革。建立以中央金融管理部门地方派出机构为主的地方金融监管体制……地方政府设立的金融监管机构专司监管职责,不再加挂金融工作局、金融办公室等牌子”;在“金融事务既定于中央事权”的法律大框架下,这可视为中央政府已将部分地方性金融组织或业态的监管权,“非正式”地授权或委托给地方政府。另外,一段时期以来,各级地方政府也积极采取了诸多“先行先试”的金融监管制度创新,包括设立地方金融主管部门、出台地方金融监管条例、建立金融监管预警机制等。这些措施和“制度创新”在取得一定实践效果的同时,也显现有违权力授予法定、组织设置法定等法律冲突问题,而合法性的不足又难免损害地方政府金融监管部门的权威性、削弱监管行为的执法效力,最终危及整体金融监管的效果。显然,如何解释上述法律文件,平衡或整合这些制度的政策目标和价值选择,如何协调它们之间的内在关系,进而提出切合中国社会经济条件的地方金融监管法律制度的改进方案,事关国家整体的金融安全和治理金融的能力。

刘志伟博士的专著《地方政府参与金融监管法治论》对上述问题作出了自己的回答,是法律领域对地方金融监管问题作出系统研究的成果。该项成果具有三个方面的特点,由此也凸显其学术新意。一是鲜明的问题意识。作者敏锐地捕捉到地方金融监管实践与法律文本之间的差距,但并不拘泥于法律规则的确立和执行本身,而是追根溯源地探究影响地方政府参与金融监管的制约因素,如中央对地方的政绩考核、“弱财政—强金融”格局等,并结合“垂直管理”与“属地管理”等理论分析,富有创新地提出地方政府金融监管新模式——中央督察式省级以下垂直金融监管体制。通篇的问题意识十分鲜明,极大地拓展了文章的深度。二是视野开阔,运用了多学科的理论分析工具。全文打破了既往金融监管法律研究与传统行政法治相对割裂的状态,以政府管理学之"职能—组织—体制—过程"理论为指引,吸纳行政法中行政组织法和行政程序法的核心精神,对地方金融监管的权力优化配置、组织体制选择、运行机制建立与问责安排等重要问题进行法律解释和再造。三是求真务实的治学精神。作者先后奔赴山东、重庆、温州等地开展调研,掌握大量第一手资料后、与学科内外专家反复探讨论证才确定了选题。尤其在本书的切入角度方面,充分考虑了中国单一制的国家权力结构、金融业的公共属性等要素,在题目中加入"参与"2 字,从中央与地方的"主辅关系"视角入手并贯穿始终,做到了"以理定法,法随理行"。

本书作者是我指导的硕士和博士研究生,他于 2011 年开始便在我的指导下围绕金融法问题展开专门研究,至今已逾 10 年。他对学术研究具有浓厚的兴趣,有一股特别的定力和钻研精神,能够持续地专注于阅读和写作。他积极参加各方面的学术活动,经常利用各种学术交流机会向前辈同行请教,这为他的学术功力增益不少。近年来,他在证券法、民间借贷、地方金融监管等领域的研究取得了长足进步,参与了国家社科基金重点项目、青年项目、教育部人文社科重大公关项目等课题的研究,在《法学研究》《法律科学》《法学评论》等期刊发表了一系列高质量的文章。本书是在作者的博士学位论文基础上修改而成的,该博士学位论文在评阅和答辩中得到了同行业专家的高度评价,随后被评为重庆市优秀博士学位论文。

诚然,本书的研究尚有一些不足和需要改进的地方,如地方政府参与金融监管的具体法律规则和协调机制等。欣悉作者申报的国家社科项目正是此项主题的后续研究,如此一来可望拓展、深化上述内容并完善之。本书是作者的第一部学术专著,也是他在漫漫学术道路上迈出的坚实一步。作为导师,特此祝贺本书的出版,也期待他有更多、更好的作品问世。

是为序。

盛学军*

2023 年 3 月

* 盛学军,西南政法大学经济法学院教授、博士生导师,西南政法大学经济法学科召集人、金融科技法治研究院院长。

目录

导　论　认真对待金融监管的地方政府参与[1]

金融领域的既行法律基本将地方政府排斥于金融监管权享有者的范围外，并构建了以“一行一总局一会”[2]为主导的中央垂直金融监管体制。同时，中国金融监管体制改革的理论研究与实践经验借鉴也主要集中于中央不同金融监管部门间权力结构关系的调整，而对中央与地方，尤其是省以下各级地方政府金融监管权力配置关系的研究则缺乏足够关注。现行金融监管体制对地方政府参与金融监管的法律排斥、中央与地方政府以及地方政府间金融监管分权配置研究的不足并不代表“金融监管的地方政府参与”这一命题不重要，或者说根本没有意义。恰恰相反，因受包括小额贷款公司、融资担保公司、典当行、区域性金融交易场所等地方性金融组织或业态的深化发展、风险的频繁暴露以及对其风险进行有效规制的理论与现实诉求等多元因素的影响，地方

---

〔1〕 本书是以“地方政府参与金融监管法治论”，而不是以“地方政府金融监管法治论”为题目，从形式上看，最大的差异就在于是否“参与”二字。实质上，“参与”二字的存在与否直接关系地方政府在金融监管中究竟是占据主导地位，还是仅仅以第二或第三的身份加入或融入金融监管中来。之所以在论文题目中加入“参与”二字，主要原因有三：第一，中央与地方之间的金融监管权力结构只能是以中央为主导、以地方为辅助的模式；第二，从金融自身的公共属性或其配置资源的属性以及其他国家金融监管权的纵向配置来看，无论采取何种国家权力结构形式，任何国家所建立的都是以“中央为主—地方为辅”的金融监管权力结构；第三，从国务院《关于界定中央和地方金融监管职责和风险处置责任的意见》（国发〔2014〕30号）这一纲领性文件来看，其强调要加快形成“中央为主、地方补充、规制统一、权责明晰、运转协调、安全高效”的金融监管与风险防范处置体系，最终的实践还是要建立“中央为主—地方为辅”的金融监管权力结构。显见，所谓的地方政府“参与”金融监管，主要是从中央与地方间的主次关系，而非从监管与被监管主体间的关系的角度进行分析。在中央与地方金融监管权力结构关系中，中央必须占据金融监管的主导地位，而地方政府只能居于辅助地位或扮演单纯参与的角色；从国家与市场关系角度来讲，中央与地方在各自的监管权限范围内均单独享有自己独有的监管对象，比如，地方性金融组织或业态之监管权力应主要由地方政府单独享有，此时中央仅在其中扮演辅助监管的角色，或者是对地方政府金融监管的错位、缺位、越位行为进行矫正。

〔2〕 2023年中共中央、国务院印发《党和国家机构改革方案》，又进一步明确将于2018年正式确立并已运行5年的“一行二会”调整为“一行一总局一会”的金融监管体制。

政府参与金融监管中来已然成为中国金融监管结构优化，尤其是新兴地方性金融组织或业态之监管有效性提升的重要作用因子。

进一步讲，中国金融深化发展过程中地方性金融组织或业态的快速发展，尤其是近年来不同地域、不同类型地方性金融风险事件的爆发，已然表明既往针对正规金融体系而建立的中央垂直金融监管体制难以对地方性金融组织或业态的深化发展给予有效性的监管，甚至还会因既有金融监管体制的滞后性、不完备性而影响整个金融系统的稳定，此种情形的发生即集中凸显为“金融发展”与“监管滞后”间矛盾的深化。为因应地方性金融组织或业态规范发展与有效监管的现实诉求，国家不得不对既行中央垂直金融监管体制给予结构上的调整，并且业已开始采用授权或委托等形式将部分地方性金融组织或业态的监管权力交由省级政府指定的政府职能部门行使。在国家有关中央与地方政府金融监管分权政策的指引下，各级地方政府也积极对地方性金融组织或业态之监管理念、监管方式、监管体制等进行“先行先试”的改革创新试验。值得注意的是，地方性金融组织或业态之监管权的下放与地方政府主动性的金融监管创新改革，尽管在一定程度上有助于地方性金融组织或业态乃至整个国家金融系统稳定性的维护。然而，从组织与行为“合法与否”的角度进行分析，地方性金融组织或业态之监管权配置形式、地方政府金融监管职能部门的设置等，均存在“事实”对“法定”背离的问题；从金融监管实践对理论功能预设的回应来看，在实践中的问题则集中体现为地方政府“为发展而融资”的政府经济职能已经对“为安全而监管”的政府经济职能形成“侵蚀”。具言之，中国金融监管之地方政府角色存在以下三个问题。

问题之一：与垄断性的国家正规金融体系相对应，并为既有金融监管基本法律法规所确认的，以“一行一总局一会”，尤其是原“一行三会”为主导的中央垂直金融监管体制，已然对地方性金融组织或业态的规范发展与监管形成有意或无意的忽视，而此举又必然会导致金融深化发展背景下地方性金融组织或业态的深化“发展”与既有金融监管权力结构相对“滞后”间矛盾的发生。

我国建立了与垄断性的国家正规金融体系遥相呼应的中央垂直金融监管体制。中央垂直金融监管体制建立在垄断性正规金融体系基础上，并且其建立并没有考虑到，或者根本就不考虑包括地方性金融组织或业态在内的非正规金融的规范发展与有效监管问题，当然，也不会对地方性金融组织或业态之监管权及其合理配置进行规定。

值得注意的是,中国地方经济分权改革与中央金融垄断性控制间的矛盾,导致了既有金融体系的金融供给存在“量不足”和“质下降”的问题。[1] 同时,中国经济发展所带来的民间部门资本的大量积聚亦因投资渠道的狭窄,特别是因我国对“证券”范围的严格限定与金融组织设立的“高门槛”设计,严重压缩了民间资本的可投资空间。[2] 上述两大问题共同致使民间的投、融资需求难以有效对接,并已经影响金融资源的合理、有效配置。在国家对金融行业之市场准入进行严格管制的情况下,欲使体制外的自由化金融资源有效进入金融领域并满足非国有经济部门发展的资金需求几乎是无法完成的任务。在正规金融、非正规金融资源均无法有效获得供给的情形下,具有自主利益诉求的发展型地方政府则积极借助通过中央行政性分权改革而获得的经济管理权、与中央政府的谈判能力等为体制外金融资金进入金融行业而努力,此时地方性金融组织或业态便因地方政府的支持或默认而获得了充分发展的可能,甚至还在实践上呈现爆发性的增长态势,而这主要体现为样式繁多的地方性金融组织或业态类型和民间投、融资存量与增量的快速膨胀。然而,既往针对垄断性正规金融体系所建立的中央垂直金融监管体制已然难以对地方性金融组织或业态的扩张形成有效性的监管。此情此景必然会导致金融深化发展背景下地方性金融组织或业态的深化“发展”与既有金融监管权力结构相对“滞后”间矛盾的发生,此即要求中央结合我国地方性金融组织或业态发展的实况对既有金融监管权力结构、金融监管体制给予改革上的回应。

问题之二:为因应地方性金融组织或业态的规范发展与有效监管的现实诉求,国家已采用授权或委托的方式将部分地方性金融组织或业态的监管权交由省级地方政府指定的职能部门行使,同时各级地方政府也积极采取了“先行先试”的金融监管改革创新试验。然而,既行地方性金融组织或业态之监管权配置改革方案,实然有违权力法定和组织法定的行政法基本原则和法律规范,此举导致了地方性金融组织或业态之监管权配置与地方政府金融监管职能部门设置在“法定”与“事实”层面的背离。

---

〔1〕 参见刘志伟:《地方金融监管权的理性归位》,载《法律科学(西北政法大学学报)》2016 年第 5 期。
〔2〕 参见盛学军、刘志伟:《证券式众筹:监管趋势与法律进路》,载《北方法学》2015 年第 4 期。

进一步讲,为回应地方性金融组织或业态在实践中发展的现实诉求与解决中央自身监管力量不足所导致的地方性金融组织或业态之监管缺失的问题,国家已通过中央政策、国务院规范性文件以及部门规章等形式委托或授予地方政府行使部分地方性金融组织或业态的监管权。与之遥相呼应的是,为有效行使中央所授予或委托的地方性金融组织或业态的监管权力,地方政府也积极创设实体性金融监管机构对地方性金融组织或业态的发展给予监管和承担相应的风险处置责任。譬如,中国各级地方政府基本都创新设置了具有地方特色的,承担金融服务、监管协调、市场培育等职能的金融服务办公室或金融监督管理工作局。事实上,此举在一定程度上助推了地方性金融组织或业态的规范发展以及地方政府金融监管有效性的提升。

值得注意的是,国家通过中央政策、国务院规范性文件以及部门规章等方式将部分地方性金融组织或业态的监管权让渡给地方政府及其指定的金融监管部门享有并行使,此举实然有违与权力授予或转授相关的限制性法律规定。同时,依据现行行政组织法律的规定,地方政府工作部门、议事协调机构的创设须同时满足一般性授权和具体性授权两项条件,而作为地方政府指定金融监管机构之地方"金融办"或"金管局"的设立,却在一定程度上缺乏一般性授权的法律依据。是故,地方政府金融监管权合法性与权威的确立,尚需借助地方性金融组织或业态之监管权配置方式及其行使主体地位的法律确认予以实现。

地方政府金融监管权力享有及其监管职能部门设置的违法性,决定了地方政府仅仅能够作为地方性金融组织或业态之监管权力的"事实"享有者,而这与中央金融管理部门作为整个金融行业之监管权力的"法定"享有者地位形成明显的"法定"与"事实"不符。显然,此情此景极可能并且已经影响地方政府金融监管权行使的合法性与权威,而这一切主要源于地方政府地方性金融组织或业态之监管权力获取、地方政府金融监管职能部门的设立均有违现行行政组织法律有关权力授予或转授和组织创设的限制性法律规定。

问题之三:中国改革初期的"弱财政—强金融"汲取结构主要体现于中央政府层面,而"分税制"之后的"弱财政—强金融"汲取结构更多地则表现在地方政府层面。当然,在经济资源的配置方面也主要是由依赖财政投资向主要依赖金融投资转变。中国地方政府"弱财政—强金融"的实况幻化到行动之中,即体现为地方政府在财政"入不敷出"的情形下,而不得不强化对辖区内金融资源的干预或控制,继而实现利用金融资源来弥补地方政府财政资金不足的目标。

地方政府对金融资源的干预或控制所造成的金融风险实为中央积极建立垄断性中央垂直金融监管体制的重要原因。然而,因中央垂直金融监管体制难以对地方性金融组织或业态的规范发展形成有效监管,中央则试图将部分地方性金融组织或业态的监管权力委托或授予地方政府行使,希冀调动地方政府在地方性金融组织或业态发展与监管中的积极性、主动性,尤其是发挥其在维护地区金融稳定和防范区域性金融风险方面的作用。事实上,受历史上地方政府滥用金融管理权因素的影响,中央政府将部分地方性金融组织或业态的监管权力让渡给地方政府内心依然存有诸多顾虑,尤其是担心本来就存在"融资"冲动的发展型地方政府会将金融监管权力视为命令地方性金融组织或业态为其发展而融资的工具或手段。

进一步讲,"监管"与"融资"在本质上并不存在内在冲突,因为"监管"与"融资"的目的都是发展,而发展的前提是"资金充裕"和"监管规范"的同时存在。然而,在现实实践中,由于政府金融监管行为目标的双重性,决定地方政府在地方性金融组织或业态发展中,地方政府的"融资"冲动影响了自身本应承担的经济监管与稳定职能,反映到金融领域,即表现为地方政府对金融资源进行控制的欲望与行为表现,而对金融秩序、金融安全缺乏应有关注。以"监管"和"融资"为己任的地方政府会造成很大程度上的"非规范"和"发展受阻",形成政府"融资"与"监管"职能合一的矛盾。地方政府"融资"与"监管"职能合一的矛盾现实表征为:第一,地方政府的"融资"冲动直接导致中央难以放权或者放权决心与力度不足,中央担心权力下放之后,地方性金融组织或业态的监管权将沦落为地方政府胁迫地方性金融组织或业态为其融资的"抓手",或者造成地方政府间金融监管的"朝底竞争",此两种行为都会影响区域性金融稳定,甚至还会导致区域性金融风险的爆发。第二,对地方性金融组织或业态之监管权下放地方政府后可能被滥用的担忧,导致中央与地方政府金融监管权配置政策的模糊性,而权责配置不清晰又为地方政府金融监管权的越位行使提供了空间,或者因不能为地方政府金融监管实践提供具有可操作性的指引而进一步导致金融监管权行使的错位、缺位,地方政府金融监管权配置与行使的错位、缺位、越位反而又增加了中央对金融监管权下放的忧虑与质疑,从而形成一种恶性循环。

第一章　地方政府参与金融监管的缘由探微

第一节　金融深化发展中的地方金融状况

一、正在走向深化发展的中国金融

金融发展理论是以金融发展与经济增长间的关系为核心研究对象,并着力探究金融自身应如何发展以及金融发展应如何作用于经济增长的理论。然而,对于金融发展与经济增长之间究竟存在何种逻辑关联,国内外经济学界最终观点的表达却又智仁相间、分歧纵深。无论金融发展与经济增长之间存在何种关系,但完全忽视金融体系在现代市场经济发展中的地位或者作用显然是不现实的,也是失之偏颇的,因而对金融自身发展的研究至为重要。处于经济高速增长期的中国金融正在经历从金融抑制向金融深化的转变,并且已经在金融深化方面取得了诸多发展性成果,如从二级银行体制的建立到银行的商业化改革,再到向商业银行股份制改造的转变;从单一中介体主导向与市场主导两者并存的金融服务体系转变,以及资本市场和信贷市场从单一层次向多层次的转变等。不可否认的是,中国金融尚未完全走向市场机制起决定作用的金融深化发展道路,这具体表现为引导市场得以有效配置资源的基准价格(利率、汇率、无风险债券收益率等)尚未完全市场化,更具竞争性、包容性的多元化金融服务体系尚未构建,以及包括人民币兑换在内的资本项目尚被严格管制等。基于此,中国的金融改革尚需进一步向金融深化的目标迈进。当然,从金融抑制向金融深化转换的改革是存在优先劣后次序的,并且金融的深化发展必须以风险可控的金融秩序稳定为基本前提。

金融发展次序理论的提出源于麦金农—肖学派对以利率市场化为核心的

金融深化实现路径的反思。传统的金融深化理论强调,发展中国家金融的落后或者金融抑制政策限制了金融市场各要素的发展,并且阻碍了金融资本的形成和投资效率的提升。因此,发展中国家的金融发展政策需要从金融抑制向金融深化转变,以促进金融的深化发展和经济的增长。然而,金融深化理论在实践推行中产生了诸多金融秩序的失控或者混乱等问题,甚至还因金融深化次序的错乱而导致了金融危机的发生。在此情势之下,传统金融深化理论的支持者在反思既有理论缺陷的基础上,提出金融深化的实现是存在优先劣后顺序的,而金融深化最优次序的选择与确立需要结合金融内部各要素属性的差异和国家财政收支、经济发展的市场化程度以及国家控制能力等外部约束条件进行理性安排。值得进一步反思的是,麦金农—肖学派所提倡的金融深化理论或金融深化次序理论更多是对金融内部各要素市场化发展的关注与表达,而忽视了金融体系发展对于金融深化发展的意义。对于发展中国家来说,“金融体系的发展(而不是利率自由化)是金融发展的首要内容……金融体系的发展不是金融自由化改革就能完成的”。[1] 换言之,发展中国家的金融深化发展管理需要从如下两个层面着手,首先是需要建立完善的金融服务体系;其次才是实现金融要素的市场化发展。事实上,中国的金融体制改革基本上是在此逻辑的指引下,按照从简易到复杂、从低成本到高成本、从外围向内部的改革顺序逐步向前推进的,[2] 即首先考虑的是国家多元化金融服务体系的发展完善,而后才是目前正在进行的金融内部诸要素的市场化发展。

(一)以金融服务体系完善为核心的金融深化

对金融改革发展的分析首先需要从改革之前整个金融行业的面貌谈起,实质上这对金融改革路径或次序的选择至关重要。改革之前,整个国家的金融主要是以中国人民银行为核心的单一金融体系,中国人民银行不仅垄断了包括银行业务在内的所有金融业务,而且是负责货币发行和金融管理的国家机关;作为金融资产价格衡量标准的利率和汇率受到严重压制;金融资产的载体形式单一,金融工具基本上只有现金和存款两种形式。其中,还有最重要的一点是,整个国家的投、融资体制完全是以财政为中心而展开,金融完全为财

---

〔1〕 彭文平:《金融发展二阶段论》,经济科学出版社2004年版,第56页。

〔2〕 参见车茹雅:《我国金融自由化的次序选择》,载《经济导刊》2008年第3期。

政服务,形成了“强财政—弱金融”的投融资格局。因此,国家金融改革的逻辑起点即是金融与财政相对分离,以及金融自我独立发展空间的获取,但此一阶段金融获得独立发展的前提条件是国家对整个金融产权结构的垄断性控制与维持。

在金融改革的初始发展阶段,国家对整个金融行业控制在更大程度上是源于对分散化金融资源进行控制的需要为改革的主要进路。财政与金融的关系逐渐由“强财政—弱金融”向“弱财政—强金融”的格局转变,并且随着以财政分权为突破点的行政性分权改革逐步向前推进,这导致了中央与地方财政收支结构失衡,最明显的即是,中央政府的财政汲取能力遭到地方政府的严重“侵蚀”。当然,中央政府财政汲取能力的削弱也与经济的市场化改革紧密相关,即随着改革的推进,国民收入的分配结构发生显著变化,经济剩余由原先的国家单独持有转变为国家、企业和民间部门分散持有,国家控制经济剩余的能力也随之降低。为了将迅速增加的非政府部门所持有的资金及时、有效地集中到政府手中以弥补政府可支配资金的不足,这就需要有一个专门由国家控制并占据绝对垄断地位的国有金融配置系统;同时,为了让非政府部门占有的资金更多地直接流向国有银行的资金账户,尽量压缩非政府部门所持货币资金的金融产品可投资选择空间或类型等也当成为必要的管理举措。[1] 基于此,国家开始对集中统一的中央银行体制进行改革,建立了具有以国有产权为主导的银行体制,而国有金融制度安排最直观的反映即体现在国家对金融组织的建立上,其中最明显的是,一是二元银行体制建立以后国有银行分支经营网点按照行政辖区层层设立;二是国家对存贷款利率的严格限制,几乎不给金融机构自行调整存贷款利率的空间,即通过对利率的管制来完成为国有企业和银行创造租金的需求,并以此来控制信贷资金的领域流向;三是国家极力对国有金融机构的信贷行为进行干预和控制,要求国有金融机构为国有企业、国家重点项目或社会福利项目提供信贷资金,而对国有金融机构控制的工具则是对信贷投向、信贷规模的严格控制和高额存款准备金制度;四是采取了限制竞争的金融政策,分别对包括银行在内的金融业的市场准入、可替代金融产品选择两大领域进行严格限制,目的就在于创造租金,并通过租金来引导垄断性

---

〔1〕 参见张杰:《中国金融制度的结构与变迁》,中国人民大学出版社 2011 年版,第 41 页。

金融机构最大限度、最大规模地动员储蓄。

(二)以金融要素市场化为核心的金融深化

改革之初,国家金融的深化发展主要借助包括金融机构规模扩张和金融分支机构数量增加在内的金融体系的完善和粗放式发展来完成的,那时的金融发展政策是以对存贷款利率政策、金融市场准入、金融产品可替代选择等的限制为依托,实质上此举已经延缓了金融深化发展的市场化进程。1994年“分税制”改革以后,国家彻底禁止财政通过向中央银行透支的方式获取资金,并且政府财政赤字只能以国债发行的方式列支,此举也压缩了政府以财政向金融施压的空间。事实上,这在一定程度上已经将以获取经济发展资金为目的的财政性金融抑制的前提进行了剔除,然而国家并没有采用激进的金融自由化策略来打破对金融的垄断性抑制。在向市场经济转轨过程中,国家处于对金融风险防控、维护金融稳定的需求,而对金融继续实施金融抑制的发展策略。值得注意的是,此时的金融抑制已经不是单纯出于谋求经济发展资金的目的,更大程度上是为了维护金融市场秩序的稳定。事实上,金融稳定与金融抑制并不存在直接关联,但是在国家金融监管能力不足的情况下,为了防范金融风险的发生,国家则不得不对金融深化的进程进行严格控制,以达到维护金融稳定的目的。尤其是“拉美陷阱”、东南亚经济危机等案例已经表明,发展中国家的金融发展不得并且也不能够采用激进的金融自由化策略。面对金融自由化实践的失败,理论界也给予了积极回应,其中,罗纳德·麦金农等人提出了“金融自由化的次序”理论,明确指出后发型国家金融自由化改革的市场推进是有条件的,并且金融改革必须在满足条件的情况下“循序渐进”地展开。另外,赫尔曼、默多克、斯蒂格利茨等还提出了“金融约束”理论,指出发展中国家应以适当的方式对存贷款利率、国际汇率、金融市场准入、金融产品可替代选择等金融要素进行必要限制,以此激励金融部门或者是生产部门为国家金融资源的配置提供足够的私人信息,继而通过信息的均衡来实现市场竞争的有序开展。[1] 是故,我国金融的深化改革发展不应从以获取发展资金为目的的财政抑制向激进的单纯以效率为目的的金融自由化转变,而应向以维护金

---

〔1〕 参见仇娟东、何风隽、艾永梅:《金融抑制、金融约束、金融自由化与金融深化的互动关系探讨》,载《现代财经(天津财经大学学报)》2011年第6期。

融稳定为目的的结构性金融约束转换，当然，金融的结构性约束始终是以市场化改革为前提条件的。

对于中国金融的深化发展来说，金融改革的重点是对引导市场得以有效配置资源的基准价格（利率、汇率、无风险债券收益率等）的市场化，更具竞争性、包容性的多元化金融服务体系的构建，以及包括人民币兑换在内的资本项目管制放松三个方面的内容进行深化改革。当然，对于上述诸种金融要素的市场化改革是存在先后顺序的，因为这会直接影响金融深化改革的成功与否、未来金融改革的可持续性以及整个金融市场秩序的稳定。就宏观方面而言，金融深化改革的次序应该是由内到外，首先应当是更具竞争性、包容性的多元化金融服务体系的建立和有效配置资源之货币基准价格（利率、汇率、无风险债券收益率等）的市场化，之后才能开展人民币的自由兑换、资本项目的放开，这在更大程度上是基于对国家金融安全、金融秩序稳定的考虑。正如罗纳德·麦金农所言，资本项目的自由兑换必须以国内存贷款利率的均衡为必要前提，并且唯有国内通货膨胀问题的解决不需要通过汇率贬值的方式来达致时，资本项目的自由化兑换才有可能从理论走向实践。[1] 从中观层面来看，有效配置资源的基准价格（利率、汇率、无风险债券收益率等）的市场化应以更具竞争性、包容性的多元化金融服务体系的构建为前提，因为多元化的竞争有助于金融资源基准价格的合理有效形成。就微观层面而言，利率、汇率市场化机制的形成基本上应按照由简单到复杂、从低成本向高成本逐步改革的。比如，我国利率市场化改革是逐渐从存、贷款利率的固定向可上下浮动，从贷款利率的上下浮动到彻底放开，最后只剩下存款利率尚未放开，并且存款利率的放开也逐步从大额存单向小额存款、从定向存款向公众存款等逐步试点放开。

二、金融深化发展中地方金融的兴起

中国金融改革的市场化程度正在逐步走向深化，并且更具竞争性、包容性的多元化金融服务体系正在逐步建立，其中，地方性金融组织或业态的蓬勃发展即是多元化金融服务体系得以有效构建的一种典型表征，当然其也是多元

---

〔1〕 参见陈晓莉、胡金焱：《再论中国金融自由化的次序》，载《南开学报（哲学社会科学版）》2014年第5期。

化金融服务体系构建过程中不可或缺的重要组成部分。事实上，正如金融发展理论所重点关注的金融发展与经济增长之间的关联关系那样，地方性金融组织或业态的发展与国家经济的增长也存在诸多紧密的关联，如果撇开经济的增长来研究地方性金融组织或业态的发展实在失之偏颇。当然，于中国语境下还离不开对地方政府经济行为的考察，究其根本在于地方政府在中国经济持续高速增长中扮演了“第一行动集团”角色。当然，地方金融的兴起也离不开对中央对地方性金融组织或业态发展的支持态度或所采取政策的考量。

（一）地方金融兴起的政府竞争场景

中国地方金融兴起之探究，须从其所处的经济发展语境考察，而用以解释中国经济增长的理论主要有要素投入理论、比较优势理论、地方政府竞争理论等。其中，“地方政府竞争理论是所有解释中国之‘谜’的理论中最具解释力和说服力的”。[1] 当然，地方政府竞争之所以能够有效形成，又源于中央策略触发了地方“蜂窝状经济结构”的独立利益，使其成为具有独立自我利益追求能力的合法竞争主体。进一步讲，尽管中国经济改革始终以市场化为导向，但中央的“简政放权”起初是以地方政府为中介的，因为由地方政府作为市场化推动的主要力量可防止经济改革失序。其中，以财政分权为起点的行政性分权极大拓展了地方政府的自主选择空间，自上而下的政治承包与绩效考核则提升了不同地域地方政府间竞争的合法性。[2]

进一步讲，地方“蜂窝状经济结构”是中国经济增长获得动力的前提条件，而这导源于“蜂窝状经济结构”使每一层级地方都可成为封闭或自成体系的经济运行实体——即使不依靠上级或同级其他地方协助、合作，也可独立存在发展。中国地方“蜂窝状经济结构”的形成源于 1958 年和 1967 年中央向地方的两次放权，一方面，使许多国有企业的管理权力从部下放到省、地区甚至县；另一方面，地方政府发展本地区经济的积极性得到有效调动。[3] 1978 年后，以财政分权为突破口的行政性分权，不仅使地方政府获得了更大的资源配置权、经

---

〔1〕 唐志军：《地方政府竞争与中国经济增长：对中国之“谜”中的若干谜现的解释》，中国经济出版社 2011 年版，第 47 页。

〔2〕 参见唐丽萍：《中国地方政府竞争中的地方治理研究》，上海人民出版社 2010 年版，第 26 页。

〔3〕 参见钱颖一、许成钢、董彦彬：《中国的经济改革为什么与众不同——M 型的层级制和非国有部门的进入与扩张》，载《经济社会体制比较》1993 年第 1 期。

济和财政自主权,也使地方“蜂窝状经济结构”的独立性获得进一步凸显。正是源于地方“蜂窝状经济结构”独立性的强化与同质性的存在,才使不同区域地方政府的竞争变成了可能。

(二)地方金融兴起中地方政府的角色

激发地方对金融资源进行控制的直接“导火索”,是投融资体制改革后地方基本建设投资由中央财政拨款转变为银行贷款(以下简称“拨改贷”)。在“拨改贷”后,地方面临财政预算的硬约束,为辖区经济发展寻找资金的压力不断增强,因而地方不得不强化对金融资源的控制。值得注意的是,意图对金融资源实施控制绝不只有地方,中央也正在极力强化对金融资源的调动能力。其中,中央对金融资源控制,主要是为解决因分权改革而带来的中央财政收支结构不均衡、控制能力不足等问题。[1] 质言之,在全国上下都面临“弱财政—强金融”的格局下,中央和地方都力图通过对金融资源的垄断性控制来弥补自身财政能力的不足,或者说,由金融承担本应由财政完成的任务。其中,中央主要通过中央垄断的纵向型金融体制来主导金融资源纵向分割,而地方则只能在中央垄断的纵向型金融体制外通过主导区域性金融资源的横向分割来获取发展资金。

中国金融的市场化改革最初由中央推动,而中央改革发展金融业的动力则源于中央与地方间财政分权改革所导致的中央财政控制能力下降。[2] 同时,改革开放以来,经济领域的分权改革本身又是“由‘集财于国’到‘藏富于民’的过程……大部分金融资产被分散到企业和居民手中”。[3] 此时,中央欲弥补国家财政能力之不足和使分散于民的资金服务于经济的“双重转型”,[4] 对金融实行垄断性控制可谓是获取资金的第一工具良选。为此,中央“按照行政区划要求逐级设立国有银行经营网点,国有银行按照全民所有制企业进行

[1] 参见周立:《渐进转轨、国家能力与金融功能财政化》,载《财经研究》2005 年第 2 期。

[2] 参见周立:《改革期间中国国家财政能力和金融能力的变化》,载《财贸经济》2003 年第 4 期。

[3] 周立:《渐进转轨、国家能力与金融功能财政化》,载《财经研究》2005 年第 2 期。

[4] 双重转型,是指“发展转型”和“体制转型”的结合或重叠。发展转型就是要从传统的农业社会转向工业社会,使中国成长为一个现代化的国家;而体制转型,即从计划经济体制转向市场经济体制,并要以体制转型带动发展转型。参见厉以宁:《中国经济双重转型之路》,中国人民大学出版社 2013 年版,第 1 ~ 2 页。

严格管理,国家赋予的任务是筹集资金、积累资金、分配资金”。[1] 此外,中央对金融资源的垄断性控制也是宏观调控的需要,通过对信贷利率、信贷投放规模和领域等的管理来实现对宏观经济的有效调控。为实现“汲取资金—宏观调控”的双重目标,中央对以银行为主导之金融业的市场准入建立了高门槛,主要采用单一国有产权形式,以实现国有银行对资本动员能力的垄断性控制。

中央主导的纵向性金融控制虽强化了中央的资本动员能力,但在运行效果上则严重限制了地方获取发展资金的能力。在中央对金融业的市场准入进行严格管制的情况下,让体制外的资金有效进入金融领域并满足非国有经济部门发展需求几乎是无法完成的任务。在正规、非正规金融资源均无法有效供给的情形下,具有独立诉求的发展型地方政府则依据行政性分权而获得的经济管理权、与中央的博弈或谈判能力等,积极为体制外资金进入金融业而努力,其行为初衷就是为辖区地方经济发展开辟新的资金来源。在中央垄断性控制整个银行业的背景下,地方政府发展地方金融行为的具体表现是,在未获国务院或中国人民银行批准的情形下,各地方政府自主发展出了样式繁多的金融组织或业态——从传统银行外的信托投资公司到归属于证券业的证券公司、证券交易中心,再到属于非典型金融的典当行、融资担保公司等。事实上,地方政府发展地方金融的行为旨在归集分散于民间的资金来服务辖区经济发展,[2]继而获得、维持自身在经济竞争中的优势地位。

20 世纪 90 年代初,中央开始对乱集资、乱批设金融机构、乱办金融业务的“金融三乱”进行清理整顿,并逐步将证券交易场所、证券公司、信托投资公司等金融组织或业态的管理权收归中央。此后,地方主要通过参股、控股作为地方金融重要力量的农村信用社、城市商业银行的方式来组织金融资源,实质上这导致了地方法人金融机构的大量涌现。此外,地方还通过组织地方产权或股权交易场所、第三方理财机构、私募股权机构、民间定向投融资、地方政府融资平台等方式来鼓励地方中小企业、居民和财政资金参与到地方金融的发展中来。[3] 事实上,中央对金融资源的垄断控制导致了金融发展滞后或金融抑

---

〔1〕 杨旭:《中国渐进改革中的金融控制:基于金融史视角》,经济科学出版社 2012 年版,第 64 页。

〔2〕 参见周立:《改革期间中国国家财政能力和金融能力的变化》,载《财贸经济》2003 年第 4 期。

〔3〕 参见刘志伟:《地方金融监管权的理性归位》,载《法律科学(西北政法大学学报)》2016 年第 5 期。

制,但在为辖区经济发展汲取资金、中央赋予的经济管理权以及与中央的谈判或博弈能力的共同作用下,地方则又在一定程度上将体制外金融资源引入金融体系中,促进了地方金融的创新发展。

当然,除地方积极推动外,中央也在规范层面对地方金融健康发展起到了一定的助推作用。中央对地方金融发展的政策推动,首先,表现为城市合作银行、城市商业银行、农村信用社等地方性法人金融机构的改革;[1]其次,包括小额贷款公司、融资担保公司、典当行等在内的金融组织或业态的发展也离不开中央的政策鼓励、支持、引导。总而言之,中国地方金融发展在更大程度上不是源于中央的主动授权或政策推动,而是地方通过自下而上、自生自发的金融改革政策创新来实现的,这表现为地方通过地方金融改革试验、区域性金融中心建设等"倒逼"机制,甚至是违法违规批设新兴金融组织或业态等"隐形"方式来推动地方金融发展。因而,相较中央主动授权或政策推动,地方政府在地方金融的发展中扮演了更重要的角色。

三、在"变与不变"中认识地方金融

尽管中国地方金融得以深化发展,但对于"地方金融"这一缺乏正式性、规范性的实践概念,学界、业界或者是监管层尚未形成统一性的认知。人们分别从产权归属、管理主体、服务范围以及结构的复杂与否等角度加以认识,[2]或者以列举的方式明确何种类型的组织或业态应归属于"地方金融"的范畴,甚至还从"地方金融"的重要程度或影响范围角度对其进行界定,不一而足。值得注意的是,对"地方金融"认知的差异将会对其规范或者是监管产生不同的影响,因而出于对"地方金融"进行规范与发展的需要,"地方金融"的内涵与外延必须得到厘清,否则不利于确立一个完整、系统、有效的金融监管体系,甚至可能在实践中产生错位、越位、缺位的问题。究竟应当如何认识"地方金融"?笔者认为,我们应当在"变与不变"中来认识"地方金融","地方金融"之变在"地方",不变的是"金融";变的是"形式",不变的是"实质"。

---

〔1〕 参见董彦岭:《我国金融地方化趋势与地方金融发展战略》,载《海南金融》2007年第4期。

〔2〕 参见邹小芃、牛嘉、汪娟:《对地方金融风险的研究:文献综述视角》,载《技术经济与管理研究》2008年第4期。

（一）地方金融的“变与不变”：“地方”与“金融”

任何事物均可采用“属”加“种差”方式进行概念界定，“地方金融”概莫能外。“地方金融”的“属”为“金融”，即货币资金融通，具有内在脆弱性、风险传递性、社会公共性等特征，此乃“地方金融”之“不变”的金融内在规定性，“变”则是对“地方”理解的差异。与“地方”相对应，有“中央”“全国”等，转换到金融领域即体现为“中央金融”“全国金融”等。

何为“中央金融”？2015 年 1 月 23 日财政部发布了“中央金融企业名录”，[1]包括银行、保险、资产管理、投资等 24 家公司，其对“中央金融”的理解主要是从中央参股、控股或产权角度定义。以此反推，“地方金融”即地方参股、控股的金融企业。然而，同为财政部颁行的《地方金融企业财务监督管理办法》（财金〔2010〕56 号）则规定“地方金融企业”是“依法获得金融业务许可证的非中央管理金融企业”，且该办法也适用于地方审批设立的小额贷款公司、融资担保公司。对比可知，财政部对“地方金融企业”的界定并非单纯是指地方参股、控股的金融企业，还包括并非由地方参股、控股但由地方政府监管的金融企业。显然，对中央或地方金融的界定可从产权、监管权归属层面展开。进一步从山东、河北、四川、天津等地已颁行的地方金融（监督管理）条例来看，主要是对“地方金融”中的“地方金融组织”而非“地方法人金融机构”进行监管。综上所述，对中央或地方金融的界定主要是结合产权归属、监管部门、服务区域、注册地点 4 个标准予以考量，[2]因而可据此将金融划分为“中央金融”和“地方金融”。

值得注意的是，尽管可以产权归属、监管部门、服务区域、注册地点为标准对“地方金融”进行界定，但以此标准对金融进行界分时，其共同隐含的内容是“地域性”——无论是出资、监管，还是服务、注册的地域性。如果以“地域性”为标准考量，则又回到“全国性”这一概念，所以可将金融划分为“地域性金融”和“全国性金融”，即“全国金融”和“地方金融”。就此看来，无论采取何种标准对“地方金融”进行界定，首先应明确“地方金融”的“属”仍为金融，而“种

〔1〕 参见《中央金融企业名录》，载财政部官网，http://jrs.mof.gov.cn/jinrongleiqiyeguoyouzichanguanli/201501/t20150123_1183782.html，最后访问日期：2017 年 3 月 7 日。

〔2〕 参见宋瑞敏、李燕：《地方金融风险研究：现状、对策》，中南大学出版社 2011 年版，第 1～4 页。

差”的区分则可先从“全国性”与“地域性”的角度考量,而后再结合出资地域性、监管地域性、服务地域性、注册地域性标准对“地方金融”进行具体界定。

（二）地方金融的“变与不变”:“形式”与“实质”

如上所述,“地方金融”的“属”为金融,并可从出资、监管、服务、注册维度的“地域性”对“地方金融”进行具体界定。转换视角,若从“概括性描述”与“具体式列举”维度界定“地方金融”,无论是从宏观“地域性”,还是从微观出资、监管、服务、注册“地域性”维度,都应属于“概括性描述”范畴。相较“具体式列举”,对“地方金融”的“概括性描述”应属于不变的“实质”,而“具体式列举”所言的不同类型的金融组织或业态则是始终处于变动中的“形式”。当然,纯粹“概括性描述”或单一“具体式列举”都无法对“地方金融”的“实质”与“形式”作出全面详细的界定,所以应采用“概括性描述”与“具体式列举”相结合的方式展开。

之所以采用“概括性描述”与“具体式列举”相结合的方式对“地方金融”进行认定,究其根本在于地方金融的创新发展并不是纯粹理性建构之结果,其具有一定的自生自发、自然演进特征。尤其是在中央金融体系下,地方金融的创新发展虽在一定程度上源于地方的鼓励、支持、引导或中央的宽容、默认,但一旦落实到具体实践中,便会按照其自身的内在逻辑演化革新。政府如欲对始终处于变动发展中的地方金融进行规范,必须先要厘清“地方金融”究竟存在哪些不同样态,而后才能结合不同类型“地方金融”的内在特点抽象概括其本质。质言之,地方金融式样繁多、类型各异,且始终处于创新演化中,如果仅对具体类型或样式的地方金融进行监管,那么新出现地方性金融组织或业态将难被置于“地方金融”范畴。如果仅采用“概括性描述”方式对“地方金融”进行界定,则又会导致“地方金融”之实践认定缺乏可操作性或导致自由裁量权缺乏限制。

另外,还须对地方金融的服务或影响范围、重要程度给予重点考量,而这根源于金融天然的内在脆弱性、风险传递性、社会公共性等特征。正是金融内在脆弱性和社会公共性的结合才导致金融风险的传染与难以控制,而金融风险的传播与控制又与地方金融的服务或影响范围、重要程度等存在紧密关联。譬如,对地方性非存款类、不涉及公众之金融组织或业态的监管,与吸收存款、涉及公众地方金融之监管存在监管强度设定上的差异——或采用审批、或采用备案等市场准入监管方式。

总而言之,对“地方金融”的界定应采用“概括性描述”与“具体式列举”相结合的方式展开,其中“概括性描述”需要结合出资主体、监管主体、经营范围、注册地点标准来认定在实践中已存在的不同类型金融组织或业态究竟是否属于“地方金融”,当然也需要对已被明确认定为地方金融的金融组织或业态予以具体列明,如小额贷款公司、商业保理公司、地方金融资产交易中心等。进言之,具有“地域性”的金融组织或业态均应属于“地方金融”,但还需结合客观的金融内在规定性(重点是金融服务或影响范围、重要程度等)和主观的金融监管权安排等因素进行具体考量。循此进路,笔者所言的“地方金融”应是地方政府金融监管机构批准设立的、注册地在本行政辖区且在仅在本行政辖区开展金融业务的小额贷款公司、农村资金互助社、融资性担保公司、典当行等金融组织或业态。当然,具有主观特征之金融组织或业态具体类型的审批或备案设立、日常监管、市场退出、风险处置、责任承担等监管权责,在中央与地方间的配置的实践中具有可调整空间。直言之,“地方金融”与地方政府参与金融监管的对象——地方性金融组织或业态的具体类型,在理论与实践层面存在一定程度的差别,而这是由既有金融监管法律及其所确立的以“一行一总局一会”为核心的中央垂直金融监管体制所确定的。是故,本书提出中央与地方政府金融监管权限(监管对象)的划分,须从既有的“打补了”逻辑向系统化的“顶层设计”逻辑转变,并且理想模式向监管实践的具体转化,也必须置于中国现行金融监管法制的环境之下,采取层层推进的方式——地方政府参与金融监管之监管对象的“三圈层递进”——予以展开。[1]

四、地方金融深化发展中存在的风险

近年来,“民间融资迎盛宴,影子银行泛滥:信托产品、小额贷款公司、担保公司、典当行及非正规民间金融机构如雨后春笋,利率高企,高利贷盛行、资金紧张导致风险加大”,[2]可谓是对中国金融乱象的集中表达。值得注意的是,

---

〔1〕 请详见本书第四章第二节“三、地方政府参与金融监管之监管对象的‘三圈层’递进”部分的论述。

〔2〕 罗毅、肖立强:《金融乱象的前世今生》,载《资本市场》2011 年第 12 期。

中国金融乱象的发生与地方金融的深化发展存在极大关联，并体现为地方金融本身的问题和与地方金融交叉的问题。

(一)地方金融本身的风险

地方金融本身的问题，首先表现为地方金融发展中的民间借贷与非法集资问题。从“孙某午案”到“长城机电案”，再到“吴某案”；从温州、鄂尔多斯民间金融危机到四川融资担保行业“地震”，再到 P2P 网络借贷的不断“爆雷”，诸种案件、风险事件无不表明地方金融问题不少；其次是地方政府控制或参股辖区内地方法人金融机构和干涉其他地方性金融组织或业态中的违法违规行为。

如上所述，地方金融发展得益于地方政府推动，但这也为地方金融乱象埋下了隐患。究其根本在于，地方政府对地方金融发展的事实性助推，经常导致地方金融发展缺乏法律支撑，甚至还直接违背法律、法规、部门规章或规范性文件。尽管并不是所有地方金融发展的背后都有地方政府的影子，但大部分地方金融发展或多或少都与地方政府支持、默认有关。

进一步从对辖区内金融机构资金流向的干预来看，地方政府经常要求或怂恿辖区内金融机构为地方政府融资平台融资，典型实例是 2009 年河北省农村信用联社以行政命令方式强制所辖 134 家县级信用合作社违法违规为地方政府融资平台提供项目资金。[1] 事实上，地方政府对辖区内金融机构的干预或对其参股金融机构的控制直接扭曲了金融资源配置，并且各金融机构为地方政府及其所属国有企业融资的活动极可能导致财政风险的金融化传递。

(二)与地方金融交叉的风险

地方金融触发的其他金融问题，集中表现为民间资本为股票交易场外配资、银行信贷资金变相流入民间金融市场等，并且两者间还存在连通性——随着地方金融的扩张性发展，银行信贷资金通过各种渠道变相流入地方金融市场，而地方金融市场资金则通过多元化的场外股票配资方式进入资本市场，甚至还出现了更复杂之货币资金流通的混合交叉，这直接增加了金融问题之辨识与治理的难度。

第一，银行信贷资金变相流入非正规金融市场。过渡性金融管制导致正规与非正规金融市场相互割裂，并经常出现两个市场货币资金价格“断裂”的

---

〔1〕 参见潘宏晶、吕庆明：《地方政府金融办职能定位问题研究》，载《西部金融》2014 年第 1 期。

现象,即正规金融市场货币资金价格明显低于非正规金融市场。这必然会促使金融投机者为获取货币资金“价差”,而将从正规金融获得的资金投资于非正规金融,如从商业银行获得信贷支持的大型或国有企业将信贷资金投资或出借给地方金融组织或业态,而地方金融组织或业态又利用该资金成为非正规金融领域的贷款者。[1]

第二,民间资本参与场外配资。场外配资资金主要源于民间配资公司、伞形信托、“互联网＋P2P配资”等新兴金融组织或业态。整个场外配资市场规模为1.7万亿～2万亿元,其中,民间配资公司全国约为10,000家,总体规模为1万亿～1.5万亿元;主要源于银行理财资金的伞形信托资金规模为7000亿～8000亿元,而“互联网＋P2P配资”等新兴商业模式所提供资金规模不大。[2]

第三,银行业金融机构与第三方合作开展助贷业务。[3] 随着P2P网络借贷不断“爆雷”和平台个人投资者不断减少,网络借贷平台积极与银行业金融机构合作发展助贷业务以寻求转型。值得注意的是,数量众多的助贷机构,不仅客观上缺乏有效的风险控制能力、完善的内部控制规范,而且为扩大导流规模、增加服务收费,往往还有意降低授信审查标准、违规提供担保、承诺刚性兑付,甚至还与借款人恶意串通骗取贷款。因此,助贷机构的能力缺失、道德恶性,使银行业金融机构经常面临贷款无法被收回的风险,并最终表现为外部风险向银行业金融机构传导、扩散。

无论是民间资本为股票交易场外配资,还是银行信贷资金变相流入民间金融市场,抑或是银行业金融机构与第三方合作开展助贷业务,都或多或少违反了金融监管法律规范。因而,原银监会主席尚福林曾言,要严格禁止银行业从业人员直接参与民间借贷活动或充当银行信贷资金和民间借贷活动的“资金掮客”,尤其要防范银行资金直接或变相流入民间借贷领域。《关于清理整顿违法从事证券业务活动的意见》(中国证券监督管理委员会公告〔2015〕19

〔1〕参见李富有、孙晨辉:《银行信贷资金变相流入民间借贷市场的影响效应——基于存在寻租行为的分析》,载《西安交通大学学报(社会科学版)》2013年第3期。

〔2〕参见《申万宏源详解配资业务生态　场外配资规模约2万亿》,载东方财富网,http://finance.eastmoney.com/news/1344,20150629521653484_0.html,最后访问日期:2016年7月8日。

〔3〕助贷业务,是指助贷机构通过自有系统或渠道筛选目标客户群,在完成自有风控流程后,将较优质的客户输送给持牌金融机构、类金融机构,经持牌金融机构、类金融机构风控终审后,完成发放贷款的一种业务。参见北京市互联网金融行业协会《关于助贷机构加强业务规范和风险防控的提示》。

号）则积极对未经允许从事证券业务的活动进行全面清理整顿。此外，2019 年 1 月浙江银保监局还下发《关于加强互联网助贷和联合贷款风险防控监管提示的函》，要求银行业金融机构做好助贷、联合贷款中的风险防控。

值得注意的是，尽管地方政府对地方金融风险暴露起到了助推作用，地方金融也衍生或触发了其他金融风险的集聚，但问题的发生从根本上还是源于金融抑制下资产价格扭曲、资源供需不匹配、包容性不足等原因。质言之，正是利率、汇率等引导资源配置基准价格扭曲、金融市场准入过度管控、金融资源供需不均衡等，才导致了民间积累的大量资金通过"影子银行"满足难以获得资金之中小企业或国家限制资金流入行业的融资需求。然而，这又因正规、非正规信贷市场分割导致资金流通环节过多，继而带来企业融资成本上升。是故，地方金融问题的有效治理，首先需要完成金融抑制向金融深化的合理有序转换，而金融深化改革的重点则是对货币资金有效配置之基准价格（利率、汇率、无风险债券收益率等）的市场化推进，更具竞争性、包容性多元化金融服务体系的构建等。然而，出于防范金融风险、维护金融稳定的考虑，中国金融深化改革措施的推行要求我们对既行金融监管结构进行变革，而与金融深化发展相适应新型金融监管结构之构建不仅要从横向层面优化"一行一总局一会"以及其他中央金融监管机构间的关系，更重要的是，要合理界分中央与地方间的金融监管职责与风险处置责任。

第二节　地方金融问题治理需要地方政府的参与

一、地方金融风险映出既有金融监管结构失衡

对地方金融问题的抽象表达虽不是理论研究的归宿，但属于理论研究的前提性描述。唯有对地方金融乱象的表征进行梳理，才能通过表象探究地方金融乱象发生的原因，继而提出地方金融乱象治理的有效对策。如上所述，地方金融乱象涵括了地方性金融组织或业态自身发展中的问题与地方性金融组织或业态发展所触发的其他金融领域的问题两个层面的内容，而地方金融乱象的产生起源于既有金融监管结构难以将金融深化过程中地方性金融组织或业态深化发展的实况置于其监管范围之内，金融深化过程中地方性金融组织

或业态的深化发展则突破了既有金融监管规范所能统辖的有效范围。直言之，地方金融的深化发展使“旧有的带有金融抑制痕迹的金融管制措施被逐渐抛弃和修正，但是对银行行为进行有效监管的法律框架以及自由化的金融体系所需的其他法律环境却没有及时建立”，[1]此即体现为地方金融深化发展的客观“现实”与内含金融监管权力结构安排之金融法律“规范”间的紧张关系。当然，现实与规范间紧张关系的产生，或源于既有金融法律规范及其所规定的权力结构安排没有能力对地方金融创新发展之事实作出预见性安排，抑或是权力配置部门在进行金融监管权力结构安排时虽已预见，但主观上不愿安排或客观上没有能力安排。

（一）既有金融监管能否统摄地方金融

既有金融监管能否统摄地方金融并对其有效监管，首先取决于对内含监管权力安排之既有金融法律规范的理解，而对既有金融法律规范的理解又需通过法律解释解决。对既有金融监管能否将地方金融囊括其中的解释又需从文本、体系、目的解释角度对有关金融监管权的法律规定进行分析。按照金融业基本法律以及全国人大常委会决定之规定，中国人民银行、原银监会、原保监会、证监会以及发改委财政金融司、财政部金融司等中央部门对整个金融业实行自上而下的集中性垂直监管，而地方政府尚未在法律、行政法规层面获得实质性的金融监管授权。值得注意的是，中央金融管理部门所监管的金融边界究竟在哪里？按照《立法法释义》对我国《立法法》第 8 条“金融基本制度”的阐释理解，[2]主要从事信贷业务的地方性金融组织或业态必然属于“金融”。然而，《立法法释义》对“金融基本制度”的阐释在更大程度上是从学理角度对“金融”本身属性、范围的释明，事实上也是从客观而非主观角度对“金融”的理解，并没有考虑到国家主观层面金融政策的制定实施。

虽然中国金融发展逐步从金融抑制向金融深化转变，但金融政策依然具

---

[1] 王曙光：《金融自由化中的政府金融监管和法律框架》，载《北京大学学报（哲学社会科学版）》2004 年第 1 期。

[2] “金融是各种金融机构之间以及它们与公民、个人或者其他组织之间，从事的货币发行、信贷、结算、信托、保险、票据贴现、汇兑往来、证券交易等活动”，参见《中华人民共和国立法法释义》，载中国人大网，http://www. npc. gov. cn/npc/flsyywd/xianfa/2001 - 08/01/content_140407. html，最后访问日期：2015 年 7 月 11 日。

有较强的抑制性,这主要体现在对引导市场有效配置资源的基准价格、金融服务供给体系等层面。在金融深化过程中,地方金融发展逐步打破抑制性金融服务供给体系,但与之配套的金融监管结构却未作出回应。值得注意的是,既有金融监管结构是在地方金融尚未得到深化发展时建立的,并没有对地方金融发展作出监管上的考虑,这必然导致既有金融监管结构之效用因地方金融深化发展而降低,但《中国人民银行法》中"防范和化解金融风险,维护金融稳定"的兜底规定则要求中国人民银行对地方金融发展作出及时回应。同时,中国人民银行分支机构因受自身监管力量缺乏、地方政府干涉等因素影响,也使地方金融监管的有效性大打折扣。因此,有关金融稳定的兜底规定虽可确保地方金融尚未脱离既有金融监管范围,但在实践中地方金融深化发展确已对既有金融监管结构的监管效果形成"侵蚀"。

(二)既有金融监管为何忽略地方金融

既有金融监管结构之所以未将地方金融纳入监管范畴,究其根本在于既有金融监管结构确立的背景——那时中国正在或即将实行的是垄断性金融服务供给体制,其对金融行业的市场准入除法律明确的标准外,还要结合金融市场竞争度、金融秩序安全维护等对申请者作实质性判断。对金融业市场准入的严格控制本质上是对既往金融抑制政策的延续,但金融抑制方式已经历了从以获取发展资金为目的的财政抑制向以维护金融稳定为目的的结构抑制转换。事实上,对金融服务供给进行抑制性管理的理念与举措决定了国家必将严格限制地方金融发展,当然这又进一步造成了地方金融发展的不足。如此一来,尚未获得充分发展的地方金融便不会对其监管产生诉求,因而国家不会也不可能考虑地方金融监管。

第一,以获取发展资金为目的的财政抑制需从财政与金融关系切入。从计划经济向市场经济转变的过程中,财政与金融的关系逐渐由"强财政—弱金融"向"弱财政—强金融"转变,以财政分权为突破口的行政性分权则严重削弱了中央的财政汲取能力。当然,中央财政汲取能力的削弱也与经济市场化紧密相关。更何况,随着改革的推进,国民收入分配结构也发生变化——国民经济剩余由原先的国家单独持有转变为国家、企业和民间部门分散持有,国家控制经济剩余的能力也便随之降低。为了将迅速增加的非政府部门持有的资金及时有效地集中到政府手中以弥补政府可支配资金之不足,一个专门由国家控制的国有金融配置系统便成为必要。同时,为了让非政府部门占有的资金更多地直接流向国有银行资金账户,尽量压缩非政府部门所持货币资金可投资金融产品的范围也便成为必要管理举措。[1] 基于此,国家开始改革金融体制,建立了以国有产权为主导的多元化金融体制,而国有金融制度安排最直观的反映即体现为国家对金融组织的建立上,其中,最明显的是二元银行体制建立后国有银行分支经营网点按行政辖区的层层设立。如此一来,以国有产权为主导的金融体制直接排斥了地方金融的发展,几乎未给地方金融留有任何发展空间,相应地,也便不会对地方金融监管作出安排。

第二,以维护金融稳定为目的的结构抑制需从金融秩序稳定、金融安全维护切入。金融发展结构性抑制的典型即是对包容性、竞争性金融服务供给体系的排斥,其中必然包括对地方金融发展的抑制。即使允许地方金融发展也必须在地方政府的管理、参与下展开,并且也仅限于城市商业银行、城乡信用社等类型不多的地方性金融组织。国家对地方金融发展的抑制直接使地方金融监管不被需要,所以当时的金融监管结构不会也不可能将地方金融纳入金融监管统摄的范围。

(三)既行金融监管能否预见地方金融

既行金融监管结构能否预见地方金融发展,应从监管结构部署者的主观意愿与客观能力切入,其具体表现为主观上想预见地方金融发展但不能预见或客观上虽能预见但对其发展预见不足、客观上有能力预见但主观上不愿预见、主观上想预见且客观上有能力预见、主观上不愿预见且客观上没能力预见4种类型。对应到中国语境下,具体应是哪种类型?在实践中,地方金融发展对既有金融监管结构造成冲击已是不争事实,这表明既有金融监管部署者客观上并未结合地方金融发展及时对监管结构作出调整。既然如此,那么既有金融监管结构部署者未将地方金融发展纳入考量范围究竟是缺乏主观意愿,还是缺乏客观能力,当然后者包括不具备预见能力和虽有预见能力但无实施能力两种类型。

第一,从客观能力来看,首先是既有金融监管结构部署者有一定预见能力预知地方金融必然会随金融深化而逐步发展,但地方金融究竟会发展到何种

---

〔1〕 参见张杰:《中国金融制度的结构与变迁》,中国人民大学出版社2011年版,第41页。

程度、会以何种方式展现出来却无法预料。即使既有金融监管结构部署者作出安排也未必能起到良好的监管效果，因为地方金融发展势态变幻多样、层出不穷，不可能作出细致周全安排。当然，既有金融监管结构部署者可作原则性安排，以为地方金融发展之监管预留空间。现实是既有金融监管结构部署者未作安排，此时，问题已转化到主观意愿层面，其中原委或许与金融监管执法能力不足有关。值得注意的是，金融监管执法能力的不足或缺失不能成为不对地方金融发展之监管作出安排的理由，因为即使是国家所认可的金融组织或业态的创新发展也从未停止考验金融监管者的执法能力。

第二，从主观意愿来看，既有金融监管结构部署者因受金融抑制政策影响而在主观上不想对地方金融发展之监管作安排。在金融抑制政策语境下，无论是财政性还是结构性抑制，国家根本不愿发展地方金融，也不想因地方金融发展而打破国家对金融的垄断性控制，更不想因地方金融发展而影响金融稳定。既有金融监管结构部署者主观上根本不愿看到地方金融获得发展，因而也就未对地方金融监管作出部署。当然，之所以缺乏主观意愿对地方金融监管作出安排，究其根本在于金融抑制的政策语境决定了国家不会主动发展地方金融。当然，限制地方金融发展也与金融监管者客观上缺乏监管能力有关。

二、金融深化发展要求重塑既有金融监管结构

金融深化发展之所以要求重塑既有金融监管结构，首先是在于金融的深化发展已经对既有的金融监管结构形成冲击，甚至已经产生了不同类型的金融风险。既有金融监管结构设计安排之时没有对未来金融的深化发展作出前瞻性的制度准备，也没有及时确立金融监管结构自身调整的基本理念、原则、程序机制等以回应未来金融深化发展的需求。金融深化发展要求对既有金融监管结构进行重塑是因为既有金融监管结构自身未能将可能发生的金融深化发展囊括到自身的监管范围之内，也没有建立起与金融深化发展相适应的自我调整理念、原则以及程序机制等。从金融深化发展中金融监管结构如何重塑来看，则需要明确金融深化发展与金融监管结构究竟是如何发生联系的，彼此又是如何互动的？事实上，金融深化发展本身即是一个动态过程，而单一时点的静态表征即体现为涵括金融组织、金融市场等金融要素在内的系统化的金融结构，因此，金融深化发展中金融监管结构重塑的首要目标即是建立与静

态性金融结构相适应或者相匹配的金融监管结构。当然，良好金融监管结构的建立还需要其自身针对无时无刻不处于变化之中的金融结构给予动态性回应，即积极形成金融监管结构适时调整或自我修正机制。值得注意的是，金融监管结构积极对处于动态变化中金融结构的有效回应需要通过金融风险结构识别与评估予以完成。

（一）金融结构与金融监管结构的逻辑关联

金融结构与金融监管结构之关联关系的建立最初还是源于对金融监管必要性的证成与确立，唯有证明金融自身需要监管才能构建起金融结构与金融监管结构间的关联关系。无论金融监管必要性的确立是源于市场失灵，还是法律的不完备，抑或是其他理论，毋庸置疑的是，金融本身确实需要监管，并且随着金融自身及其结构的发展，金融监管结构也会随之发生变迁。之所以金融监管结构会随着金融结构的动态发展给予适时有效的回应，究其根本原因在于"金融结构演化的不同阶段会产生不同的金融风险结构，要求有相应的金融监管模式与之相适应"。[1] 显见，金融结构发展变化是金融监管结构演进的充分条件，并且金融监管结构的更新演进是建立在新型金融结构本身所蕴含的金融风险结构存在的基础之上，因而科学有效的金融监管结构必须及时准确地反映金融结构之本质，并充分揭示或反映其所服务金融结构内含着的金融风险结构。金融监管结构如欲真切地反映金融结构，其首要前提则是对金融结构之内涵与外延进行准确厘定，其究竟包含哪些内容，并需要在此基础上剖析出金融结构本身可能存在的风险，当然金融监管结构涵括哪些内容也是必须予以明确的。总体而言，金融结构与金融监管结构关系的研究，首先是需要明确金融自身存在被监管的必要性，而这必须以金融风险的存在为必要前提；其次是明确金融结构的内涵与外延，厘清其究竟应当涵括哪些内容；最后是厘清不同类型或形态的金融结构所蕴含的不同样态的风险结构，将金融、监管、金融结构、金融风险结构、金融监管结构之间的逻辑链条予以打通，即可准确反映始终处于演进发展之中的金融结构需要与之相适应的金融监管结构，才能保证金融监管有效性的提升。

在经济学、管理学、法学领域有关金融监管的既有研究之中，关于金融监

---

〔1〕 巴曙松、吴博、刘睿：《金融结构、风险结构与我国金融监管改革》，载《新金融》2013年第5期。

管必要性的探讨已经卷帙浩繁,并且学界、业界以及监管层也已经明确了金融的良好发展离不开监管的存在,因而此处就不专门对金融监管必要性这一话题予以特别赘述,需要重点关注的则是对金融结构、金融风险结构以及金融监管结构的意旨及其之间的逻辑关系进行证明。具体而言:第一,金融结构内涵外延的厘清,明晰其究竟应当涵括哪些内容。金融结构在金融研究领域是一个变动不居的概念,并且其涵括了量性结构和质性结构、宏观结构和微观结构、银行导向型结构和金融市场导向型结构等类型。"金融结构"概念的最先提出者雷蒙德·W.戈德史密斯认为,"各种金融工具和金融机构的形式、性质及其相对规模共同构成了一国金融结构的特征",〔1〕当然金融结构还会随着其所处时代或地域经济状况的发展变化而始终处于调整变动之中。〔2〕第二,考察不同类型或形态的金融结构、金融风险结构以及金融监管结构之间究竟存在什么样的逻辑关联。值得注意的是,金融监管结构与金融结构的逻辑关系的发生是借助金融风险结构这一渠道得以实现的,究其根本在于不同样态或类型的金融结构必然会有相异的金融风险结构与之遥相呼应,而作为现代意义金融监管首要任务的风险控制也必然会要求金融监管的结构性安排应当与金融结构及其所内含的金融风险形成有效匹配。〔3〕譬如,随着金融的深化发展,金融监管从单一性监管向多元化监管转变、从机构监管向功能监管转变、从审慎监管向与行为监管并举转变等,所有的监管转变都是随着金融服务供给的多元化体系构建、金融服务方式混业经营趋势及其所带来的风险结构变化而逐步迁移。总体而言,金融深化发展即是金融结构逐渐从低级向高级发展的优化过程,但金融自身的内在脆弱性、结构的日趋复杂等决定了风险结构的变化,为了有效控制金融风险的金融监管安排则不得不随着金融结构及其风险结构的变迁而作出回应性调整。

(二)金融深化发展中应如何调整金融监管结构

金融深化发展过程中所蕴含或反映的是金融结构的动态性变迁,而金融监管结构发展演变则是对不同类型或样态金融结构及其所内含风险结构变化

〔1〕[美]戈德史密斯:《金融结构与发展》,浦寿海等译,中国社会科学出版社1993年版,第21页。

〔2〕参见李健:《优化我国金融结构的理论思考》,载《中央财经大学学报》2003年第9期。

〔3〕参见张立洲:《论金融结构、金融监管与中国金融发展》,载《经济学动态》2002年第7期。

的适应性调整,因而有什么样的金融结构就有什么样的金融监管结构与之相适应。进一步讲,当金融监管结构在与变动不居的金融结构相适应的过程中,金融结构及其所内含风险结构变换的速率与节奏将会直接或间接地反映到金融监管制度或者是结构的变迁之中,金融监管结构也会随之发生或快或慢、或多或少的调整。[1] 无论是市场自然演进,还是政府强制推进之金融结构变革的优先劣后次序也直接引导紧随其后的金融监管结构变革之优先劣后次序,同时金融深化发展中选择何种类型的金融经营体制结构也将直接决定金融监管体制结构的选取。

第一,从金融结构变革的优先劣后次序来看,金融深化发展中的金融结构变革首先需要的是建立相对完善的金融服务供给体系,而后才是实现金融要素的市场化发展,当然,金融服务供给体系的完善与金融要素市场化的推进在时间或空间上存在一定交叉。其中,金融服务供给体系的完善即是要建立更具包容性、竞争性的金融服务供给体系,而这必然会导致金融结构的变化,事实上这也是金融结构变革的重要体现。金融行业发展初期是以银行服务为主导的金融结构,此时的金融监管结构主要以中央银行为主导。随着金融深化发展的向前推进,此时形成的是以银行业、证券业、保险业、信托业等多个金融行业并举发展的金融结构,相应的金融监管分工安排也随之发生变革,最终形成了专门监管证券、保险、信托等金融行业的多元化金融监管格局。此外,随着金融服务供给体系的优化完善,除传统的金融服务供给主体外,诸多新兴的金融组织或业态便获得了充分发展的空间,而针对传统金融服务供给主体的监管结构也因其滞后性而影响金融监管的绩效,因此需要建立新型的金融监管部门对新兴的金融组织或业态予以监管,同时也需要结合金融结构的变革对既有的已显滞后的金融监管结构进行调整。然而值得注意的是,金融结构以及与之相对应的金融监管结构变革的先后次序还会受到国家政治、经济体制等多元化因素的影响,这具体体现在计划或市场经济体制的实施、经济发展深度与速度以及国家对金融深化发展策略的选择等之中。不容忽视的是,从中西方金融组织或业态的历史变迁与现实发展来看,任何国家或地区的金融

---

〔1〕 参见贾辉艳:《金融结构与金融监管结构相关性问题研究》,载《经济研究参考》2009 年第 39 期。

组织或业态都已经或者正在经历由弱到强、由野蛮发展到规范整合、从被抑制到被承认或者从纵容不管到严格禁止的过程。当然,中国亦无出其右,事实上我国的地方性金融组织或业态此刻正在经历从被严格禁止或被边缘化到逐步得到承认并走向规范发展的过程之中,[1]因而处于修正之中或即将被修正的金融监管结构也会对地方性金融组织或业态的发展给予实时性的回应,金融监管权力便也会在中央与地方及其所属金融监管部门之间进行重新配置。总而言之,金融结构以及与之相对应的监管结构的变革的优先劣后次序不仅受到金融自身内在规定性的支配,而且还与金融结构变革所处的时代背景、国家情形、经济发展水平等因素存在极大的关联性。

第二,从金融深化发展中经营体制的选择来看,从分业经营体制向混业经营体制转变已成为世界各国金融发展变革的趋势,此时金融监管结构也随之发生了诸多变革。在金融分业经营向金融混业经营转变的过程中,既有金融分业监管结构已难以对混业经营进行有效监管,因而金融监管结构须从金融分业监管结构向集中监管结构转变。另外,随着金融分业经营向金融混业经营的转变,既有的以不同金融机构来划分监管对象的金融监管结构安排已经导致了一定程度的监管"真空"、监管重叠等影响金融监管效果的问题。为了对金融的混业经营进行有效监管,金融监管必须从以不同金融机构来划分监管对象的金融监管结构安排向以金融经营业务性质来划分对象的金融监管结构安排转变,即从机构监管向功能监管转变。需进一步说明的是,在金融分业经营向金融混业经营转变的过程中,"金融衍生工具的创新打破了传统上将金融产品按银行、证券、保险产品的划分界限,跨市场、跨行业类交叉性金融产品、金融服务屡见不鲜,现代金融产品的复杂性使得市场微观主体经常难以正确理解金融产品的特征和对产品蕴含的金融风险做出正确评估",[2]传统的以维护单个金融机构安全为侧重的微观审慎监管机制已经难以对金融消费者形成有效保护;同时,原本从事分业经营的银行、证券、保险等金融组织为了分散投融资风险,开始跨行业、跨地域、跨类型从事不同属性的金融业务或活动,这极易因不同金融组织金融业务经营的同质性、交叉性而导致风险的集聚与联

---

[1] 参见董彦岭:《我国金融地方化趋势与地方金融发展战略》,载《海南金融》2007年第4期。
[2] 焦瑾璞:《构建中国金融行为监管体系研究》,中国金融出版社2015年版,第4页。

通,继而引发连锁性的系统性金融风险,[1]所以,以往以维护单个金融机构稳定为侧重的微观审慎监管机制并不能有效防范和控制系统性金融风险的暴露。鉴于此,在金融混业经营格局下,传统单一的微观审慎监管必须向微观审慎监管、宏观审慎监管和行为监管并举的金融监管结构转变。总而言之,随着金融分业经营向金融混业经营的转变,金融监管结构整体上需要完成从分业监管向集中监管的转变、从机构监管向功能监管的转变以及从单一性的微观审慎监管向微观审慎监管、宏观审慎监管和行为监管并举的转变。

三、新型金融监管结构中地方政府的功能定位[2]

经济分权与金融垄断的矛盾导致金融供给量上的不足和质上的下降,地方性金融组织或业态则因此获得了深化发展的可能,继而呈现爆发性的增长态势,这主要体现为样式繁多的地方性金融组织或业态类型和民间投融资存量与增量的快速膨胀。[3] 地方性金融组织或业态的深化发展反映的是地方性金融组织或业态之结构的变化,当然这也会导致整个金融体系的结构性变更,此时既有的金融监管结构也需要随着地方性金融组织或业态的深化发展而作出适时有效的调整。地方性金融组织或业态的深化发展本质上就是金融资源配置权力的层级化或分散化配置,因而需要建立层级化或分散化的地方金融监管结构,层级化或分散化金融监管结构的重要体现即是金融监管权力在中央与地方政府之间的重新配置与调整。质言之,既往针对正规金融机构所建立的中央垄断性金融监管体制已难以对地方性金融组织或业态的深化发展形成有效性监管,[4]此即要求针对地方性金融组织或业态的深化发展给予监管体制上的回应。事实上,与地方性金融组织或业态深化发展相适应的新兴金融监管结构的构建,则需要将对地方性金融组织或业态进行监管的权力划归地方政府享有并行使,并且地方性金融组织或业态之监管权下放地方政府之

---

〔1〕 参见史建平、高宇:《宏观审慎监管理论研究综述》,载《国际金融研究》2011 年第 8 期。

〔2〕 参见刘志伟:《地方金融监管权的理性归位》,载《法律科学(西北政法大学学报)》2016 年第 5 期。

〔3〕 参见陈春林:《2013 年中国家庭民间借贷规模超过 5 万亿》,载扬子晚报网,http://epaper.yzwb.net/html_t/2014-02/27/content_139319.htm?div=-1,最后访问日期:2016 年 7 月 12 日。

〔4〕 参见王金龙:《泛亚危机被指监管缺失》,载中国经营网,http://www.cb.com.cn/index.php?m=content&c=index&a=show&catid=21&id=1145626&all,最后访问日期:2016 年 7 月 12 日。

后，还需要更加注重地方政府金融监管职能的凸显，而将地方政府金融监管部门所承担的为地方政府或地方经济发展而融资职能予以调整或者剔除。

（一）地方金融监管权应归地方政府享有

改革开放之后，国民经济剩余从原来的国家集中管理逐步转变为“大部分金融资产被分散到企业和居民手中”。[1] 为获取国家经济改革发展所需资金，国家则不得不通过扩展国有金融产权来聚集分散于企业和居民部门的金融资源，在组织结构上即体现为垄断性的国有金融体制，包括地方性金融组织或业态在内的非正规金融则一直被置于法律的边界之外。与之相呼应的是，国家建立了针对正规金融的中央垂直监管体制，而包括地方性金融组织或业态在内的非正规金融则一直处于被限制、打击、取缔的状态之中，遑论地方金融监管权的配置。然而，金融市场中“人之行动可能并不严格符合刻意设计的、有意识的组织秩序这个事实”，[2] 金融供给与需求的不匹配促成了包括地方金融在内的非正规金融的蓬勃发展，但地方金融监管权力的虚置又导致了地方金融问题丛生。

目前，我国对金融行业实行以中央垂直监管为主、地方政府协助监管为辅的金融监管体制，但地方政府在其中并不是真正意义上的金融监管主体，其主要是在扮演地方性或区域性金融风险责任处置的角色。为了尽量避免地方性或区域性金融风险事件的发生，保证地方性或区域性金融风险事件发生以后金融风险得以合理有效处置，以及中央集中垂直金融监管体制的继续维系，国家分别在 1998 年《非法金融机构和非法金融业务活动取缔办法》（已失效）、2003 年《银行业监督管理法》、2006 年国务院办公厅《关于严厉打击非法发行股票和非法经营证券业务有关问题的通知》、2007 年国务院《关于同意建立处置非法集资部际联席会议制度的批复》等规范性文件之中，规定地方政府对其行政辖区内发生的金融风险事件承担最后的风险处置责任，但仍未将地方金融的监管权赋予地方政府。当然，为进一步对地方性金融组织或业态的发展给予监管上有效的回应，国家虽已将包括小额贷款机构、典当行、保理机构、融资担保机构在内的部分地方性金融组织或业态的监管权力下放给地方政府享

---

[1] 周立：《渐进转轨、国家能力与金融功能财政化》，载《财经研究》2005 年第 2 期。

[2] 邓正来：《法律与立法的二元观：哈耶克法律理论的研究》，上海三联书店 2000 年版，第 17 页。

有并行使，但这些已经颁行的规范性法律文件尚未实质性地解决中央与地方政府金融监管权的科学合理配置问题。

尽管以“一行一总局一会”为核心的中央政府金融监管机构享有对整个金融行业实施全面监管的法定权力，但我国中央金融监管机构的监管力量主要集中在省、自治区、直辖市以及计划单列市以上——除中国人民银行和原银监会外，证监会在地级市和区县尚未设立任何分支机构，原保监会也仅仅是在苏州、烟台、汕头、温州、唐山5个地级市设立监管分局，区县亦没有设立办事处。值得注意的是，从表1与图1、图2、图3的对比来看，原“一行三会”[1]中央垂直式金融监管体制或许难以对快速发展的地方性金融组织或业态进行强有力的监管，而这又集中凸显为原“一行三会”在地方或者基层的派出机构无法对数量众多且位于乡镇、区县等基层的地方性金融组织或业态给予及时有效的监管。事实上，近年发生的以温州、鄂尔多斯等地为代表的民间金融危机的爆发亦在实践层面对此予以证实。是故，正处于蓬勃发展中的地方性金融组织或业态，其样式繁多、数量庞大、关系庞杂以及多位于乡镇或区县等基层地方的特点，决定了其监管权应当交由地方政府及其所属的金融监管机构享有并行使，并且由地方政府金融监管机构对其进行监管之监管有效性或许也将得到极大提升。[2] 总体而言，有必要且应当将金融监管权在中央与地方政府及其所属金融监管部门之间进行层级性的分散配置，即充分肯定地方政府在地方性金融组织或业态监管中的法律地位与功能作用发挥，同时应科学、合理、合法、有效地界分中央政府和地方政府之各自金融监管职责范围和风险处置责任。

表1　中央金融管理部门(原“一行三会”)地方派出机构的分布与数量

机构类型	人民银行	原银监会	证监会	原保监会
一级机构	9(大区分行)+2(北京、重庆营业部)	31(省、自治区、直辖市)+5(计划单列市)	31(省、自治区、直辖市)+5(计划单列市)+2(监管专员办事处)	31(省、自治区、直辖市)+5(计划单列市)

〔1〕在本书成稿时，新建立“一行一总局一会”的分支机构并未调整完成，并且2018年银保监会的合并也未对分支机构的布局及其数量产生影响，因而此处依旧使用原“一行三会”分支机构的数据。

〔2〕单飞跃、吴好胜：《地方金融管理法律问题研究》，载《法治研究》2013年第6期。

续表

机构类型	人民银行	原银监会	证监会	原保监会
二级机构	399(分行)	306(分局)	0	5(苏州、烟台、汕头、温州、唐山分局)
三级机构	1766(支行)	1730(办事处)	0	0

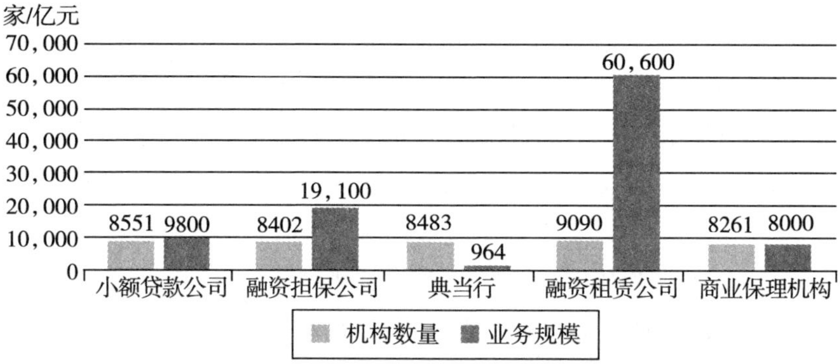

图 1　截至 2017 年年底全国主要地方金融机构数量及其业务量

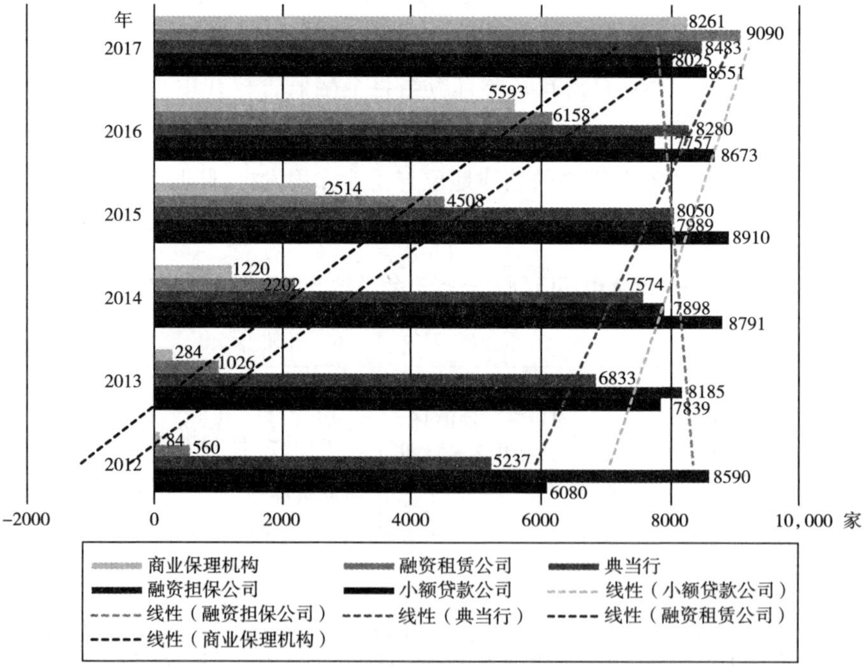

图 2　2012 ~ 2017 年全国主要地方金融机构数量

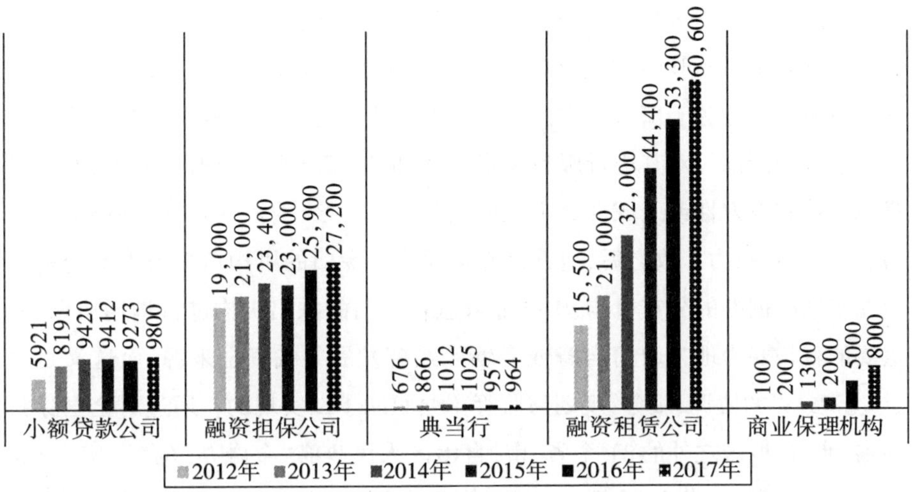

图3　2012～2017 年全国主要地方金融机构业务量(单位:亿元)

(二)地方政府金融监管权的行使应以"监管"为重

为因应地方金融实践发展的现实诉求与解决中央自身监管力量不足所导致的地方金融监管缺失问题,国家已通过中央政策、国务院规范性文件以及部门规章等形式委托或授予地方政府行使部分地方金融的监管权。自 2003 年国务院颁行《深化农村信用社改革试点方案》开始到《典当行管理办法》(已失效)、《关于小额贷款公司试点的指导意见》、《融资性担保公司管理暂行办法》等有关地方金融组织规范性文件的发布,再到 2015 年 6 月银监会《关于促进民营银行发展的指导意见》的出台,上述行为已然表明我国民间资本在一定程度上获得了的"正名"。同时,从地方金融监管层面来看,目前我国也"基本形成了以省级政府为领导,省级'金融办'为主,省级商务部门、经信部门、发改委等地方政府相关部门为辅,各级'金融办',商务、经信、发改部门参与的组织架构"。[1] 值得注意的是,既有地方政府金融监管机构的创新性设置,尽管在一定程度上为区域性或地方性金融风险控制或者是最后风险责任的处置起到了良好作用。

以为实施中央授予地方的部分地方金融监管权而设立的"金融办"为例来

〔1〕 张健华:《深化地方金融管理体制改革》,载《金融发展评论》2013 年第 10 期。

看,地方政府“金融办”的创新性设置,一方面是为了弥补以原“一行三会”为核心中央垂直金融监管体制建立以后地方政府金融监管主体存在缺失的问题;另一方面则是导源于新兴地方性金融组织或业态之蓬勃发展需要专门的地方政府金融职能部门对其进行服务性管理,以促进其合理规范有序发展,并尽量避免或控制地方性或区域性金融风险的爆发。[1] 最重要的是,中央将金融权力、金融监管权力上收之后,地方政府亟须建立专门的机构负责与大型金融组织在本辖区创办的分支机构、中央金融监管部门的派出机构进行沟通协调,最重要的就是要为地方政府自身或者辖区经济发展寻找资金来源,而这又是通过“金融办”的协调、服务、规划与监管4项职能予以实现的。通过对全国除我国港、澳、台地区之外的31个省、市、自治区人民政府“金融办”的“三定”方案进行梳理,发现各省级“金融办”的职能几乎大同小异,主要涵括协调、服务、规划与监管4项职能,在实践中前3项主要是服务于金融资源的获取与争夺,尤其是在区域内金融资源匮乏的中西部或经济发展落后的地区。无论从地方政府“金融办”创设的背景,还是从其职能的设定来看,地方政府“金融办”其本身只是地方性金融组织或业态发展的服务部门或者是为辖区经济发展进行融资的部门,实质上并没有享有真正意义上的金融监管权力。另需注意的是,绝大部分地方政府“金融办”在设立之初,并没有被依法赋予相应的地方金融监管执法职能和权力,[2] 其仅仅是地方性金融组织或业态发展的服务机构,更准确地说是为地方经济发展寻求金融资源的部门。[3]

地方政府“金融办”的“一体两用”——“监管”与“融资”功能的合一——必然会因“为发展而融资”的需求而导致地方金融监管行为的扭曲,继而成为地方金融监管权理性归位路上最大的“拦路虎”。将视角转换到实践中,发展型地方政府对为地方政府或区域经济发展进行融资职能的过分强调已经在一定程度上影响了地方金融监管的绩效,其典型表现为2009年河北“信用社事

---

[1] 参见李有星、王琳:《地方金融监管机构的主体属性与职能定位》,载洪艳蓉主编:《金融法苑》2015总第90辑,中国金融出版社2015年版。

[2] 参见何晓晴:《互金地方监管:缺人、缺钱、缺执法权,监管名存实亡》,载和讯财经新闻网,http://news.hexun.com/2016-11-06/186758416.html,最后访问日期:2016年11月8日。

[3] 参见张莫、蔡颖:《地方金融办将被剥离融资职责——分层监管仍面临多重博弈》,载和讯网,http://jjckb.xinhuanet.com/2014-05/08/content_503463.htm,最后访问日期:2016年7月12日。

件”、2012 年广东“华鼎案”、2015 年云南昆明“泛亚有色金属交易所事件”的发生等。是故,在未来金融监管体制的改革中,有必要正确处理好“监管”与“融资”这一对关系,并重点强调地方政府金融监管机构的监管职能。

进一步讲,之所以呼吁地方政府设立的金融监管机构应以“监管”为重的“本位”复归,原因在于地方政府金融监管部门为了满足辖区经济发展对金融资源的诉求而对中央紧缩性的货币政策进行规避,而对中央宽松性的货币政策进行“放大”执行;有些地方政府设立的金融监管机构在未获得法律授权的情形下批准设立了诸多从事金融业务或活动的金融组织机构或场所,或者是对扰乱金融市场秩序的地方性金融组织或业态视而不见、听之任之,上述种种行为均会在宏观或微观层面影响中央货币政策的实施效果和整个金融市场秩序的稳定。[1] 另外,地方金融监管权的滥用或被干预,要么会导致地方金融监管权沦落为地方政府融资的工具,要么会造成地方政府间金融监管的“朝底竞争”,此两种行为都会扭曲金融资源的有效配置,继而可能会影响区域金融秩序稳定,甚至可能导致区域性金融风险的爆发。譬如,审计署所公布的 36 个地方政府本级政府性债务审计结果表明,2012 年年底债务余额中,银行贷款和发行债券分别占 78.07% 和 12.06%。[2] 如果中国房价下跌,地方政府的土地财政将难以为继,此时风险必然会传递到金融体系中,继而引发区域性或系统性金融风险。是故,地方政府金融监管机构必须以“监管”为重,重新回归地方“金融办”初始设定时的功能定位,而不能沦为为地方经济发展进行融资的工具。当然,在实践中,部分地方为解决此问题,已经主动采取的一定的措施,比如,温州、山东等地最早已经将原先的“金融办”一分为二,划分为金融工作办公室和金融管理局两个部门。尽管两个部门依然是“两块牌子,一套人马”,且仅仅是一种形式上的应对策略,但起码是一种向好的开端。

---

〔1〕 参见周学东:《央地金融监管职责的边界与协调》,载《上海证券报》2015 年 3 月 24 日,A01 版。

〔2〕 参见王永吉:《审计署:银行贷款占 36 个地方政府债务余额的 78%》,载中国新闻网,http://www.chinanews.com/gn/2013/06-10/4918865.shtml,最后访问日期:2016 年 7 月 12 日。

第三节　地方政府能够参与金融监管的理论推导

一、地方政府参与金融监管的行政管辖理论导出

地方政府参与金融监管的首要前提是将金融监管权在中央与地方政府金融监管机构之间进行科学合理的配置，而金融监管权之科学合理配置需要认真考察金融监管权配置的法律性质与关系。如果不厘清金融监管权配置的法律性质与关系，极有可能导致金融监管权在不同层级、不同类型金融监管部门之间配置的错乱与失序，继而导致各金融监管部门"靶向"监管的失效。因此，欲使地方政府更好地参与到金融监管中来，对金融监管权配置的法律性质与关系进行探讨是非常有必要的，并且这也是为什么在真正讨论地方政府参与金融监管之前必须对金融监管权配置的法律性质与关系进行研究的根本缘由。"概念是反映事物的特有属性（固有属性或本质属性）的思维形态"，[1]而事物属性是对事务性质和关系的凝结与表达，因而金融监管权配置的法律概念是对金融监管权配置法律性质和关系的彰明。从概念间关系的角度来看，对金融监管权配置法律属性的研究少不了对监管、监管权、金融监管权、监管权配置等金融监管权配置之关联概念法律性质和关系的解析。是故，金融监管权配置法律属性的确定即需要分析金融监管权配置法律性质与关系，而金融监管权配置法律性质与关系的解析则需要从金融监管权配置本身以及与之相关联的概念所凝结的法律性质和关系着手展开。

（一）行政管辖：行政权配置的法律性质和关系

考察行政权配置的法律性质和关系，首先必须要明确究竟什么是行政权配置，行政权配置之内涵与外延何在。一般而言，行政权配置就是包括宪法、宪法性法律文件在内的法律、行政法规、规章等法律规范将具体性行政权能配置给某一公共行政组织之法律行为。[2] 从行政权配置的法律关系来看，行政权配置的主体是包括宪法、宪法性法律在内的法律、行政法规、规章等法律规

---

〔1〕 金岳霖主编：《形式逻辑》（第 2 版），人民出版社 2006 年版，第 18 页。

〔2〕 参见石佑启：《论法治视野下行政权力的合理配置》，载《学术研究》2010 年第 7 期。

范,当然这需要借助法律规范制定机关予以具体完成;行政权配置的对象则是指被赋予行政权力的公共行政组织;而行政权配置的客体则是行政权本身,事实上这也是行政权配置的核心。

第一,从行政权与行政职权(配置给政府各职能部门的具体权能)间的关系来讲,行政权是行政职权确定的基础,没有行政权则不会有行政职权的存在,而职权法定原则则表明行政职权是行政权法治化、具体化的体现或表现形态,行政权若无行政职权则无法得以有效落实或者走向现实世界。行政权力是国家行政机关或部门为了执行法律所赋予的管理行政事务的公共性权力,而配置给政府各职能部门的具体性行政权能则是指具体的行政机关或部门依照法律授权而享有的对某一特定行政事务、行政事项或者是行政领域进行监督管理的权能或者资格,[1]此即所谓的行政职权。行政权作为一种抽象性、整体性的国家权力难以自动适用于社会事务的管理之中,其真正落实尚需借助行政权之具体权能来达致。行政职权或者是配置给政府各职能部门的具体权能则恰好是将抽象性、不具直接可操作性的行政权依法配置给特定行政组织或机构的得以具体化的行政权力——行政权借助特定的行政组织或机构、特定的行政事项或事务[2]而实现了从抽象走向具体、从理论走向实践、从"神坛"走向现实的转换,[3]因而行政职权是行政权得以具体化实现的核心工具,或者说行政职权就是行政权本身所内含的具体性权能。

第二,从行政职权与行政权限间的关系来看,行政职能与行政权限关系的厘清,需要从行政职权的结构角度进行分析,而对行政职权结构的研究则需要从如下两个层面进行考量:一是行政管理事项的确定;二是行政管理方法的确定。其中,行政管理事项确定的过程即是行政职权范围厘定或者是行政权限划分的过程。因此,无行政职权即无行政权限,同时也不存在没有行政权限边界的行政职权。如上所述,行政职权是行政权的具体性形态,同时也是行政权的法定形态,权力法定或职权法定原则要求行政机关职权的授予与行使必须依法进行,因而"行政机关应当遵循组织法、管理法以及程序法规定的主管机

---

[1] 参见莫于川:《行政职权的行政法解析与建构》,载《重庆社会科学》2004 年第 1 期。
[2] 参见高家伟:《论行政职权》,载《行政法学研究》1996 年第 3 期。
[3] 参见莫于川:《行政职权的行政法解析与建构》,载《重庆社会科学》2004 年第 1 期。

关和职能分工的规定行使管辖权，没有法律法规的授权，任何行政机关不得改变法定的分工权限”。[1] 进一步讲，行政职权的法治化授予与界定的过程即行政权限在上下级政府或同级政府不同行政部门之间进行划分的过程，而行政职权得以合法有效行使或真正落实必须以行政职权享有部门之权力边界或者范围的明确化、法定化，否则各个行政部门在行政职权行使或行政执法过程中会存在错位、缺位或越位的问题，这就要求行政职权配置或划分部门授权或委托行政部门在行使级别、地域、事务管辖权时，必须依法定方式确定其具体的权限范围和边界。[2]

如上所述，行政权、行政职权、行政权限三者之间交叉相容、难以割裂。行政权是行政职权产生的基础，而职权法定原则要求行政权限的来源、范围须依法确定，并且未经法律法规授权，任何机构或部门均不得改变既有的行政权限划分状态与边界。因此，行政权的法治化实现需要借助权力法定原则所导出的行政权限来源法定、范围法定予以实现，那么究竟应如何实现行政权力法定化以及行政权限来源、范围合法有效的具体确定和界分？行政权被法定化的典型表征集中凸显为行政权之行政权能、行政权限的法治化设定，而行政权能、行政权限又是行政权被配置给特定行政组织的具体化、法治化表现，即行政职权的法治化设定。值得注意的是，行政权能是法律授权特定公共行政组织管理某一行政领域行政事项或行政事务的一种法律资格，也就是公共行政组织究竟有没有管理行政事务的法律能力，而行政权限则是公共行政组织在拥有管理行政事务能力之后，其究竟应管理哪些行政事项、行政地域的职责边界和范围，即公共行政组织的级别、地域、事务管辖权责范围的确定，[3] 因而行政管辖之确定既须公共行政组织存有管辖之权限资格或能力，同时公共行政组织所管理之行政事项亦须落入其管辖之权限范围的“射程”之内。[4] 当然，需要进一步说明的是，“管辖说到底就是一个权限分工问题，行政管辖是行政主体之间对各种行政事务行使行政职权时所做的分工，它所要解决的是针对

[1] 金国坤：《行政权限冲突解决机制研究：部门协调的法制化路径探寻》，北京大学出版社 2010 年版，第 202～203 页。

[2] 参见莫于川：《行政职权的行政法解析与建构》，载《重庆社会科学》2004 年第 1 期。

[3] 参见朱新力、罗利丹：《行政组织法的功能拓展及其制度设计》，载《法治研究》2012 年第 11 期。

[4] 参见吴庚：《行政法之理论与实用》，中国人民大学出版社 2005 年版，第 130 页。

某一具体行政事务应由哪一级或哪一个行政主体来行使行政职权的问题”,[1]其中既包含了行政管辖的能力与资格,也涵括了行政管辖的边界与范围。然而,拥有行政管辖权的资格或能力应属于宪法、行政组织法等实体法律规范所调整的事项,而行政管辖权的范围则主要由行政程序法予以规范。另外,从行政权之分配与再分配两个层面来看,行政权的分配主要是由宪法、行政组织法等实体法律规范进行规定,而行政权之再分配则主要由行政程序法进行规范,其分别体现了“职权来源法定和职权范围法定,不一定是职权法定原则的全部内容,但至少是不可缺少的内容”,[2]另外还可能涵括行政职权行使过程中不同行政组织之权限重叠或“真空”的程序化法定解决机制。总体而言,行政权配置是指通过法律规范将作为对行政权之行政权能、行政权限设定结果的行政职权分配给具体的公共行政组织的法律行为,其主要涉及行政权、行政职权、行政权限等内容,并且最终落脚于行政管辖。质言之,贯穿于行政权配置的整个法律过程,且始终处于行政权配置核心地位的是将行政权限法律来源、法定资格以及法定范围等要素涵括在内的行政管辖法律制度,因而行政管辖实乃行政权配置的根本法律属性的体现。

(二)金融监管权:一种现代意义上的行政权

此处我们重点关注的即是行政权在国家权力结构体系内的扩张,即传统的权力分散讲求的是不同属性权力之配置与行使的绝对性分离,而现代意义的权力分散则是相对性的权力分散,其承认权力分散化配置基础上的协调与合作,也允许立法之下的行政、司法、监察等权能集中于某一特定国家公共职能部门,尤其是那些专业性、技术性较强的行政部门拥有了部分除纯粹行政权外的部分立法、司法权能。[3] 同时,需要注意的是,国家权力结构内部行政权和社会权利、市场权利结构关系的调整紧密相关,正是国家权力向市场、社会领域的介入才导致了行政权在国家结构权力体系内的扩张。

在国家权力向市场、社会领域急剧扩张的时代,为什么主要潮流是行政权向其他国家公权力领域扩张,而不是相反,究竟其原因何在?显然这已经不受

---

〔1〕 金国坤:《行政权限冲突解决机制研究:部门协调的法制化路径探寻》,北京大学出版社2010年版,第207页。

〔2〕 杨小君:《契约对行政职权法定原则的影响及其正当规则》,载《中国法学》2007年第5期。

〔3〕 参见郭道晖:《法治行政与行政权的发展》,载《现代法学》1999年第1期。

决定国家权力扩张的市场、社会等权力系统之外因素的影响,因而问题的关键就是需要从立法权之下的行政权、司法权、监察权等本身的属性着手。规范主义对行政权力的理解是建立在传统的权力分散配置理论基础之上的,相对于立法权而言,行政权仅仅属于一种附属于立法权的执行性权力,既负责法律规范的执行,而从互相配合、互相制约的角度而言,行政权则是处于被控制者的地位,受到立法权、司法权、监察权等多重权力的制约和控制,[1]因而行政权的权限范围是非常有限的,其存在的合理性只局限于严格执行法律,并且被置于严密的监控之下,此即展现了行政权的执行性特征。事实上,也正是行政权的执行性特征才促生了行政权能够突破传统权力分散配置的限制,超越立法权及其之下的司法权、监察权等成为一种逐渐膨胀的权力。为什么是行政权的执行性特征造就了行政权的扩张?不是说行政权始终处于立法权、司法权、监察权的制约之下吗?究其根本在于,行政权的执行性特征更加适合现代化经济社会发展对权力形式或样态的基本要求。[2] 而又是为什么行政权的执行性特征能够满足经济社会现代化发展对权力形式或样态的要求?这一层面的原因在于,具有执行性的行政权是国家权力系统中与经济社会发展实践最密切的权力形式或样态。[3] 总体来看,行政权之所以能够得到迅速扩张源于行政权的执行性特征,并且执行性特征满足了现代社会对权力形式或样态的要求,同时行政权与经济社会发展实践最密切的特性又决定了同样具有一定执行性特征的司法权难以实现自身的扩张,而这又源于司法权仅仅限于事后法律纠纷的处理而很少主动直面经济社会发展的实践。因此,行政权的执行性与直面经济社会发展实践的特性决定了国家权力的膨胀主要集中于行政领域而非立法和司法领域。

行政权扩张的表现与原因已经得以阐明,在权力结构内部,行政权又是以什么样的模式进行扩张的?"行政权扩张的基本模式是:先由立法机关授权,行政机关依法行使权力,然后在权力范围内通过自己的规章或规定潜在地扩

---

〔1〕 参见张树义、梁凤云:《现代行政权的概念及属性分析》,载《国家行政学院学报》2000 年第 2 期。

〔2〕 参见季涛:《行政权的扩张与控制》,载《行政法学研究》1997 年第 1 期。

〔3〕 参见谢晖:《行政权规范:现状 · 对策 · 意义》,载《宁夏社会科学》1995 年第 2 期。

大权力的疆域。”[1]质言之,立法机关授权行政机关对市场、社会领域的行为进行依法管理或授权其制定相应的法律规范,或允许其对管辖范围的争议作出裁决,伴随其中的即是行政机关可自由裁量范围的扩张,以及通过包括法规或规章制定在内的行政权行使来实现行政主体的自我赋权或者是行政职权的扩张。显而易见,行政权得以扩张的基本路径即是通过对行政机构规则制定、司法裁判权能以及行政自由裁量权的附加来实现的,并且立法机构对行政机构的授权或者司法审查对行政权监督的放松,这其实是对立法过程和司法过程中自身所存在不足给予的回应,或许这也“代表了我们为解决那些不足而寻找答案的努力,即通过其他一些不是仅仅增加行政权力的方式来解决问题”。[2]因此,行政权的扩张即是在既有纯粹行政权基础之上,附加了规则制定、司法裁判等权能,当然还包括了行政自由裁量权力的增加,此即构成了现代意义上的行政权。需要注意的是,对纯粹行政权之规则制定、司法裁判权能的附加而形成的综合权力属性的现代行政权,是否会改变行政权的本质属性?譬如,是否会改变行政权的执行性、直面社会实践性等特征?这显然是不会的,因为现代意义上的行政权即是在行政权的执行性、直面社会实践性基础上才得以生成,此二特性的缺乏将导致行政权扩张根基的抽离,也就没有了现代意义上的行政权。退一步讲,即使会改变行政权的属性,那也只是部分的或微弱的,因为规则制定、司法裁判权能的附加在更大程度上不是直接附加给行政权的,而是附加给行政机构的,是单一性的行政机构被赋予了除行政权能外的规则制定、司法裁判权能。同时,在传统权力分散配置理论之下,纯粹性的行政权就是国家权力之中赋予行政机构所依法行使的权力,因而我们通常所说的现代意义行政权之规则制定、司法裁判权能的获得,并不是直接附加给行政权的,而是通过附加给行政权力的享有或行使机构之后才被传导或附加到行政权之上。是故,虽然原本属于立法机关或司法机关的规则制定权能或司法裁判权能已经部分性地赋予行政机构享有并行使,但其享有的权力在法律属性上仍应属于行政权的知识范畴,[3]只是此处所言的行政权已经不是传统意义上的

---

〔1〕 邓晔:《论行政权的扩张与控制》,载《法学杂志》2008 年第 2 期。

〔2〕 [美]彼得·H.舒克编著:《行政法基础》,王诚等译,法律出版社 2009 年版,第 12 页。

〔3〕 参见郭道晖:《行政权的性质与依法行政原则》,载《河北法学》1999 年第 3 期。

纯粹行政权而是融合了规则制定、司法裁判、行政执行等多项权能在内的现代意义上的行政权。

在现代意义行政权形成或扩张过程中,一种新兴的行政权力,即监管权已经成为政府科学有效管理那些更具技术性、专业性、复杂性等特质经济社会活动的一种基础性法律权力。[1] 何为监管,监管的属性是什么?这又是我们已经面临且又不得不着手解决的问题,因为这直接决定了监管权行使的合法性与正当性。正如盛学军教授所言,监管是包括行政机构在内的公共行政组织在法律法规的授权下,直接对社会或市场主体的权利加以限制或者增加其所应承担义务的法律行为,[2]因而监管权是公共行政组织依法履行其被赋予的限制被监管主体权利或增加被监管主体义务的公共行政权力,并且此权力已决然不是普通意义上的行政权或者说是特殊性的行政权。[3] 值得注意的是,监管权之所以以一种特殊属性的行政权见诸世人,究其根本原因在于监管权已然不是传统意义上的纯粹行政权,诸多经济社会领域"行政立法、行政司法的广泛运用",[4]已经使行政权力成为涵括规则制定、司法裁判、行政执行等多项权能在内的综合性或现代性行政权力。因此,具有现代意义上行政权属性的监管权就是公共行政组织依照法律法规明确授权或委托,通过直接限制被监管主体权利或增加被监管主体义务的方式,来对经济或社会上各类行为主体及其外部活动进行监督和管理的权力,其具体包括规则制定、司法裁判、行政执行等各层面的内容,并且是以纯粹行政权为主,以规则制定权、司法裁判权为辅的一种现代意义的综合性权力。

尽管新兴的监管权越来越具有明显的综合性或现代性,并且其已经超越传统权力分散配置理论中纯粹行政权的范畴,即或多或少地将规则制定权能、司法裁判权能囊括其中,[5]但监管权在本质上依然是一种以行政权为主导或

---

[1] 参见经济合作与发展组织编:《OECD 国家的监管政策:从干预主义到监管治理》,陈伟译,法律出版社 2006 年版,第 4 页。

[2] 参见盛学军:《政府监管权的法律定位》,载《社会科学研究》2006 年第 1 期。

[3] 参见盛学军等:《全球化背景下的金融监管法律问题研究》,法律出版社 2008 年版,第 41 页。

[4] 张弘:《行政职权理论范畴对中国行政法的影响与反思》,载胡建淼主编、浙江大学公法与比较法研究所编:《公法研究》第 7 辑,浙江大学出版社 2009 年版。

[5] 参见高西庆:《论证券监管权——中国证券监管权的依法行使及其机制性制约》,载《中国法学》2002 年第 5 期。

核心,并且其不是对传统上纯粹行政权的否定,而是对行政权概念内涵的丰富与外延的拓宽,是故,应该且有必要将监管权归于行政权所统筹的范围之列。当然,此处所言的行政权已然不是传统意义上的纯粹行政权,其也涵括了规则制定权、司法裁判权两个层面的内容,并且这是通过行政机构规则制定权和司法裁判权的附加并通过间接的传导来实现的,而不是将规则制定权能与司法裁判权能直接附给行政权。总而言之,现代意义上的监管权作为囊括了规则制定、司法裁判、行政执行等多项权能的一种综合性权力,但本质上仍未脱离行政权的范畴,本质上仍然属于行政权,并且是现代意义上的行政权。从逻辑学上的概念间关系来讲,金融监管权当属监管权的下位概念,它是监管权在金融领域的具体使用,并且监管权属于现代行政权之一种,因而金融监管权本质上属于涵括规则制定、司法裁判、行政执行等多项权能在内的现代意义上的行政权。

(三)监管管辖:金融监管权配置的法律性质和关系

金融监管权是金融监管部门依照法律明确授权,通过直接限制市场主体权利或增加其义务的方式,来对金融市场上的各类主体及其行为进行监督和管理的权力,实为监管权的下位概念。同时,鉴于监管权属于现代行政权之一种,因而金融监管权也必然属于行政权的一种具体类型。既然金融监管权属于行政权的一种具体类型,并且两者之间具有本质上的相通性,那么金融监管权的配置当然也应当与行政权的配置基本相同,同时金融监管权配置的法律属性也必然与行政权配置的法律属性相差无几。鉴于行政权配置的法律属性实为行政管辖,所以金融监管权配置的法律属性必然也具有行政管辖或金融监管管辖的性质。直言之,金融监管管辖实乃金融监管权配置之性质与关系在法律上的根本体现。

(四)地方政府参与金融监管的监管管辖理论适用

既然金融监管权配置的法律性质和关系在本质上体现为金融监管管辖,而管辖可分为级别管辖、地域管辖、事务管辖 3 种法律表现形式,其中的事务管辖又包括共同管辖、指定管辖以及移送管辖等不同类型的法律表现形式,那么金融监管管辖亦可分为级别管辖、地域管辖、事务管辖 3 种法律表现形式。在金融监管领域,这 3 种类型的管辖形式事实上都蕴含金融监管权在中央与地方政府及其下辖金融监管部门之间分配的问题。其中,金融监管权背后隐含的是政府与市场的权力边界问题,而金融监管管辖权所体现的则是金融监管权在不同层级、不同地区金融监管机构之间进行有效界分的问题。值得注意的是,“作为一项基本法律制度,行政管辖制度不仅要解决行政机关间的权限划分问题,这一问题通过组织法就能基本解决,管辖制度的核心是要解决各专业性质法律规范在分别授权有关主管部门对社会经济事务行使相关职权的基础上,如何解决授权不一形成多重管辖的问题,其根本目的是当出现共同管辖或积极和消极的管辖权争议时及时确定某一具体行政事务的管辖机关,从而化解权限纠纷”。[1] 将之置于金融监管领域即体现为,金融监管管辖制度所包含的内容不仅是解决金融监管权在不同金融监管部门之间进行划分的问题,而且还具有在初次分配基础上对金融监管权进行再次分配或者为再次分配提供确定性程序机制的功能。从地方政府参与金融监管的角度来看,因金融监管权在中央与地方政府金融监管部门之间进行界分而形成的金融监管管辖权可谓是地方政府参与金融监管的前提,但地方政府在参与金融监管中还可能因分权的不完备而导致其与中央金融管理部门之间产生权限争议,此时金融监管管辖制度恰好可为地方政府设立的金融监管机构与中央金融管理部门之间权限争议的解决提供有效方案。总而言之,在法律层面确定金融监管权配置的监管管辖属性,并明确金融监管管辖制度不仅具有将金融监管权在中央与地方政府金融监管部门进行初次分配的功能,而且还具有解决不同金融监管部门之间在参与金融监管过程中所发生争议的功能,这实然有助于地方政府在参与金融监管过程中更好地处理其与中央政府金融监管部门之间的关系,继而实现地方政府金融监管绩效的提升。

二、地方政府参与金融监管的权力结构理论导出

地方政府参与金融监管即是金融监管权力结构化的表现,同时金融监管权力的结构化又是以金融监管权在中央与地方政府及其所属各个金融监管机构之间科学合理配置为前提,因而权力结构理论与地方政府参与金融监管存

---

〔1〕 金国坤:《行政权限冲突解决机制研究:部门协调的法制化路径探寻》,北京大学出版社2010年版,第99页。

在莫大的关联。事实上，这也是为什么从权力结构角度对地方政府参与金融监管进行解释的原因。“权力结构理论是一个技术的、客观的视角，将权力看作一个可由人主观加以安排的事物”，〔1〕依据一定的权力分割法则对权力进行分散化配置，继而形成有关权力配置以及各权力之间关系体系的理论。其中，同权分割法则与异权分割法则是权力结构化之权力分割的方式，集权模式与分权模式则是权力结构化之权力结构的外部形态。同时，“同权”与“异权”分割法则核心的差异即是，被分割的权力究竟是同质性的权力还是异质性的权力，同质性权力的分割即同权分割，而异质性权力的分割即异权分割，其又可分为横向层面的功能性分割和纵向层面的结构性分割两类。按照异权分割法则的标准，行政权力可在中央与地方政府及其所属行政部门之间进行分散化配置，并分别形成中央与地方政府之间的纵向权力结构和同级政府所属不同职能部门之间的横向权力结构两种类型，〔2〕其中，前者是结构性的分权而后者是功能性的分权。

权力结构因权力分割法则选择的差异而形成同质性分权与异质性分权两种类型，其中，同质性分权是线性的或单向性的权力结构，讲求上下级权力享有主体的命令与服从，本质上还是一种集权结构；而异权性分割是网状的或相互性的权力结构，要求权力结构内部各权力边界明确、相互独立而又不失互动、制约，〔3〕整体上形成一个逻辑上自主但内部各权力彼此互动的闭合性权力结构。因此，相互性权力结构关系的确立须打破既往集权的结构模式，在权力分割方式的选择上应遵循异权分割法则而非同权分割法则，最终建立分散制衡的权力结构。在步骤上，首先应选择适当的权力分割法则对权力进行分割，而后对分割之后的权力进行配置，最后就分权配置之后的各权力之间的关系结构予以厘清。具体而言，一是相互性权力关系结构的权力分割方法，相互性权力关系结构的建立须采用异权分割法则而非同权分割法则，合理打破权力的集中模式，实现权力的分散化；二是相互性权力关系结构的内容或类型，权力分割之后对分散化的权力进行配置，横向层面实现权力在同级政府不同部

〔1〕　周永坤：《权力结构模式与宪政》，载《中国法学》2005 年第 6 期。
〔2〕　参见石佑启：《论法治视野下行政权力的合理配置》，载《学术研究》2010 年第 7 期。
〔3〕　参见周永坤：《规范权力：权力的法理研究》，法律出版社 2006 年版，第 118 页。

门之间的功能性分权与纵向层面权力在中央与地方或者地方不同层级政府之间的结构性分权;[1]三是相互性权力关系结构各权力之间的关系体系的塑造需要结合权力结构的类型进行分析。对横向层面的功能性分权来说,首先就是要求权力结构内部各权力的边界要划分清晰,以防止隶属于不同部门之不同属性权力相互间的侵犯,但权力的结构化配置与分离绝非诸种不同类型权力之间关系的彻底决裂,而是要建立彼此之间的沟通与制衡机制,促使诸种类型的权力相互独立而又不失互动与制约。对于纵向层面的结构性分权而言,首先需要明确上级与下级的关系不是单纯意义上的领导与被领导、指挥与被指挥的行政关系,而是上下级各自存在自己独自权限范围,并且上级与下级是平等意义上的法律关系;其次是上级与下级之间的关系不是单向性的服从与被服从关系,而是双向性的互动与沟通关系。

在分权结构模式之下,无论是横向层面的功能性分权,还是纵向层面的结构性分权,权力结构内部诸种类型的权力之间既不是完全隔离的,也不是彻底集中的关系,而是不同的权力之间既相互独立而又不失互动与沟通的分权制衡关系。同时需要注意的是,纵向层面的结构性分权在更大程度上需要横向层面的功能性分权支撑,如果没有后者将会导致纵向配置之下级权力因缺乏横向层面的制约而导致其运行违背其最终的权利指向;同时,纵向层面的结构性分权亦是不可或缺的,尤其是对于一个大国来说。是故,相互性权力关系结构的构建需要横向分权与纵向分权的有机结合,唯有如此,才能将不同功能属性、结构层级的权力整合于权力的结构网络之中,最终实现权力结构的合理性构建。

第一,权力结构生成的表面逻辑是源于权力分散化配置的需要。从整体性国家权力到立法权及其之下的司法权、行政权、监察权相互分离出来,最后形成了立法、行政、司法、监察以及检察的功能性分权结构,[2]国家结构形式的分化促使中央与地方相互间权力关系的调整,形成了结构性的分权结构。民主政治的兴起则促进政治权力开始区别于涵括立法权力、行政权力、司法权

---

〔1〕 参见杜治洲:《中国行政体制纵向权力结构调整 30 年——经验、教训与趋势》,载《学术界》2008 年第 5 期。

〔2〕 参见郭道晖:《权力的多元化与社会化》,载《中国法学》2001 年第 1 期。

力、监察权力以及检察权力在内的国家权力而得以独立存在,[1]同时政党政治的发展也促成了传统的公权力分割或分散化配置向“政治与行政的二分”的转变。此外,在传统的国家权力之外还衍生出了经济权力、文化权力等新兴的权力类型或形态。无论是国家权力、经济权力还是文化权力,任何新兴权力类型或形态的诞生,无一不证明权力结构内部各权力相互间关系的再次调整以及新兴实体权力对既有权力格局的打破,其最终结果必然是促成权力结构的多元化发展与转换。然而,值得注意的是,本书所谈及的权力结构中的权力,应限定于国家公权力的范畴之内。之所以对诸种新兴的权力类型的产生或者发展展开分析,主要是为了证明权力结构理论的逻辑生成是伴随权力的分化而进行的。

第二,权力结构的生成的本质逻辑源于权力的权利属性。权力的权利性要求权力的结构化必须以权利维护为面向,对权力之权利属性的强调可防止权力跃出权利确认或保护的正常轨道,也是对公权力享有者的一种提醒,明确权力的存在与行使并不是为了维护权力行使者的私人利益,而是为了对促使权力得以生成的私权利进行有效的确认与维护,[2]而权力的异化则主要表现为权力的滥用与权力自我扩张或集中的冲动,以及对作为生成权力基础的私权利的侵犯。显然,就会对权力进行有效制约和对社会经济事务进行专业化管理的需要形成冲击。是故,权力结构的生成本质上源于权力的权利性,具体即表现为源于对权力进行制约和对社会经济事务进行专业化管理的双重需求。一是对权力进行制约的需要。尽管公权力源于私权利的让渡,但是一旦让渡,私权利自身便难以对产生异化的公权力进行有效的监督与控制,为此唯有将整体性的权力进行分散化配置,让不同属性的权力分别交由不同的公共组织予以承担,同时利用不同属性权力的相互制约来防止权力的异化及其对私权利的破坏。因此,为了防止权力的异化或者是实现权力有效被制约,或许权力的结构化配置不失为良好选择之一。[3] 具体而言,权力内部的制约可分为功能性制约和结构性制约,其中,功能性制约主要限定于横向层面,即将不

[1] 参见宋惠昌:《现代社会权力结构新探》,载《政治与法律》1999 年第 1 期。
[2] 参见胡杰:《论权力的权利性》,载《法制与社会发展》2013 年第 2 期。
[3] 参见周永坤:《宪政与权力》,山东人民出版社 2008 年版,第 143 页。

同属性或不同功能的权力分别授予同级政府的不同部门分别享有并行使,这既可以表现为立法、行政、司法、监察、监察权力的分散化配置,[1]也有可能是某种类型权力内部的再次分散配置,最典型的表征即是实现行政自制的"行政三分";[2]而结构性分割主要限定于纵向层面,即结合权力自身的属性、权力行使对象的属性以及权力所处理事务的"重要程度"或"影响范围"等要素,将权力在中央与地方以及不同层级的地方政府之间进行分散化的纵向配置,此一问题与一国国家结构形式紧密相关,或采用联邦制,或采用单一制,抑或是其他形式。[3] 二是对社会经济事务进行专业化管理的需要。"权力结构化的过程是职权的分化和职能的专业化过程",[4]并且"分工原则决定了社会经济事务由不同的行政部门按专业分工实施"。[5] 专业化、技术性的诉求要求通过分析事务的内在规定性及其逻辑结构将该事务的管理权限进行合理配置。源于专业化、技术化需求而对一体化或集中性的权力进行了功能性分权。然而,因专业化分工需要而促生的独立规制机构又打破了既存规则制定、司法裁判、行政执行等权力相分离的局面,独立机构本身已经成为以行政权为核心,融合规则制定、司法裁判等权能的新型权力载体,事实上这又促成了权力结构的转换与重塑。

如上所述,权力结构理论要求权力的合理化配置根源于权力的权利属性或面向,而以权利为面向的权力配置必须采用异权分割法则对权力进行分割。因此,金融监管权力的配置必须从金融监管权力的权利面向出发,采用异权分割法则对金融监管权力进行合理分割。以金融服务的区域范围为标准,金融可分为全国性金融和地方性金融两种类型,其中,全国性金融的监管是以全国性金融服务的提供者和接受者的权利为面向的,而地方性金融的监管是以地方性金融服务的提供者和接受者的权利为面向的。全国性金融需要中央政府进行全面监管是毋庸置疑的,无论从理论上还是实践中世界诸国也都是由中

---

[1] 参见燕继荣:《分权改革与国家治理:中国经验分析》,载《学习与探索》2015 年第 1 期。

[2] 参见崔卓兰、卢护锋:《行政自制之途径探寻》,载《吉林大学社会科学学报》2008 年第 1 期。

[3] 参见燕继荣:《分权改革与国家治理:中国经验分析》,载《学习与探索》2015 年第 1 期。

[4] 魏红英:《纵向权力结构合理化:中央与地方关系和谐发展的基本进路》,载《中国行政管理》2008 年第 6 期。

[5] 金国坤:《行政权限冲突解决机制研究:部门协调的法制化路径探索》,北京大学出版社 2010 年版,第 22 页。

央政府对全国性的金融进行全面监管，并且以宏观审慎监管、微观审慎监管、行为监管或者机构监管、功能监管等标准将全国性金融的监管权在横向层面进行了结构化配置。值得注意的是，对于地方性金融的监管，不同国家则采用了不同的监管路径，或者全部由中央金融管理部门进行监管，或者由地方政府设立的金融监管机构进行监管，抑或是由中央和地方金融管理部门进行联合监管。从权力结构化理论来看，服务对象限定于区域范围内的地方性金融组织或业态应当由地方政府设立的金融监管机构进行监管，这符合权力结构理论所述及的权力的权利面向，并且按照权力结构合理化配置异权分割法则的要求，地方性金融组织或业态的监管权应当由地方政府设立的金融监管机构享有并行使。当然，涉及地方性金融组织或业态的服务范围超越地方政府辖区边界的情形，应当采用“属地监管”和“属人监管”相结合的原则进行协同性监管，而对于超越地方政府辖区管辖范围的，可能涉及宏观审慎监管问题的，则需要中央宏观审慎监管部门对地方性金融组织或业态进行监管。总体而言，权力结构理论要求地方性金融组织或业态的微观审慎监管、行为监管应由地方政府设立的金融监管机构进行监管，这有助于提升地方性金融组织或业态监管的效率与有效性，而对于可能涉及宏观审慎监管的问题则应当由中央宏观审慎监管部门对地方性金融组织或业态进行监管。

三、地方政府参与金融监管的组织结构理论导出

地方政府参与金融监管的限度与中央金融管理部门的监管能力、监管权限存在紧密关联，因为中央金融管理部门的管理幅度的边界之外即是地方政府设立的金融监管机构的管辖范围。[1] 如果中央金融管理部门能够对全部金融活动进行监管，地方政府将不会拥有金融监管权力。正是由于中央金融管理部门因受监管能力、监管对象性质等因素的影响而不可能对所有的金融业务或活动进行有效的监管，即中央金融管理部门的管理幅度是存在限度的，此时便需要地方政府参与到金融监管的行列中来。管理幅度原则是有关一个管

---

〔1〕 从狭义上来理解金融监管权，即单纯的政府金融监管权，不包括自律监管。对于政府金融监管权来说，金融监管管辖权可在同级政府不同部门、上下级政府之间进行横向和纵向的分割，此处主要是中央与地方政府之间金融监管管辖权的纵向划分，因而中央金融监管机构的管理幅度的边界之外即为地方金融监管机构的管辖范围。

理主体能够直接管理下级组织或人员数目的理论原则,[1] 而政府的管理幅度即是在政府管理层级既定的情况下,一级政府及其所属部门或领导所能直接指挥和控制的下级组织或人员的数量。值得注意的是,政府的管理层级与管理幅度究竟存在什么样的逻辑关联?事实上,将政府管理层级与政府管理幅度相连接的是政府的组织结构,因为政府管理层级是政府组织结构的管理层级,一般而言,政府的管理幅度与管理层级成反比例关系,政府管理的幅度越大则管理的层级相应减少,但管理的难度也随之加大;政府管理的幅度越小则管理的层级相应增加,但管理的绩效也随之降低。此外,政府的管理幅度与管理层次还存在相互制约的关系,并且其中起主导作用的是政府的管理幅度。所谓政府管理幅度的主导作用主要是指,政府的管理幅度决定政府的管理层级,或者说政府管理层级是由政府的管理幅度所决定的。值得注意的是,政府管理幅度主导作用的大小是由政府管理幅度的有限性所决定的,政府管理幅度的有限性则又是由具有相对客观性的政府能力所决定的,而政府的管理层级则是人为主观设计的结果。当然,作为主观设计结果的政府管理层级对政府的管理幅度也存在一定的制约作用。政府管理层级对政府管理幅度的反向制约主要是因为政府的管理层级相对政府的管理幅度来说具有较高的稳定性。任何一个国家的政府管理层级是不可能被频繁调整的,只要政府的管理幅度没有发生较大或整体性的变化,则政府的管理层级就不会发生大范围的调整。[2] 显见,在政府组织结构之中,政府管理幅度对政府管理层次起决定作用,而政府管理层级对政府管理幅度起反向制约作用。值得注意的是,无论政府管理幅度与政府管理层次存在正比例或反比关系、决定关系还是反作用关系,政府组织结构的优化、政府机构的合理设置、管理绩效的提升必须依靠政府管理幅度与管理层级的科学配合才能实现。

鉴于政府的管理幅度直接决定政府的管理层级设置,因而政府组织结构的优化首先必须依靠政府管理幅度的合理设计予以达致,而政府管理幅度的合理设计则需要对影响政府管理幅度设计的有关因素进行分析。影响政府管理幅度设计的因素,主要包括政府工作的性质和内容、政府工作人员的素质、

---

[1] 参见雒永信:《管理幅度的理论探讨》,载《上海企业》2006 年第 8 期。
[2] 参见贾隽、行金玲主编:《组织理论与设计》,西安交通大学出版社 2011 年版,第 52 页。

政府管理工具、政府管理环境等。现就影响政府管理的幅度的重要因素进行具体分析：一是从政府工作的性质和内容来看，政府在对管理幅度进行安排设计时需要对政府工作性质、内容的差异性给予必要的考虑，如当政府工作性质、内容相对复杂、重要时，政府的管理幅度应该相对狭窄一些，政府管理的层级就要多一些；反之，政府的管理幅度则应该相对宽泛一些，政府管理的层级就要少一些。二是从政府工作人员的素质来看，当政府工作人员的专业能力、职业忠诚度以及处理问题的能力较强时，政府的管理幅度可相应拓宽；反之，政府的管理幅度可相应限缩。三是从政府管理工具来看，政府管理工具可包括理论工具和实践工具两个方面的内容，理论工具主要是政府管理的指导理论，如有关中央与地方关系的集权或分权理论，有关政府与市场关系的计划经济或市场经济理论等；实践工具主要是指具体的管理技术手段，而具体的管理技术则主要是指信息技术获取、处理方式等。当政府管理的指导理论发生转变时，政府的管理幅度一定会发生相应的转变；当政府信息获取、处理技术变得先进时，政府的管理幅度则会相对拓宽。四是从政府的管理环境来看，政府的管理环境包括政治、经济、文化等环境，当这些环境发生转变时，政府的管理幅度则随之发生改变。譬如，随着社会主义市场经济体制的向前推进，政府的职能逐渐从管理型向服务型、从发展型向监管型、从全能型向责任型政府转变。

因此，对金融活动进行监管的权力则会因金融监管对象的变化、地方金融的深化发展、中央政府监管能力的限制、金融监管理念的更新等因素的影响而在政府与市场、中央与地方政府之间进行调整，此时中央金融管理部门和地方政府设立的金融监管机构的管理幅度则会随之发生转换，继而金融监管机构的监管层级也随之发生较大变化。其中，地方政府的金融监管职能从无到有，从单一的处置风险角色逐渐向为发展而融资、为安全而监管等多元化方向发展，此时中央金融管理部门的管理幅度则相对缩小，中央金融管理部门将专注于全国性金融组织或市场的宏观审慎监管、微观审慎监管以及全国性金融组织或市场的行为监管，而地方性金融组织或业态的监管职责则应有地方政府设立的金融监管机构予以承担。鉴于政府的管理幅度直接决定政府的管理层级，因而在地方政府获得地方性金融组织或业态的监管权之后，还需要考虑地方政府设立的金融监管机构的管理层级，即地方政府设立的金融监管机构应当采用纯粹的属地监管模式，还是采用省级以下垂直监管模式，抑或是其他的监管模式。总而言之,在政府管理幅度原则的指导下,对地方金融日益发展以及对其进行监管的需要,与既有的"一行一总局一会"中央垂直金融监管体制对其进行监管已是鞭长莫及之间矛盾的解决,需要地方政府参与到金融监管活动中来,并从法律层面赋予地方政府设立的金融监管机构对地方金融进行监管的权力。当然,地方政府金融监管权的享有及其行使效果还会受到地方政府金融监管能力、地方政府金融监管目标、地方政府金融监管环境等多重因素的影响。

第四节　地方政府参与金融监管改革的实践可能

中国的经济体制改革采取的是循序渐进式的道路,将"先行先试"的成功经验逐步推向其他区域或者全国,值得注意的是,渐进式的试点性改革模式离不开中央"推动力"和地方政府"竞争力"的双重作用,其中,地方政府在渐进式改革中主要扮演"先行先试"的政策创新角色。诸多地方政府积极扮演或者非常乐意成为"先行先试"的政策创新角色,因为此举可为地方政府博取经济发展的先机。总体来看,国家为了推进改革的有序进行,中国采取的是渐进式的改革,其中,地方政府扮演"先行先试"的政策创新角色,而中央则对地方政府"先行先试"的政策创新给予一定的包容。事实上,国家金融监管体制或结构的变革,既需要地方政府金融监管的政策创新实践,也需要中央采用事前授权、事后追认或默许的方式对地方政府金融监管的政策创新实践予以包容。

一、中国改革的渐进式思维选择

任何领域的改革创新必然会涉及对旧有制度的调整与革新,而制度调整与革新可以变革或调整的速度为标准划分为渐进式和激进式制度变迁两种类型,以变革或调整的动力为标准划分为需求型或供给型制度变迁等。值得注意的是,尽管制度变迁方式的选择可以由政治家或者特定领域的专家学者进行决定,但改革的最优方案还是由与之相关联的客观性因素决定的。[1] 在重大领域的体制改革中,中国选择了"以'摸着石头过河'的哲学为指导,采取了以'增量改革''双轨制过渡''边际改进''试验推广'等为特征的渐进式改革"[2]路径。中国之所以采用遵循渐进式的改革逻辑,原因在于国家经济、政治等重大领域的体制改革均是"牵一发而动全身",其涉及领域之广、事物之多、对象之复杂都是难以为人类有限的知识与理性所能考虑周全的,[3]并且任何细微因素或细小环节考虑的过失都可能导致改革的失败。是故,人类认知能力的有限性与重大领域体制改革本身的复杂性决定了制度的改革创新必须允许试错,并且只有允许试错才能为改革的自我矫正留下足够的制度空间,才能在实践中积累必要的理论知识和总结出市场化改革经验,继而探索出适合中国的由计划经济体制向市场经济体制演变的有效路径。事实上,中国渐进式改革路径的选择与适用正是在"试验性"改革思维的指导下予以完成的。

从中国经济发展方式的变迁与革新来看,从计划经济向市场经济的转变过程中,需要对既有的货币政策、财政政策、价格形成、企业经营等宏观和微观经济领域的系列性经济要素进行改革以适应市场化的经济活动。然而,经济领域事物本身的复杂性、关联性与经济体制改革设计者认知能力的有限性之间的矛盾难免会导致改革路径偏离事务的本质而产生或多或少、或大或小的挑战,并且大量挑战的发生具有不可避免的特征。渐进式改革路径,则主张通过小规模或局部试验的改革机制来验证改革方案是否有效,如果有效,则可为改革的全面推进提供实践上的经验或者是直接进行全面推广;如若失败,则可从中汲取教训或者从中找出失败的原因并及时对现行试点改革方案进行修正,此举可在一定程度上避免国家整体层面改革危机的发生。[4] 无论试点改革方案最终被证实还是被证伪,渐进性改革机制均可以为改革方案的最终选择以及大规模的推行提供实践上的指引,或者为接下来的改革提供经验教训。

---

〔1〕 参见刘江会:《为什么是"渐进式制度变迁"——基于中国经济改革的一种经验分析》,载《江苏社会科学》2001 年第 2 期。

〔2〕 朱富强:《渐进:改革的一般逻辑》,载《社会科学》2001 年第 3 期。

〔3〕 参见赛晓序:《激进改革与渐进改革的差异之透析》,载《齐鲁学刊》2003 年第 4 期。

〔4〕 参见薛汉伟、孙代尧:《中国走向市场经济的渐进改革》,载《北京大学学报(哲学社会科学版)》1996 年第 3 期。

从将经验上升到理论来看，即表现为“证实理论可以为其进一步推广提供客观依据，为普遍地大规模地实践提供佐证；证伪理论可以避免大规模盲目实践所造成的损失，同时为创新理论提供经验材料”。[1]

事实上，中国渐进式改革思维主要涵括了两个层面的内容：一方面，是对渐进式改革中试错主体的有效激励与约束，即鼓励试错主体进行大胆试错、积极进行政策创新的改革试验，同时又将试错主体的政策创新行为控制在一定限度之内，以维护中央权威、社会稳定和国家法治的统一；另一方面，中央为了激励创新试验，对政策创新措施、试错主体政策创新的失误给予一定的包容，当然包容还是以中央权威、社会稳定和国家法治的统一为底线，并且国家法治的统一具有一定的软约束的特征。事实上，中央在渐进式改革逻辑的指导下，对改革尝试给予了最大的包容，也积极鼓励和支持进行多元化的政策创新，只要改革尝试不违背中央的底线，即使未经获准的政策创新也可因政策创新的成功而不被制止，甚至还可能进行事后的追认和广泛推行。

二、改革中地方政府的“先行先试”

制度改革者的有限理性与减少或避免改革转型中风险或不确定性的发生，共同要求中国市场经济体制改革不得不选择渐进式的改革路径，同时渐进式的改革路径则决定了改革必须以“先试点、后推广”的方式展开。值得注意的是，中国渐进式改革主要是从如下两个维度得以有效实现的：一是通过中央政策推进实施的专项性“先行先试”路径，如全国金融机构体制的改革，是先从属于国有银行中的中国银行、建设银行进行股份制的试点，而后将试点拓展到工商银行、农业银行，最终将试点经验应用于城市商业银行、农村信用社等中小金融机构的改革之中。二是带有较强地方性特征的通过地方政府“先行先试”政策创新来完成的试点，其典型表现为地方政府改革创新与试验，从安徽省凤阳县小岗村的土地承包经营到广东省集体土地产权流转，再到四川遂宁市乡镇行政领导的直选等，许多是始发于地方政府主动的“先行先试”改革或地方政府对基层民众“先行先试”改革实践的维护与确认；同时，地方政府的

---

[1] 陈红娟：《降低风险与道路内生——试错式改革与中国特色社会主义道路的探索》，载《学术研究》2014 年第 3 期。

"先行先试"还有可能是在中央授权下进行的,[1]近些年兴起的自贸区改革试点即是其典型表现。从地方政府在中国渐进式改革的"试错性"逻辑有效实现的具体功能来看,地方政府又在政策创新改革的"先行先试"中扮演了 3 种不同的角色:一是借助自己的固有职权以"第一行动集团"的身份主动进行改革创新,此种情形在改革的早期实践中尤为明显,如广东省集体土地产权流转的兴起;二是在中央政府的授权范围内以代理者的身份进行改革创新试验,此种情形主要体现在中央批准的经济特区、综合配套改革试验区等各种特区的建设中;三是以"第二行动集团"的身份对微观制度主体的创新活动予以维护和确认,这主要体现在乡镇企业的兴起之中。[2] 总而言之,地方政府在中国渐进式政策创新改革中扮演了至关重要的角色,并且渐进式改革中重大领域的政策创新大部分都是通过地方政府的"先行先试"来完成的。

值得注意的是,地方政府"先行先试"政策创新改革的动力,主要是源于中央通过行政分权改革赋予地方政府较大的经济管理自主权,外加中央以经济建设为中心,受政策指向、财政分权、政绩考核等多种因素的影响。[3] 更重要的是,中央对地方自主权的授予是采用政策性分权而非法律性分权的方式,此举为地方政府自主权的扩张和改革创新的程度、范围提供了较大的弹性空间。然而,随着改革的逐步深化,地方政府在渐进式改革中的政策创新角色或功能正在悄然发生些许微妙的变化。细言之,改革初期"几乎所有意义重大的改革举措——也即制度创新——都是首先由地方政府提出并试验的",[4]但随着改革向深化迈进,地方政府在"先行先试"改革创新中的角色已经从以往主要是由基层民众、地方政府自下而上始发,而中央事后追认的改革创新逐步向地方政府改革创新试验由中央事前选择、指定特定的地方政府进行"先行先试"的政策创新转变。究其根本在于,随着中国法律体系的建立健全,地方政府只要试图进行主动性的改革创新都不可避免地会触碰法律的底线,法律上的限制

---

〔1〕 参见李宜春:《政府层级管理体制改革的实践与思考》,载《中国行政管理》2011 年第 3 期。

〔2〕 参见陈天祥:《中国地方政府制度创新的角色及方式》,载《中山大学学报(社会科学版)》2002 年第 3 期。

〔3〕 参见钟瑞庆:《渐进式改革与私权的发展—中国式道路的法律角度的考察》,载《中外法学》2006 年第 6 期。

〔4〕 王诚:《试论综合配套改革中的"先行先试"》,载《天津社会科学》2008 年第 5 期。

严重压缩了地方政府主动进行改革创新的空间。因此,中央便不得不通过事前选择、指定特定的地方政府进行“先行先试”的政策创新试验。然而,有一点不容置疑,无论地方政府在“先行先试”政策创新中的角色发生了何种微妙的改变,改革开放以来地方政府为国家重大领域改革创新的有序推行、改革制度的有效试错等发挥了至关重要的作用,并且未来深化改革推进阶段的改革创新仍旧离不开地方政府“先行先试”的政策创新试验。具体而言,在新一轮的经济体制改革中,地方政府“先行先试”的政策创新试验仍然具有十分重要的功能,譬如,自 2005 年开始的上海浦东新区、天津滨海新区等 10 个“综合配套改革试验区”的试点,到上海、广东、福建、天津等“自由贸易试验区”的建设等,无一不证明地方政府在中国的渐进式改革中仍然扮演不可替代的角色。

其中,有一点需要补充说明的是,中国渐进式改革试点为什么选择了地方政府而不是微观的市场主体?从根本上来讲,为了保证经济体制改革的渐进性稳定推进,既要积极地激发微观市场主体的活力,同时又要将微观市场主体的行为及其所生后果合理有效地置于中央权力运行的可控制范围之内,即是需要选择一个中央权力控制与微观市场主体活力获得激发的沟通协调者,[1]而此一沟通协调者必须具有上可通中央权力、下可接微观市场主体实践的特定资格或能力,而有资格或有能力扮演好这一角色的沟通协调者唯有地方政府。地方政府又为什么具有此种沟通协调的资格或能力?其具体原因在于,地方政府既扮演中央政府在地方上的代理人的角色,同时又是辖区基层微观主体利益的代言人,此种角色或功能可以保证中央权力主体与基层微观主体之间信息的有效传递与互联互动。另外,中央的“放权让利”使地方政府具有了相对独立的利益结构,并形成了能够与中央权力主体进行利益博弈的谈判能力,这最终促成了地方政府中间扩散型的制度变迁方式能够打破中央“自上而下”供给主导型制度变迁方式中的“诺思悖论”和基层民众“自下而上”诱致性制度变迁方式中市场准入的双重障碍。更进一步,地方政府被选择为“先行先试”政策创新的主体还源于国家对有效治理的需求,在渐进式改革的逻辑下

---

〔1〕 参见杨瑞龙:《我国制度变迁方式转换的三阶段论——兼论地方政府的制度创新行为》,载《经济研究》1998 年第 1 期。

要求中央政府通过“放权让利”来解决经济发展中的问题,而国家对经济、社会稳定的要求则强调中央对改革创新的有效控制和约束。虽然大范围微观市场主体的“放活”更有可能促进经济的发展和创新,但中央权力难以有效地对市场化的微观主体进行直接性全面干预,于此种情形下,地方政府则可以成为中央有效激励和控制的可替代对象。细言之,中央可以对地方政府采用激励性的控制机制,一方面,通过财政、政治上的晋升来激励地方政府及其官员采用“先行先试”的政策创新来推动国民经济的发展,并为全局性的经济体制改革寻找合适的制度创新方案;另一方面,中央又以政治上的晋升为载体采用层层目标考核的方式对地方政府及其官员实施严格管理。

三、中央对地方政府“先行先试”的包容

无论是地方政府自生自发的“先行先试”,还是中央指导下地方政府的政策创新,渐进改革过程中地方政府“先行先试”的改革实践都离不开中央“推动力”和地方政府“竞争力”的共同作用。中央的直接推动或者间接追认均是为了获得制度改革的优选方案,而地方政府“先行先试”的改革实践则可为国家制度改革的顶层设计积累实践经验,其中,“中央政府推动力度强弱的不等、地方政府竞争程度的不一”,〔1〕会直接影响地方政府在中国“试错性”的渐进式改革中政策创新功能的有效实现。“渐进性改革的‘试错性’逻辑,决定了中央政府必须充分发挥地方政府在体制改革中的主动性和创造性,在推进全局性改革之前,先由地方政府直接或间接引导局部性的改革试验。而这样做的前提,不仅要充分赋予地方政府某些特殊的自主权,而且必须对地方政府在改革实验中扩张其自主性的冲动保持必要的宽容。”〔2〕值得注意的是,中央对地方政府“先行先试”的宽容不仅涵括了中央对地方政府政策创新改革举措的宽容,还应当包括中央对地方政府政策创新改革失败的宽容。中央唯有从改革举措和改革结果这两个层面对地方政府“先行先试”的改革创新给予一定程度的宽容,才能有效激励地方政府积极主动地去进行政策创新的改革实践,并为

〔1〕 周望:《如何“先试先行”?——央地互动视角下的政策试点启动机制》,载《北京行政学院学报》2013年第5期。

〔2〕 何显明:《市场化进程中的地方政府行为逻辑》,人民出版社2008年版,第171～172页。

未来中央全局性体制改革的全面推行积累必要的实践经验。

首先,从中央对地方政府"先行先试"中政策创新改革举措的宽容来看,中央要赋予地方政府一定的自主权限,并且允许地方政府利用其享有的自主权限在政策的边缘或"真空"地带进行政策的创新性改革。人类认知能力的有限性与客观事物的复杂性之间的矛盾决定了中央难以对所有领域的改革创新制定明确细致的改革方案,而只能对制度改革的目标、方向、原则等基本问题进行框架性的规定,此时具体改革方案的寻找或制定则不得不依靠地方政府的"先行先试"来完成。尤其是那些急需进行改革但尚未寻得有效改革思路的重大问题或重点领域,通过小规模或局部"先行先试"的试错性改革机制来验证试点改革方案是否有效,如果有效,则可为改革的全面推进提供实践上的经验或者是直接进行全面推广;如若失败,则可从中汲取教训或者从中找出失败的原因并及时对现行试点改革方案进行修正,此举可在一定程度上避免国家整体层面改革危机的发生。[1] 由此可知,中央对地方政府"先行先试"中政策创新改革举措的宽容,是为了激励地方政府在其辖区内积极主动地进行政策改革创新,以为国家全局性体制改革的全面铺开积累实践经验。当然,中央之所以愿意通过宽容地方政府"先行先试"来寻找重大领域体制改革的突破口,是因为不同层级、不同区域地方政府的"先行先试"在自主权的范围内自主编制适合本地区的体制改革方案,可为中央未来体制改革的全面施行提供多元化的选择方案,并能够实现体制改革方案的比较性选优,此其一;二是地方政府"先行先试"可以在改革方案出现问题时及时进行纠正,并将改革的风险限定在可控范围之内。

其次,从中央对地方政府"先行先试"中政策创新改革结果的宽容来看,中央要对地方政府及其官员的改革结果,尤其是失败的结果提供特定的"安全港"。中央虽然愿意通过对地方政府"先行先试"中的政策创新改革举措给予宽容的方式来满足其获得重大领域良好体制改革方案的需求,但正如中央所担心的那样——改革是有成本和风险的。地方政府的改革创新对于地方政府及其官员来说也存在一定成本和风险,当改革创新的风险和收益不成正比时,地方政府及其官员便不会积极主动地去进行政策的改革创新,此时

---

〔1〕 参见李克强:《关于深化经济体制改革的若干问题》,载《求是》2014年第9期。

中央期冀通过地方政府“先行先试”的政策创新来对体制改革方案进行试验的目标将会落空。换言之,地方政府“先行先试”政策改革的成功能够成为保证其在地方政府之间的竞争之中获得胜出。然而,并不是所有的地方政府“先行先试”政策创新改革试验都会获得成功,“先行先试”政策改革的失败将会导致地方政府自身来承担由改革所带来的风险和成本,尤其是负责改革创新的地方政府官员极有可能会成为“先行先试”政策改革创新实践风险的最终承担者。地方政府及其官员也是理性的“经济人”,他们在进行政策改革创新的时候必然也会对改革所带来的成本和收益进行衡量,当改革成本大于收益或风险大于收益的时候,他们便失去了进行政策改革创新的动力。显见,作为中国渐进式改革主要试验主体的地方政府,如果其丧失了“先行先试”政策改革创新的动力,国家层面全局性的体制改革则会出现时滞。是故,为了保证地方政府“先行先试”的政策创新改革成为国家获取渐进式改革优良方案的“排头兵”,中央应在制度层面对地方政府“先行先试”中的政策创新失败给予必要的宽容,明确地方政府“先行先试”中“政策创新可以失败的情形、时间跨度和影响规模,在规定的范围内允许失败,超出规定的范围和影响规模才受到处罚”。[1]

四、地方政府参与金融监管改革的“先行先试”

既有的以“一行一总局一会”,尤其是原“一行三会”为主导的中央“垂直管理模式确立了中央在金融领域的主导话语权,但对地方经济发展的金融需求关注不足”,[2]实质上并没有考虑地方经济发展对金融服务的差异化需求。为满足辖区居民、企业的投融资需求,以及促进本地基础设施建设,地方政府鼓励发展各种类型的准金融或类金融组织、区域性股权交易市场以及其他各类地方产权交易场所,建立了样式繁多的地方性政府融资平台,并辅之以成立地方政府金融管理部门或赋予相关职能部门以地方金融监督管理职能,以强化对地方性金融组织或业态及其行为的引导,尤其是为地方经济发展提供投融

---

〔1〕 王国红:《政策规避与政策创新:地方政府政策执行中的问题与对策》,中共中央党校出版社2011年版,第213页。

〔2〕 董世坤:《中央与地方金融权力关系的变迁》,载《湖北大学学报(哲学社会科学版)》2014年第3期。

资服务。面对地方性金融组织或业态发展的扩张态势以及地方金融风险的渐进性暴露,原有以"一行三会"为主导的中央垂直监管体制难以对地方性金融组织或业态形成有效性的监管,而为配合地方性金融组织或业态的发展而创新设置的地方政府金融监督管理部门则存在过于注重为地方经济发展而融资而轻视为安全而进行监管的问题。为提升地方政府金融监管的有效性,中央已采用具体性、行政性的分权方式将地方性金融组织或业态的监管权力授予或委托地方政府行使,并明确地方政府的金融风险处置责任。换言之,面对地方性金融组织或业态的扩张性发展、原有以"一行三会"为核心的中央垂直性金融监管体制的捉襟见肘,以及地方政府金融管理部门监管职能的融资功能替代等问题,金融监管权在中央与地方政府之间已然呈现分散化配置的发展趋势。

一是中央主动采用授权、委托等方式试验性地将地方金融的监管职能和风险处置责任交由地方政府承担。囿于原以"一行三会"为核心的中央垂直性金融管理体制的局限,并且其监管"射程"仅限于正规金融机构边界之内的弊端,导致其对正规金融机构之外的从事金融或类金融业务的其他金融组织或业态缺乏有效监管,而这尤其体现于中央垂直金融监管部门及其派出机构对新兴的地方性金融组织或业态的监管之中。[1] 鉴于此,中共中央、国务院及其所属的原"一行三会"等中央金融监管部门,以国务院通知、部门规章或其他形式试验性授权或委托地方政府对地方性金融组织或业态进行监管,此举使原有的以"一行三会"为核心的中央金融监管垄断体制逐渐转变为以中央金融监管为主、地方金融监管为辅之中央与地方政府协同监管的层级性金融监管体制。[2] 具体的与界定中央与地方政府金融监管职责和风险责任处置有关规范性文件如表2所示。

---

〔1〕 参见单飞跃、吴好胜:《地方金融管理法律问题研究》,载《法治研究》2013年第6期。
〔2〕 参见张健华:《深化地方金融管理体制改革》,载《金融发展评论》2013年第10期。

表 2　中央和地方金融监管职责和风险处置责任的政策文件梳理

发布主体	年份	名称	文件核心内容
国务院	1996	《关于农村金融体制改革的决定》(国发〔1996〕33 号)	农村合作基金会的债权债务关系,要在地方政府的领导下妥善处理,以保护农民的利益
国务院	1998	《非法金融机构和非法金融业务活动取缔办法》(国务院令第 247 号)	非法金融机构一经中国人民银行宣布取缔,有批准部门、主管单位或者组建单位的,由批准部门、主管单位或者组建单位负责组织清理清退债权债务;没有批准部门、主管单位或者组建单位的,由所在地的地方人民政府负责组织清理清退债权债务
国务院	2003	《深化农村信用社改革试点方案》(国发〔2003〕15 号)	本着精简、高效的原则,简化管理层次,结合当地实际情况,成立省级联社或其他形式的省级管理机构,在省级人民政府领导下,具体承担对辖内信用社的管理、指导、协调和服务职能
商务部、公安部	2005	《典当行管理办法》(商务部发〔2005〕8 号)	省级商务主管部门以及设区的市(地)级商务主管部门应当根据本地实际建立定期检查及不定期抽查制度,及时发现和处理有关问题

续表

发布主体	年份	名称	文件核心内容
国务院	2007	《关于同意建立处置非法集资部际联席会议制度的批复》(国函〔2007〕4号)	非法集资一经认定,省级人民政府要负责做好本地区处置非法集资案件的组织查处和债权债务清理清退等处置善后与维护稳定工作,联席会议及有关行业主管、监管部门要积极配合、协调和监督指导。 省级人民政府要建立有效的后续处置工作机制,坚持公平、公开、公正、透明的原则,做好处置善后工作。非法集资案件有行业主管、监管部门、组建单位或批准单位的,由省级人民政府会同行业主管、监管部门、组建单位或批准单位负责债权债务清理清退等工作;没有行业主管、监管部门、组建单位或批准单位的,由省级人民政府组织工商等有关部门负责债权债务清理清退等工作。对跨省(区、市)的非法集资案件,公司注册地在涉案地区的,由公司注册地省级人民政府牵头负责;公司注册地不在涉案地区的,由涉案金额最多的省级人民政府牵头负责,相关省级人民政府积极配合并负责做好本地区工作。牵头省级人民政府要组织协调其他涉案地区,制定统一的债权债务清理清退原则和方案,保证处置工作顺利进行。其他情形的跨省(区、市)案件,由涉案金额最多的省(区、市)牵头,按照统一的原则和方案做好处置善后工作
处置非法集资部际联席会议	2008	处置非法集资部际联席会议关于印发《处置非法集资工作操作流程(试行)》的通知(处非联发〔2008〕4号)	处置非法集资工作应遵循以下原则: (1)政府主导。处置非法集资工作实行省级人民政府负责制。省(自治区、直辖市)人民政府对辖区内处置非法集资工作负总责,指导、组织、协调有关部门做好处置非法集资工作。 (2)属地管理。非法集资案件查处实行属地管理,涉案地省级人民政府组织有关部门做好案件的受理、调查、立案、认定和处置善后等工作

续表

发布主体	年份	名称	文件核心内容
银监会、中国人民银行	2008	《关于小额贷款公司试点的指导意见》(银监发〔2008〕23号)	凡是省级人民政府能明确一个主管部门(金融办或相关机构)负责对小额贷款公司的监督管理,并愿意承担小额贷款公司风险处置责任的,方可在本省(区、市)的县域范围内开展组建小额贷款公司试点
银监会等	2010	《融资性担保公司管理暂行办法》(银监发〔2010〕3号)	融资性担保公司由省、自治区、直辖市人民政府实施属地管理。省、自治区、直辖市人民政府确定的监管部门具体负责本辖区融资性担保公司的准入、退出、日常监管和风险处置,并向国务院建立的融资性担保业务监管部际联席会议报告工作
国家发改委	2011	《关于促进股权投资企业规范发展的通知》(发改办财金〔2011〕2864号)	省级人民政府负责对注册资本5亿元以下的股权投资公司实施监管
国务院	2011	《关于清理整顿各类交易场所切实防范金融风险的决定》(国发〔2011〕38号)	各省级人民政府要立即成立领导小组,建立工作机制,根据法律、行政法规和本决定的要求,按照属地管理原则,对本地区各类交易场所,进行一次集中清理整顿,其中重点是坚决纠正违法证券期货交易活动,并采取有效措施确保投资者资金安全和社会稳定。各省级人民政府要尽快制定清理整顿工作方案,于2011年12月底前报国务院备案
国务院办公厅	2012	《关于清理整顿各类交易场所的实施意见》(国办发〔2012〕37号)	各省级人民政府要制定本地区各类交易场所监管制度,明确各类交易场所监管机构和职能,加强日常监管,建立长效机制,持续做好各类交易场所统计监测、违规处理、风险处置等工作。相关省级人民政府要加强沟通配合和信息共享。联席会议成员单位和国务院相关部门要做好监督检查和指导工作

续表

发布主体	年份	名称	文件核心内容
国务院	2012	《金融业发展和改革“十二五”规划》	完善地方政府金融管理体制发挥中央金融管理部门的指导、协调和监督作用;注重引导和调动地方政府的积极性,发挥好地方政府的作用。强化地方政府金融监管意识和责任,进一步明确地方政府对小额贷款公司和担保公司等机构的管理职责,强化地方政府的风险处置责任。地方政府要大力改善金融环境,减少行政干预,促进经济和金融健康发展
中共中央	2013	《中共中央关于全面深化改革若干重大问题的决定》	落实金融监管改革措施和稳健标准,完善监管协调机制,界定中央和地方金融监管职责和风险处置责任
国务院	2014	《关于界定中央和地方金融监管职责和风险处置责任的意见》(国发〔2014〕30号)	明确中央和地方的金融监管职责和风险处置责任,加强职能转变和制度机制建设、完善中央和地方金融监管工作协调机制的总体要求
国务院	2015	《关于进一步做好防范和处置非法集资工作的意见》(国发〔2015〕59号)	省级人民政府对本行政区域防范和处置非法集资工作负总责,要切实担负起第一责任人的责任。地方各级人民政府要有效落实属地管理职责,充分发挥资源统筹调动、靠近基层一线优势,做好本行政区域内风险排查、监测预警、案件查处、善后处置、宣传教育和维护稳定等工作,确保本行政区域防范和处置非法集资工作组织到位、体系完善、机制健全、保障有力
银监会	2015	《关于地方资产管理公司开展金融企业不良资产批量收购处置业务资质认可条件等有关问题的通知》(银监发〔2013〕45号)	授权省级人民政府组建地方资产管理公司处置不良金融资产,并承担风险处置责任

续表

发布主体	年份	名称	文件核心内容
银监会、工信部、公安部、国信办	2016	《网络借贷信息中介机构业务活动管理暂行办法》(银监会令〔2016〕1号)	各地方金融监管部门具体负责本辖区网络借贷信息中介机构的机构监管,包括对本辖区网络借贷信息中介机构的规范引导、备案管理和风险防范、处置工作
中共中央	2017	《中共中央关于服务实体经济防控金融风险深化金融改革的若干意见》(中发〔2017〕23号)	明确地方金融监管职责。在坚持金融管理主要是中央事权的前提下,按照中央统一规则、地方实施监管,谁审批、谁监管、谁担责,中央对地方金融监管纠偏问责的总体要求,完善中央与地方金融监管职责分工,赋予地方政府相关金融监管职责。小额贷款公司、融资担保公司、区域性股权市场、典当行、融资租赁公司、商业保理公司、地方资产管理公司等,由中央金融监管部门制定规则,地方金融监管部门实施监管。强化地方金融监管部门对辖区内投资公司、开展信用互助的农民专业合作社、社会众筹机构、地方各类交易场所等的监管,提高准入门槛,严格限定经营范围。 建立健全由省(自治区、直辖市)人民政府领导牵头的金融工作议事协调机制,具体工作由地方金融监管局(金融办)承担,履行属地金融监管职责,加强监管力量,充实人员队伍,赋予必要的监管手段,负责地方金融机构的风险防范处置。省级政府要落实好防范处置非法集资第一责任人的责任,及早发现、妥善处置,维护属地金融稳定。地方各级政府要自觉维护国家法治统一、市场统一、政令统一,不得对金融资源市场化配置和金融机构自主经营进行干预。国务院金融稳定发展委员会办公室牵头建立中央与地方之间信息共享、风险处置、业务发展和消费者保护等协作机制。中央金融管理部门派出机构负责对地方金融监管部门进行业务指导和监督,并有权纠正不符合相关监管规则的行为。建立健全跨区域监管协作机制,共同打击跨区域违法违规金融活动

续表

发布主体	年份	名称	文件核心内容
中国人民银行等	2018	《金融业发展和改革“十三五”规划》	在坚持金融管理主要是中央事权的前提下,按照中央统一规则,地方实施监管,谁审批、谁监管、谁负责
银保监会办公厅	2019	《关于加强地方资产管理公司监督管理工作的通知》(银保监办发〔2019〕153号)	省级人民政府承担对地方资产管理公司的监管职责
清整办	2019	《关于三年攻坚战期间地方交易场所清理整顿有关问题的通知》(清整办函〔2019〕35号)	拟交易的产品不属于中央和地方金融管理部门监督范围的,省级地方金融管理部门应当组织当地中央金融管理部门派出机构进行研究论证,同意的应出具书面意见并抄送联席会议办公室。研究论证后仍对业务定性存疑的,可书面征求联席会议办公室意见
国务院	2020	《防范和处置非法集资条例》(国务院令〔2020〕737号)	第5条　省、自治区、直辖市人民政府对本行政区域内防范和处置非法集资工作负总责,地方各级人民政府应当建立健全政府统一领导的防范和处置非法集资工作机制。县级以上地方人民政府应当明确防范和处置非法集资工作机制的牵头部门(以下简称处置非法集资牵头部门),有关部门以及国务院金融管理部门分支机构、派出机构等单位参加工作机制;乡镇人民政府应当明确牵头负责防范和处置非法集资工作的人员。上级地方人民政府应当督促、指导下级地方人民政府做好本行政区域防范和处置非法集资工作

续表

发布主体	年份	名称	文件核心内容
国务院	2020	《地方金融监督管理条例(草案征求意见稿)》	第4条【地方监管职责】　地方金融监督管理必须坚持党的集中统一领导,确保党中央各项决策部署得到有效贯彻。 省级人民政府履行对地方金融组织的监督管理和风险处置职责,承担地方法人金融机构的风险处置属地责任,督促各类股东履行补充资本的义务,对省级行政区域内防范和处置非法集资工作负总责。 对国务院金融管理部门及其分支机构依法进行监督管理的金融机构的风险处置工作,省级人民政府应予以配合,履行属地责任。 省级人民政府授权下级人民政府开展监督管理和风险防范处置工作的,应当确保下级人民政府具备相应监督管理能力。地方金融组织的审批权限不得下放
	2021	《金融稳定法(草案征求意见稿)》	第6条【地方政府职责】省、自治区、直辖市人民政府依照法定职责分工以及统筹协调机制的要求,履行辖区内金融风险防范、化解和处置相关责任,打击非法集资等非法金融活动,采取有效措施维护社会稳定
中共中央　国务院	2023	《党和国家机构改革方案》	深化地方金融监管体制改革。建立以中央金融管理部门地方派出机构为主的地方金融监管体制,统筹优化中央金融管理部门地方派出机构设置和力量配备。地方政府设立的金融监管机构专司监管职责,不再加挂金融工作局、金融办公室等牌子

此外,中央政府还通过批准金融改革试验区的方式,允许地方政府在金融监管改革中扮演“先行先试”的角色。譬如,在新一轮金融改革中,中央政府已经批准了温州市金融综合改革试验区(以民间金融、地方金融改革为核心主题)、广东珠三角金融改革创新综合试验区(以城市、农村和城乡统筹发展金融改革为核心主题)、福建省泉州市金融服务实体经济综合改革试验区(以金融

服务实体经济为核心主题)、云南沿边金融改革综合试验区(以跨境金融、沿边金融、地方金融改革为核心主题)、青岛财富管理金融综合改革试验区(以财富管理核心为主题)5个金融综合改革试验区,并分别在不同的综合改革试验区对不同的金融改革内容进行"先行先试"的改革试验。值得注意的是,5个金融综合改革试验区都是以行政区划为单位,由地方政府在国家的授权范围内进行"先行先试"的改革试验,并且由地方政府扮演金融改革主要推进者的角色。同时,5个金融综合改革试验区都或多或少地涉及了地方性金融组织或业态发展及其监管体制改革的内容,但唯有此次民间金融危机的始发地且最受政府与社会关注的温州市金融综合改革试验区,专门以包括地方金融、民间金融发展与地方金融监管体制改革试验为核心主题。当然,温州的地方金融监管体制改革也走在了政策创新改革的前列,如温州市专门设立了地方金融监管局与既有的金融工作办公室进行组织和职能上的分离、建立民间借贷登记服务中心、建立民间金融监管协调机制等。

二是地方各级政府主动设立实体性地方政府金融监督管理机构对地方性金融组织或业态进行监督管理和风险处置,抑或是成立具有地方金融服务、监管协调、市场培育等职能的金融工作或服务办公室来服务于地方性金融组织或业态的发展与监管。[1] 地方政府"金融办"的创新性设置首先始发于上海,而后全国除我国港、澳、台地区外的31个省、市、自治区及其统辖的地市、区县级政府基本都设置了署名为"金融服务办公室""金融工作办公室",或者是"金融工作局""金融监督管理局"的隶属于政府办公室或者是作为政府直属机构、组成部门的金融服务、协调、监管机构或部门。[2] 除创新性设置地方政府金融服务、协调、监管机构或部门外,中央政府或其所属部委还授权或委托地方政府设置的与其相对口的政府部门来承担部分地方性金融组织或业态的监督管理工作,最典型的即是地方政府商务管理部门承担典当行的监督管理、经济与信息化管理部门负责融资担保公司的监督管理等。[3] 再就是,地方政府或者是其所属部门还通过自我赋权的方式将部分地方性金融组织或业态的监督管

〔1〕 参见《温州市金融办和温州市金融局主要职责》,载温州政府网,http://www.wzjrb.gov.cn/art/2012/8/9/art_8709_91792.html,最后访问日期:2014年12月25日。

〔2〕 参见刘永刚、魏华:《金融办秘史》,载《中国经济周刊》2012年第2期。

〔3〕 参见单飞跃、吴好胜:《地方金融管理法律问题研究》,载《法治研究》2013年第6期。

理纳入自己的职能范围之内,如资金互助社的监管权由地方政府农委、民政局、工商局等部门享有并行使。地方政府金融管理服务机构的设立与相关职能部门金融监管权的被赋予或委托已经促使地方政府金融监督管理格局基本形成——从纵向上来看即体现为自省级到地市级乃至区县级政府均存在相应的金融管理服务部门;从横向上来看则基本形成了以地方政府"金融办"为核心,地方政府商务管理部门、经济与信息化管理部门、中小企业局等政府部门为辅助的功能性组织管理体系(见表3)。[1]

表3 部分省、自治区、直辖市主要地方金融机构及其监管部门

地区	小额贷款公司	融资担保公司	典当行	农村资金互助社
北京	金融工作局	金融工作局	商务局	原银监会
上海	金融服务办公室	金融服务办公室	商务委员会	原银监会
重庆	金融工作办公室	金融工作办公室	商业委员会	原银监会
天津	金融工作局	金融工作局	商务委员会	原银监会
广东	金融工作办公室	金融工作办公室	商务厅	原银监会
浙江	金融工作办公室	中小企业局、金融工作办公室	商务厅	原银监会
江苏	金融工作办公室	经济和信息化委员会	商务厅	原银监会
湖北	金融工作办公室	经济和信息化委员会	商务厅	原银监会
四川	金融工作办公室	金融工作办公室	商务厅	原银监会
贵州	中小企业局	经济和信息化委员会	商务厅	原银监会
新疆	金融工作办公室	金融工作办公室	商务厅	原银监会
西藏	金融工作办公室	工业和信息化厅	商务厅	原银监会

除对金融监管机构进行改革外,在2013年《中共中央关于全面深化改革若干重大问题的决定》、2014年国务院《关于界定中央和地方金融监管职责和风险处置责任的意见》等规范性文件的政策指引下,各级地方政府还纷纷进行新

[1] 参见张健华:《深化地方金融管理体制改革》,载《金融发展评论》2013年第10期。

一轮金融监管改革的政策创新实践，如进行金融监管法规的制定、地方金融监管协调机制的建立等。其中，最典型的即是2016年3月山东省第十二届人民代表大会常务委员会第二十次会议通过的《山东省地方金融条例》，这是全国首部专门对地方金融监管全面系统规定的地方性法规，尤其是“先行先试”地将地方辖区原“一行三局”监管之外的地方金融组织、交易场所全部纳入监管的范围，提出“机构监管”和“业务监管”相协调的地方金融管理架构，用以弥补原“一行三会”中央垂直金融监管体制的漏洞与空白，实现了地方与中央金融监管的无缝对接。不同地区各级地方政府在地方金融监管改革中“先行先试”的创新改革试验，事实上为未来地方金融监管体制的顶层设计提供了不同样式的改革蓝本，同时也可在一定程度上避免因地方金融监管改革的盲目推进而导致区域性或系统性金融风险。

第二章　地方政府参与金融监管的实践考察

第一节　地方政府参与金融监管的源流变化

一、金融集权（1949～1977年）与地方政府参与金融监管

1950年11月政务院(现国务院)所批准的《中央人民政府中国人民银行(试行)组织条例》之中，其明确指出，由中国人民银行掌管金融行政管理工作，具体是监督私营、公私合营及外商参与或投资的金融企业，管理全国金融市场。然而，在"一五"经济计划推行过程中，公私合营银行被并入中国人民银行、各大区中国人民银行支行被撤销、中国农业银行被二次建立和撤销以及隶属于财政部的中国建设银行得以建立等，中国金融部门集权式的统一性银行体制、信用体制和管理体制最终得以全面建立，[1]并且中国人民银行成为集金融商业经营和金融监督管理于一身的复合型中央银行。值得注意的是，复合型中央银行制度下的金融监管绝非现代意义上的金融监管，而仅仅是一般性的金融管理，其不对金融机构的市场准入、运营和退出进行监督管理，并且金融管理政策的制定由国务院集中负责。其中，中国人民银行所扮演的金融监督管理角色主要是通过纵向信贷管理、国家银行信用统一、货币投放回笼的计划性集中管理、利率管理的集中统一以及外汇制度高度集中等制度的建立而体现出来的。值得注意的是，尽管"大一统"金融集权体制决定了金融监督管理体制的集中统一特性——人民银行成为中国金融行业独一无二的监督管理者。

〔1〕参见文炳勋：《新中国金融体制的历史演进》，载《中共党史研究》2006年第4期。

(一)调整时期(1958~1965年)地方政府的金融监管参与

金融监管的地方政府参与最早源于1956年中国人民银行对信贷资金管理权限所作的调整,即农业贷款和企业贷款的年度计划由中央下达而季度计划由地方自行调整,并且中央还给地方一部分后备性的信贷资金指标。事实上,这一阶段的调整有效地化解了高度集中金融管理与地方分散需求之间的矛盾,并且在一定程度上使金融资源的配置满足了经济运行对资金的现实需要。1958年11月中国人民银行在武汉召开的全国分行行长会议上重点讨论了信贷管理权下放的问题,并且从1959年开始便将"统收统支"的集中性信贷计划管理体制转变为"存贷下放,计划包干,差额管理,统一调度"的"全额信贷"管理体制。其中,中央财政和中央企业存款由中国人民银行总行管理,其余的存贷款全部下放地方,实行差额管理的政策。此后,诸多省、市、自治区又将信贷管理的权限层层下放给专区和县,继而形成了信贷管理权限在中央与地方政府分割的局面。中共中央、国务院于1958年12月共同颁发了《关于适应人民公社化的形势改进农村财政贸易管理体制的决定》,其明确提出在农村地区实行"两放、三统、一包"[1]的财政贸易新体制,同时将农村地区银行营业所及其所属人员、资产的管理整体下放到基层人民公社与原本也由中国人民银行进行管理的农村信用社合并成为由人民公社进行管理的信用部,人民公社信用部及其所属的信用分部由公社及其派出机关的管理区(生产大队)的人民代表大会和管理委员会管理。[2]

事实上,无论是银行信贷管理权限的下放,还是农村银行营业所与信用社合并下放到人民公社,这都在一定程度上对人民银行之信贷、货币流通的金融调控与管理造成了一定的阻滞。面对金融监督管理权限下放中的问题,国家便重新对信贷管理权和农村信用社、银行营业所的管理权作出调整,如下所示。

一是有关农村信用社和银行营业所管理权的调整。中共中央于1959年4月发布了《关于加强农村人民公社信贷管理工作的决定》,将农村地区银行营业所、农村信用社与人民公社信用部予以分离,将下放给人民公社管理的银行

---

〔1〕"两放"是指下放人员、下放资产;"三统"是指统一政策、统一计划、统一流动资金的管理;"一包"是指包财政任务。

〔2〕参见李飞等主编、杨希天等编著:《中国金融通史:中华人民共和国时期(1949~1996)》(第6卷),中国金融出版社2002年版,第90页。

营业收回，重归中国人民银行管理；将农村信用社工作人员的管理下放给公社派出机关的管理区（生产大队），并按公社派出机关的管理区（生产大队）设置信用分部，而业务由公社派出机关的管理区（生产大队）和银行营业所共同领导。1961 年 9 月中国人民银行发出《关于讨论和实行农村信用社若干政策问题的规定（草案）的通知》，决定完全撤销首次于 1958 年新设的人民公社信用部，并将获得复建的农村信用社交由中国人民银行和人民公社对其实行双重管理的领导体制。1962 年 11 月中共中央、国务院批转了中国人民银行颁发的《关于农村信用社若干问题的规定（试行草案）的报告》，决定由中国人民银行在业务上对农村信用社实行全面、彻底的垂直领导，而地方党委负责农村信用社的思想政治、人事管理工作，并且中共中央和国务院批示，各级农林办公室、农委、农村工作部和财贸办公室都要加强对农村信用合作社的领导，并明确以农林办公室、农委和农村工作部的领导为主。

二是有关银行信贷管理权的调整。1960 年 1 月中国人民银行决定把“计划包干，差额管理”修改为“差额管理，一年两包”，并且不在专区和县两级实行“计划包干，差额管理”的信贷管理政策。1962 年 3 月中共中央、国务院发布《关于切实加强银行工作的集中统一，严格控制货币发行的决定》，明确提出对下放给地方的银行的人事、资金管理权力重新收归中央，即中央完全对银行分支机构及其业务实行垂直性的领导管理体制，中国人民银行各分支机构在党的工作和行政方面仍然受地方党委和人民委员会的领导，而有关业务计划、制度和现金管理等方面必须受中国人民银行总行的垂直领导。1962 年 6 月中共中央、国务院发出《关于改变中国人民银行在国家组织中地位的通知》，从规范层面明确指出，中国人民银行既是对国家整个金融事业进行管理行政管理部门，又是从事具有经济属性特征的信贷活动的组织机构，具有“一体两用”的双重属性，同时此举又在一定层面间接地否定了地方参与金融服务或管理活动的权力。中共中央、国务院从 1964 年开始又下放了部分信贷管理权限，将 19 个非工业部门的基本建设投资改为地方安排，而后的 1965 年中国人民银行对信贷管理办法作了一些改进，简化了计划编制审批手续，适当扩大了地方的信贷管理权力。[1]

---

〔1〕 参见胡燕龙主编：《新中国金融史》，云南大学出版社 1993 年版，第 201 页。

(二)纠错时期(1966~1977年)地方政府的金融监管参与

经过1961~1965年的调整,国民经济逐步好转,1966年国家将"五小"企业的产品划归地方使用,1970年中央进一步扩大地方权限,大部分中央直属企业、事业单位下放地方,并扩大地方政府的经济管理权限,实行"以块为主、条块结合"的经济管理体制。此一阶段金融管理体制改革中的地方政府参与主要表现在以下三个方面。

一是信贷资金管理体制改革。1971年起实行农村信贷包干制,即除各省、市、自治区掌握的农村信贷指标可继续使用外,以后每年新增贷款部分,在保证存提款自由的前提下,可以由省、市、自治区统一安排使用;中国人民银行总行于1972年发布《信贷、现金计划管理办法》,实行统一计划,中央和省、市、自治区分级管理的体制,中央管年度计划,各省、市、自治区管理季度计划。

二是农村信用社管理体制的改革。为贯彻贫下中农管理信用社的精神,各级信用社纷纷建立以贫下中农为主体,人民公社或各个农村大队革命委员会、信用社代表参加的贫下中农管理委员会——在人民公社内部建农村信用社的,以人民公社革命委员会和信用社的代表组成贫下中农管理委员会;在各个农村大队建立农村信用社的,以各个农村大队革命委员会和信用社的代表组成贫下中农管理委员会——分别对农村信用社的人事、资金、财产、思想、业务等进行管理。1974年5月财政部向国务院报送《关于农村信用社几个问题的请示报告》中提出,农村信用社干部的具体管理工作由中国人民银行县支行负责,而农村信用社的存放款计划、财务计划则交由人民公社或各个农村大队革命委员会信用社代表参加的贫下中农管理委员会进行讨论,而后由人民公社或各个农村大队革命委员会进行审查,最后报该地区中国人民银行的县支行并由县支行批准后方可执行。

三是中国人民银行的机构调整。1969年7月为方便国务院的统一协调管理,中国人民银行总行被要求与财政部在同一地点进行办公,而中国人民银行在地方的各级分支机构或与地方财政部门合并成为财政金融局,抑或是成为地方财政局的一个业务组成或者附属机构,集中统一的金融监管体制被拆分。根据国务院的指示命令,于1972年9月召开的全国银行工作会议决定将包括省在内的省以下各级人民银行的分支机构与地方政府的财政部门分别开来,但财政部与中国人民银行总行没有分设。国务院于1977年11月发布了《关于整顿和加强银行工作的几项规定》,明确提出重新恢复中国人民银行为国务院所属部委的身份并且与财政部进行分设,省、市、自治区以下中国人民银行的各级分支机构也必须与地方政府的财政部门进行分设;另外,中国人民银行在省级以下设立的各分支机构必须同时受中国人民银行总行和地方各级政府人民革命委员会的双重领导,其中,在业务上以中国人民银行总行领导为主、党的工作和思想政治工作以地方各级政府人民革命委员会的领导为主,并且地方对其辖区中国人民银行分支机构主要领导干部的任免和调动,要与上一级中国人民银行进行商量,一致决定。

二、金融分权(1978～1993年)与地方政府参与金融监管

改革初期的金融分权集中体现为中国金融机构逐步向多元化金融机构体系的转变,并且以1984年为分界点形成了两个特征相异的发展阶段,其中,1978～1983年改革的主要内容是银行从财政的附属地位中解放出来,并先后恢复和设立了"农行""工行""建行""中行"4家国有专业银行以及多家非银行金融机构;而1984～1993年改革的重点即是中国人民银行开始专门履行中央银行职能、中央银行与专业银行二级银行体制的建立、资本市场的初步发展以及多元化金融机构体系的建构。随着单一金融机构向多元金融机构体系的转变,金融活动也随之变得越来越复杂,建立起与中国金融深化发展相适应的金融监管体制已经成为必须,此时中国人民银行成为整个金融行业的唯一监管者,并逐渐形成了以中国人民银行为领导,国有专业银行为骨干力量,多种形态金融组织或业态协同发展[1]的社会主义金融组织体系。值得注意的是,此一阶段中国人民银行既履行中央银行的职能,又行使对金融机构、金融活动进行监管的职能,而中国人民银行的监管工作主要是负责金融机构的设立、变更、撤销、终止及其业务范围的审批,以及对金融机构的存款、贷款、结算等业务活动和内部管理行为进行合规性监管。[2] 在中国人民银行集中行使金融监管权的1978～1993年,地方政府对金融监管的参与在更大程度上是间接性的,

[1] 参见刘鸿儒等:《变革:中国金融体制发展六十年》,中国金融出版社2009年版,第73页。

[2] 参见汪世银:《中国金融体制改革的理性思考》,中国财政金融出版社2009年版,第122～123页。

抑或是在金融法律不完备情形下的自我赋权,这具体表现为地方党委、政府对中国人民银行、专业银行思想政治工作的领导,以及地方政府直接或间接参与到多元化金融组织或市场的设立、运营等的发展与监管之中。

(一)地方对辖区人民银行、国有专业银行分支机构的领导

金融体制改革的启动首先体现于银行从财政的附属者地位解放出来,其典型表现是中国农业银行、中国银行、中国建设银行以及中国工商银行分别从中国人民银行、财政部分离出来或者复建。值得注意的是,独立或复建后的四大国有专业银行均采用总行和省、市、自治区双重领导的管理模式。其中,业务上以总行领导为主,而党的工作和思想政治工作以地方领导为主。具言之:一是从地方政府对国有专业银行分支机构的管理来看,国有专业银行的复建或独立设立之路最早始于1979年2月国务院《关于恢复中国农业银行的通知》的发布,该通知明确了中国农业银行的领导管理体制,即实行中国农业银行总行和省、市、自治区人民革命委员会双重领导的管理模式。其中,业务上以中国农业银行总行的领导管理为主、党的工作和思想政治工作以地方的领导管理为主,而人事干部的调动、任免应按照中国人民银行的办法管理,并且要求各级人民革命委员会要切实加强对其辖区内中国农业银行的领导管理。国务院于1979年3月又为另一国有专业银行——中国银行的复建而批转了中国人民银行《关于改革中国银行体制的请示报告》,提出中国银行分、支行的工作实行总行和省、市、自治区革委会双重领导。其中,业务工作以总行领导为主、党的工作和思想政治工作以地方领导为主。1983年4月国务院同意财政部《关于建设银行机构改革问题的报告》,规定中国建设银行在各省、市、自治区分行的管理实行总行和地方人民政府双重领导的模式,并且以总行领导为主,省以下各级建设银行分支机构则由上级行和当地人民政府双重领导,以上级行为主。此外,中国建设银行在财政业务方面的工作仍受财政部的领导,而属于地方基本建设支出预算和财务管理工作内容的则要接受财政厅(局)的指导。二是从地方政府对人民银行分支机构的管理来看,国务院于1983年9月发布的《关于中国人民银行专门行使中央银行职能的决定》,进一步确认了其于1977年11月所发布《关于整顿和加强银行工作的几项规定》中所规定的,中国人民银行实行总行和省、市、自治区双重领导的管理模式,但人民银行分支机构的人事管理发生了从总行与地方协商向总行垂直管理的转变,即地方对辖区人

民银行分支机构银行主要领导干部的任免和调动要与上一级人民银行商量确定,向干部管理上实行垂直领导、统一管理转变。1983 年 9 月国务院发布《关于中国人民银行专门行使中央银行职能的决定》,提出中国人民银行总行对其所属的分支机构之业务、干部管理两个层面的事务实行总行集中统一领导的垂直性管理体制,但地方各级人民政府要承担对其辖区内中国人民银行分支机构贯彻执行国家方针、政策的情况进行监督管理;此外,将中国人民银行所承担的工商行业的信贷、储蓄业务等转交给新成立的中国工商银行办理从事。

地方对辖区内人民银行、国有专业银行分支机构的领导主要体现在党的工作和思想政治工作两个层面,并且各级地方政府有保证和监督检查辖区内人民银行和国有专业银行分支机构贯彻执行国家方针、政策的职责和权力。事实上,地方对辖区内人民银行、国有专业银行分支机构的领导、监督检查权力将直接"侵蚀"中国人民银行及其分支机构对各专业银行及其分支机构的监督管理,并且也会削弱人民银行总行对其地方分支机构、专业银行总行对其分支机构进行管理的权力。因此,中国人民银行是中国金融业唯一合法的金融监管机构,而地方政府则在一定程度上成为中国金融行业的"隐性"监管者,其主要利用自身的管理权、监督检查权而参与到金融机构信贷资金分配的管理中来,继而对中国人民银行的金融监管权形成了强有力的"侵蚀"。就对中央金融监管权进行侵蚀的途径而言,地方政府则主要是通过对辖区人民银行、专业银行分支机构管理权、监督检查权来影响或干预信贷资源的配置。另外,地方政府之所以能够影响或干预信贷资源的配置,还源于中国人民银行和各国有专业银行分支机构一定数量资金使用权的享有、总行和分支行经营利润实行分成的利润分配机制。[1] 换言之,地方对辖区内人民银行、国有专业银行分支机构的领导、监督检查权将直接性地导致中央银行的金融监管权力遭受地方政府的"侵蚀",同时,人民银行、国有专业银行分支机构也有利益上的动力来服务于地方政府。显见,地方政府已然成为辖区内国有专业银行分支机构的"隐形"监督管理者,尤其是对人民银行、国有专业银行分支机构的信贷资源配置等经营行为进行不同程度的干涉或控制。

---

〔1〕 参见傅勇、李良松:《金融分权的逻辑:地方干预与中央集中的视角》,载《上海金融》2015 年第 10 期。

(二)金融法律不完备情形下地方政府金融监管的自我赋权

除对中国人民银行、国有专业银行的管理体制进行改革外,国家还逐步放开金融机构的市场准入,此时地方政府则依靠金融监管法律的“漏洞”“真空”而进行自我赋权。地方政府自我赋权的内容主要包括地方金融发展权和地方金融监管权,而这又具体表现为地方政府除利用财政资金参与新型金融机构的组建外,还积极鼓励辖区内专业银行分支机构、国有企业以及民间资本参与到新型金融机构的建设发展中来,同时地方政府或者政府相关职能部门则对新型地方性金融组织的设立、运营等行为进行监督管理。当然,地方政府金融发展权与地方金融监管权是相辅相成、难以割裂的,两者的相互配合共同促成了地方政府已经真正地参与到地方金融的监管中来。

随着金融改革的逐步深化,国家逐步放松了对金融行业的管制,但未能结合诸多地方性金融组织或业态的发展,及时建立与之相配套的金融监管规则,这为地方政府的金融监管参与提供了行为空间。在金融监管法律不完备的情形下,地方政府为经济发展获取资金的现实诉求促使其积极参与到地方金融的发展与管理中来,而这具体体现为地方政府违规批准设立或利用财政资金直接参股农村合作基金会、典当行、城市信用合作社、信托投资公司、股权交易中心、资金拆借中心等正规金融以外的新型金融组织或业态。当然,地方政府也安排了相应的政府职能部门对不同类型的金融组织或业态进行监督管理。显见,地方政府在中央金融管制放松与法律不完备的情形下积极参与了地方金融的发展与监督管理。此外,中央政府所属部委、中央国有企业等也随着金融管制的放松而积极参与到金融行业的发展与管理中来,如 1986 年全国各地邮政局办理邮政储蓄业务,邮电部则成立了主管邮政储蓄业务的邮政储汇局,各地邮政部门也比照建立了相应的管理部门。

值得注意的是,在金融管制放松过程中,金融监管配套法律制度的不完备导致了地方政府、中央政府部门、国有企业、国有专业银行等无序地参与到金融行业发展中来,加之中国人民银行金融管理执法偏松、监督不力等共同导致了整个金融行业货币投放过多、贷款增加过猛、金融机构滥设、金融秩序混乱、金融组织审批机构混乱、金融性组织超越经营范围等问题。譬如,“从 1988 年的 68 家典当机构中,经人民银行批准的不到 50 家,其余都是公安局、税务局、民政局、计委、经委及政府等部门审批的”。[1] 鉴于此，于1988年9月召开的党的十三届三中全会上通过了《治理经济环境、整顿经济秩序、全面深化改革的决定》，并且中国人民银行响应中共中央的号召，积极开展对整个金融领域进行治理整顿的活动。此外，国务院还于1989年9月发出《关于进一步清理整顿金融性公司的通知》，要求进一步对未经中国人民银行批准或者虽经批准但从事非法金融活动的金融性公司进行清理整顿。显见，整个金融行业的清理整顿集中体现为对国有专业银行机构、各类金融性组织进行了大规模的清理整顿、撤销合并，并对其业务行为进行规范治理，同时还进一步明确了所有金融性组织机构全部应由中国人民银行进行监督管理，任何地方政府及其职能部门均不得违法违规批准设立各种类型的金融组织或业态，这彻底将地方政府排斥于金融监管权力享有者的范围之外。

三、金融集权（1994～2003年）与地方政府参与金融监管

地方政府对辖区内人民银行、国有专业银行分支机构思想政治管理、监督检查等权力的享有，以及人民银行、国有专业银行分支机构享有一定范围内信贷资金运用自由调剂的权力，共同促成了地方政府对其辖区内人民银行、国有专业银行分支机构信贷资源配置的干预与控制。此外，在金融监管法律不完备的情形下，地方政府还运用中央向地方下放的经济管理权积极参与到地方性金融组织或业态的发展与监管中来，但更加注重经济发展资金的获取，而很少关注金融风险的防控与监管。事实上，上述两个方面的因素共同导致了金融改革初期整个国家金融秩序的无序。基于此，中央政府及其所属金融监督管理机构开始对金融发展权、金融监督管理权进行上收。[2] 另外，国务院于1993年12月发布《关于金融体制改革的决定》之后，中央政府开始对金融权力、金融管理权力进行系统性的全面上收，并借助《关于人民银行分支行转换职能的意见》的颁行来上收人民银行分支机构的资金管理权、集中国有商业银

---

〔1〕 胡燕龙主编：《新中国金融史》，云南大学出版社1993年版，第358页。

〔2〕 参见殷剑峰：《金融分权加剧系统性金融风险——关于我国财政金融体制改革“顶层设计”的思考（上）》，载《第一财经日报》2013年7月1日，A08版。

行[1]分支机构的资金管理权和贷款管理权至总行。在金融监管体制改革方面，中国人民银行逐步向专门行使宏观调控属性的中央银行职能转变，并且从1998年开始逐步将微观金融监管职能交由证监会、保监会和银监会等国务院金融监督管理机构承担。此外，还依据1998年《国务院转批中国人民银行省级机构改革实施方案》的规定对中国人民银行的管理体制进行改革，完成了从传统的“中央—省/直辖市/自治区—市—县”管理模式向“中央—跨省管理”的大区行管理模式的转变。在党的领导方面也进行了权力上收的改革，中共中央、国务院于1997年12月联合发布的《关于深化金融改革，整顿金融秩序，防范金融风险的通知》明确规定，成立中央“金融工委”和“金融纪委”，并将人民银行、证监会、国有商业银行、交通银行、中国人民保险(集团)公司等金融机构的党组改为党委与地方党委脱钩，同时本系统党委对本系统党的工作、干部工作实行垂直领导，此举在一定程度上排斥了地方党委、政府对辖区内人民银行、国有商业银行分支机构经营行为的干预或控制。值得注意的是，分别于1998年和2003年成立的保监会和银监会也采用了中央垂直金融监管体制，同时将党的关系、干部和业务管理等实行中央垂直管理。总体来看，“经过金融整顿和中央银行区域管理体制的改革，地方政府干预金融的问题得到了初步解决，区域金融风险也基本得到化解”，[2]当然，也确立了国务院金融监督管理机构对整个金融行业进行监督管理的合法性与权威。另外，证券发行上市监管领域莫不是如此，地方政府即使发挥作用也只是间接性的或辅助型的。直言之，自20世纪90年代中国证券市场得以发展以来，地方政府在中国证券市场监管中所扮演的只是配角，几乎起不到根本性作用。退一步讲，即使地方政府被赋予了一定的证券监管职能，与中国证监会相比，其在证券监管中所发挥的作用也是微乎其微的。

从金融法律的制定与完善来看，此一阶段我国金融行业基本监管法律得以全面颁行实施，这具体体现为从1995年“金融立法年”之中国人民银行、商业银行、保险等领域3部金融基本法律的颁行，到1998年《证券法》的制定，再

---

[1] 1993年12月国务院发布《关于金融体制改革的决定》第一次明确提出要建立以国有商业银行为主体的金融体系。

[2] 武志：《中国地方金融体系的改革与重构》，东北财经大学出版社2006年版，第326页。

到2003年《银行业监督管理法》的推出。值得注意的是,《中国人民银行法》《银行业监督管理法》《证券法》等金融业基本法律均直接或间接地将整个金融行业的监管权授予中国人民银行、原银监会、原保监会、证监会以及财政部、发改委等中央政府职能部门或直属事业单位享有并行使,即是将整体性的金融监管权完全划归中央政府所属金融监管机构或相关职能部门单独享有并行使,无论是传统正规金融的监管权,抑或是涵括地方金融在内的非正规金融的监管权均在其中。为进一步强化对传统正规金融之外集资行为的监管,国务院于1998年7月发布的《非法金融机构和非法金融业务活动取缔办法》赋权中国人民银行对传统正规金融以外的非法金融机构和非法金融业务活动予以依法取缔,而非法金融机构设立地或者非法金融业务活动发生地的地方人民政府仅仅负责组织、协调、监督与取缔有关的工作。显见,该办法是以直接的方式进一步明确了中国人民银行对传统正规金融以外的,包括地方金融在内的非正规金融活动进行监督管理的权力。2003年我国《银行业监督管理法》第13条、第44条则直接在法律层面肯定了银监会对擅自设立银行业金融机构或者非法从事银行业金融机构的业务活动进行监管的权力,而地方政府、各级有关部门则只能以“配合”或“协助”者的身份参与到金融行业的监管中去,地方政府并没有实质性的金融监管权力。

尽管在此一阶段包括金融监管权力在内的金融权力有明显上收趋势,但这并不代表地方政府没有参与到金融领域的监督管理中来,地方政府除扮演金融监管协助、配合的角色外,地方政府对金融监管的参与还具体表现在如下四个方面:一是对农村合作基金会审批管理的参与。1994年农业部和中国人民银行联合发布了《关于加强农村合作基金会管理的通知》,明确地方政府农业行政部门为农村合作基金会的主管部门,农村合作基金会的设立须经县级以上农业行政部门审批(机构监管),而中国人民银行则对农村合作基金会的业务经营活动进行监管(业务监管)。值得注意的是,对于农村合作基金会违法违规开展吸收存款、发放贷款之业务活动的处理,需要中国人民银行会同农业行政主管部门协同处置。此外,还要求地方各级人民政府积极组织公安局、工商局等相关职能部门对其他非法从事金融业务或非法设立金融组织的行为进行清理整顿,这明显指出地方政府对非法从事金融业务或非法设立金融组织的行为负有监督管理职责。值得注意的是,农业行政部门对农村合作基金会的监管可谓是真正意义上的金融监管,但仅仅属于行政委托而非行政授权的法律属性。二是对农村合作基金会债权债务关系的处理。国务院于1996年发布的《关于农村金融体制改革的决定》要求地方政府对农村合作基金会的债权债务关系进行妥善处理,这是首次对地方政府的金融风险处置责任作出规定。三是地方性法人金融机构党委的设置。中共中央、国务院于1997年12月联合发布的《关于深化金融改革,整顿金融秩序,防范金融风险的通知》明确规定,“地方性金融机构也可成立系统党委,受当地党委领导”的规定,进一步为地方政府对当地城市商业银行的干预提供了“抓手”。地方党委、政府出资人与管理人身份的重叠导致城市商业银行不得不受制于地方政府的控制,并为地方政府融资提供服务。四是地方政府清理整顿非法或变相金融活动的问题。该通知还规定,各地区、各部门要积极对所辖范围内样式各异的地方性金融组织的各种非法或变相金融的活动进行全面清理、限期整顿和严肃处理。

四、金融分权(2004年至今)与地方政府参与金融监管

在金融监管法律体系以及依其所确立的金融监管体制已经相对完备的情形下,缺乏中央授权或委托的地方政府已经难以如金融体制、金融监管体制改革初期那样,以自我赋权的方式参与到金融行业的监督管理中来。然而,当下地方政府正在通过创新的方式直接或间接地参与到金融行业的发展和监管中来,并且地方政府参与金融监管的创新还在一定程度上获得了中央的正式授权、委托或者包容。同时,中央政府也已经吸取金融深化发展中失败的教训,逐步以制度化的方式来推进包括地方金融在内的金融体制与金融监管体制的改革,并且是以金融监管法律规范先行的方式来逐步推进金融及其监管体制的改革。显见,此一阶段金融监管的地方政府参与主要是中央与地方政府互动和制度化的方式予以展开的,并且具有一定的地方金融监管政策创新的属性。

在此一发展阶段,地方政府对金融监管活动的参与主要是依托国务院及其所属有关部门、省级人民政府发布的规范性文件或政策试点方案而展开的,并且地方政府金融管理服务机构的设立以及地方政府所属与金融监管相关职能部门被赋予或委托行使金融监管权已经促使地方政府金融监督管理格局基本形成。具言之:一是从既有金融监管体制来看,我国现行《中国人民银行法》

《银行业监督管理法》《证券法》等金融业基本法律直接或间接地赋权中国人民银行、原银监会、原保监会、证监会以及财政部、发改委等中央机构或部门对整个金融行业实施全面监管,但为回应地方性金融组织或业态规范发展的现实诉求,目前中央已经通过“国发”、部门规章或其他方式授权或委托地方政府行使部分地方性金融组织或业态的监管权和风险处置责任。其中,在规定地方政府参与金融监管的规范性文件中,既有通过专门性授权或委托的方式将单一类型地方性金融组织或业态的监管权赋予地方政府,又存在通过系统性的地方金融监管体制改革的方式来明确地方政府的金融监管权力,从而形成了具体性和概括性授权或委托相结合的方式来赋予地方政府参与金融监管的权力。二是从地方政府所属金融监管职能部门来看,地方性金融组织或业态的监管权在地方政府各同级金融监管部门之间的权限划分主要体现在国务院及其所属部门所发布的规范性文件或试点政策之中。实际上,中央在向地方政府授权或委托行使地方金融监管权的过程中,有关的规范性文件已经对地方金融监管的权力享有主体进行直接的规定或间接的限定,而省人民政府发布的有关地方金融监管权限的划分规范主要是对国务院及其所属部门所发布的规范性文件或试点政策的执行与细化。譬如,小额贷款机构、融资担保机构的监督管理权被赋予省、自治区、直辖市人民政府确定的金融监管职能部门(“金融办”或金融监管相关职能部门)享有并行使,而典当行的监管权则由省级商务主管部门以及设区的市(地)级商务主管部门。

进一步讲,在既有地方政府金融监管体系之下,小额贷款机构、融资性担保机构的监管权主要被赋予各省、自治区、直辖市的“金融办”、中小企业局或经济和信息化委员会;典当行的监管权归属于省、自治区、直辖市的商务主管部门;资金互助社的监管权则由省、自治区、直辖市辖区内的银监局所享有。值得关注的是,商务厅、银监局均在中央有对应的主管或业务指导部门,而各省、自治区、直辖市“金融办”在中央却没有对应的主管部门或业务指导部门,本质上是地方政府金融监督管理创新的产物。第一,从地方政府“金融办”的创新性设置来看,一方面,是为了弥补原以“一行三会”为核心中央垂直金融监管体制建立以后地方政府金融监管主体存在缺失的问题;另一方面,则是导源于新兴地方性金融组织或业态之蓬勃发展需要专门的地方政府金融职能部门对其进行服务性管理,以促进其合理、规范、有序发展,并尽量避免或控制地方性或区域性金融风险的爆发。[1] 最重要的是,中央将金融权力、金融监管权力上收之后,地方政府亟须建立专门的机构负责与大型金融组织在本辖区创办的分支机构、中央金融管理部门的派出机构进行沟通协调,最重要的就是要为地方政府自身或者辖区经济发展寻找资金来源,而这又是通过"金融办"的协调、服务、规划与监管 4 项职能予以实现的。[2] 第二,从地方政府"金融办"的实践效果来看,地方政府"金融办"的创新性设置首先始发于上海,而后全国除港、澳、台地区外的 31 个省、市、自治区及其统辖的地市、区县级政府基本都设置了署名为"金融服务办公室""金融工作办公室",或者是"金融工作局""金融监督管理局"的隶属于政府办公室或者是作为政府直属机构、组成部门的金融服务、协调、监管机构或部门。[3] 同时,地方政府"金融办"创新性设置及其职能配置也为地方性金融组织或业态发展、地方政府或企业发展资金紧张缓解以及地方经济发展起到了一定程度的促进作用。[4] 值得注意的是,各省、自治区、直辖市及其以下各级"金融办",除具有监管和监管协调职能外,还具有为地方金融提供服务、规划地方金融发展、地方金融市场培育等职能。为有效实施中央授予或委托给地方政府的金融监管权,并将金融监管职能与地方金融服务、规划地方金融发展、金融市场培育等职能有效分开,地方政府正在积极创设实体性地方政府金融监管机构专门对地方性金融组织或业态进行监管和风险处置,譬如,温州、山东等地已经率先将"金融办"一分为二,划分为金融工作办公室和金融管理局两个部门。尽管两个部门依然是"两块牌子,一套人马",且仅仅是一种形式上的应对策略,但起码是一种向好的开端。

如上所述,中央或地方金融管理改革的"先行先试"的确为地方金融管理改革的全面推进提供了坚实基础,而 2017 年第五次全国金融工作会议的召开则将新时代中央与地方金融管理权限的划分推向了新的高度。会后发布的中共中央、国务院《关于服务实体经济防控金融风险深化金融改革的若干意见》(中发〔2017〕23 号)在强化地方政府风险处置责任的基础上,首次明确与地方

---

〔1〕 参见李有星、王琳:《地方金融监管机构的主体属性与职能定位》,载洪艳蓉主编:《金融法苑》2015 总第 90 辑,中国金融出版社 2015 年版。

〔2〕 参见马向荣:《地方"金融办"职能定位与金融分层监管体系催生》,载《改革》2014 年第 2 期。

〔3〕 参见刘永刚、魏华:《金融办秘史》,载《中国经济周刊》2012 年第 2 期。

〔4〕 参见马向荣:《地方"金融办"职能定位与金融分层监管体系催生》,载《改革》2014 年第 2 期。

金融相关的“具体工作由地方金融监管局(金融办)承担”,并确定了地方政府金融监管职责范围的“7 +4”模式。以此为基础,自 2018 年以来,包括山东、北京、四川、广东等在内的 23 个省级人民政府纷纷组建地方金融监督管理局,原先的“‘金融办’加挂金管局的牌子”也转变为“金管局加挂‘金融办’的牌子”。更重要的是,2023 年中共中央、国务院印发的《党和国家机构改革方案》进一步明确“地方政府设立的金融监管机构专司监管职责,不再加挂金融工作局、金融办公室等牌子”,上述种种改革均表明中央与地方对监管职能重视程度的提高。另外,为贯彻《中共中央关于深化党和国家机构改革的决定》等文件要求和全国金融工作会议精神,保证地方性金融组织或业态的审监合一,2018 年 5 月商务部办公厅《关于融资租赁公司、商业保理公司和典当行管理职责调整有关事宜的通知》(商办流通函〔2018〕165 号)已将制定融资租赁公司、商业保理公司、典当行业务经营和监管规则职责划给中国银行保险监督管理委员会,而对其进行监管的权力则依据中共中央、国务院《关于服务实体经济防控金融风险深化金融改革的若干意见》(中发〔2017〕23 号)、国务院《关于界定中央和地方金融监管职责和风险处置责任的意见》(国发〔2014〕30 号)的规定下放给地方金融监督管理部门,即由地方金融监督管理部门对小额贷款公司、融资担保公司、区域性股权市场、典当行、融资租赁公司、商业保理公司、地方资产管理公司等金融机构实施全面的监督管理。当然,为保证地方金融监管权行使的合法性与权威,自 2016 年至 2022 年 5 月,包括山东、河北、四川、天津等在内的 19 个省、市、自治区均已制定颁行与地方金融监督管理相关的地方性法规,中国人民银行也于 2021 年 12 月 31 日发布了《地方金融监督管理条例》(征求意见稿)。

五、金融发展变迁中地方政府参与金融监管逻辑的转换

地方政府参与金融监管限度的调整与理念转换始终是在有效治理这一恒定不变的逻辑指引下展开的,但地方政府参与金融监管的方式则随着金融的深化发展、政府职能的转换、金融监管指向的转移等而发生了诸多变化。地方政府参与金融监管方式的转换主要表现为如下三个方面的内容,即从一般性金融管理向真正意义金融监管的转变、从非正式间接参与向正式直接参与金融监管的转变、从消极被动向积极主动参与金融监管的转变。

(一)恒定不变的逻辑:有效治理

地方政府参与金融监管恒定不变的逻辑即是始终围绕如何维护与促进有效治理展开。改革开放之后地方政府的金融监管参与,在很大程度上都是中央为了调动地方政府发展经济的主动性而授予地方政府不同程度、不同范围的金融监管权力,或者对地方政府参与金融监管权行使的事实性行为给予风险可控范围内最大的包容。当且仅当地方政府的金融监管参与行为威胁到经济秩序的稳定、国家的统治权威时,中央便对地方政府参与金融监管的权力进行结构性调整。值得注意的是,在计划经济时期,有效治理这一恒定不变的逻辑在金融领域集中体现为中央主动赋予地方政府参与国家金融资源配置的能力,以化解高度集中金融资源管理与地方分散需求之间的矛盾。改革开放之后,在地方政府的金融监管参与过程中,有效治理主要体现为地方政府引导民间部门的资金剩余参与到金融行业中来、鼓励新兴地方性金融组织或市场的发展等,同时地方政府及其所属与金融监管相关的职能部门对新兴地方性金融组织或业态的市场准入进行审批性的监督管理。当中央发现地方政府的金融政策创新实践能够促进国民经济的发展和财政税收收入的增加,并且不会带来区域性或系统性金融风险的爆发或者削减中央的金融调控与监管的效力,或者是虽有削弱中央金融监管和调控能力但能够冲抵因地方政府金融政策的创新实践而带来的成本或风险时,中央便会容忍、默许甚至是支持地方政府的金融政策或监管创新实践活动。[1] 否则,中央则对地方政府参与金融监管的行为予以取缔或者叫停。除地方政府参与金融资源配置的权力外,地方政府参与金融监管中有效治理的实现还体现为中央与地方双层金融监管体制的逐步建立,地方政府正在从规范或制度层面获得自己相对独立的金融监管权限、对象、内容和风险处置责任等,此举有利于地方政府在发展地方性金融组织或业态的过程中之风险控制意识的增强,继而保证了地方政府金融监管权责的有效匹配与均衡。

(二)正在从一般性金融管理向真正意义金融监管转变

在中国金融监管变迁过程中,一般性金融管理向真正意义金融监管的转变,首先体现在中央金融监管机构对正规金融组织的监管中,而后才逐步体现

---

〔1〕 参见武志:《中国地方金融体系的改革与重构》,东北财经大学出版社 2006 年版,第 39 页。

于地方政府金融监管机构对地方性金融组织或业态的监管之中。在中国,“金融监管”这一术语的最早提出是在1994年国务院批准发布的中国人民银行《关于加强金融机构监管工作的意见》之中,之前提及的所谓金融监管在更大程度上是一般意义上的金融管理而非现代意义上的金融监管。之所以如此,原因在于改革开放之前金融完全附属于财政部门或计划部门,中国人民银行是国民经济各部门资金活动的中心和枢纽,是国家的总会计、总出纳。[1] 并且此时的金融监管主要是中国人民银行的上级银行对下级银行执行统一的信贷计划、管理计划的方式展开,[2]以配合财政部门和计划部门的经济发展计划的真正落实。国务院于1983年9月发布《关于中国人民银行专门行使中央银行职能的决定》之后,中国人民银行开始专门行使中央银行职能,负责金融组织的市场准入、运营和退出活动及其金融业务范围的审查批准,以及对包括存款、贷款、结算等业务活动和内部管理在内的金融组织的行为进行合规性监管,[3]因而中国人民银行的首要工作还是分配金融资源,所谓的金融监管根本不是现代意义上的风险性监管,而是对国有专业银行的贷款发放行为进行合规性审查或者是批准。[4] 而后,国务院于1986年1月发布的《银行管理暂行条例》则进一步强化了中国人民银行的金融监管职能。“1996年,中国人民银行正式提出金融监管要以风险监管为核心,反映了中央银行金融监管指导思想由合规性监管向风险性监管转变。”[5]从地方政府对金融的监管参与来看,改革开放之前地方政府如同中国人民银行那样,主要是利用信贷管理计划、现金计划等手段对金融资源进行配置;而改革开放之后地方政府则主要是通过引导地方性金融组织或业态的发展并对其进行审批监管来影响地方性金融资源的配置,但这并不是真正意义上的现代金融监管。值得注意的是,随着国家将小额贷款公司、融资担保公司、典当行等新兴地方性金融组织或业态的监管权授予或委托地方政府享有并行使,地方政府对金融监管的参与才逐步由一

---

〔1〕 参见鸿儒:《银行进行综合反映工作的内容和方法》,载《中国金融》1964年第3期。

〔2〕 参见王广谦主编:《中国经济改革30年》(金融改革卷),重庆大学出版社2008年版,第175页。

〔3〕 参见汪世银:《中国金融体制改革的理性思考》,中国财政金融出版社2009年版,第122~123页。

〔4〕 参见王广谦主编:《中国经济改革30年》(金融改革卷),重庆大学出版社2008年版,第179页。

〔5〕 王广谦主编:《中国经济改革30年》(金融改革卷),重庆大学出版社2008年版,第183页。

般意义上的金融管理向真正的风险性金融监管转变。当然,地方政府参与金融监管从一般意义上金融管理向真正的风险性金融监管的转变只是初具雏形的合规性监管,迄今尚未系统而全面地建立真正意义的现代性风险监管。

（三）正在从非正式间接参与向正式直接参与转变

地方政府对金融资源配置的控制逐步完成了从传统直接性的行政干预向对辖区内金融组织或业态的经营决策施加间接影响或引导转变,[1]而地方政府参与金融监管的方式则正在由传统的非正式间接参与向正式直接参与转变,原先是通过对辖区内金融组织或业态之党的工作和政治工作的领导和监督检查权的行使间接地参与到金融组织的监督管理中来,而现在地方政府正向以直接性的方式对辖区内地方性金融组织或业态进行合规性、风险性监管的方式转变。同时,以往地方政府对地方性金融组织或业态之设立审批的监管在更大程度上是为了"融资"而进行所谓的监管,而现在地方政府对辖区内地方性金融组织或业态的监管正在向为了控制单一性地方性金融组织或业态之风险和行政辖区内区域性金融风险的控制转变。事实上,地方政府参与金融监管的方式从非正式间接参与向正式直接参与的转变与地方政府参与金融资源配置的方式从直接性的行政控制向间接性的政府引导转变紧密相关。具体来讲,在改革初期,地方政府既竭力控制中国人民银行、国有专业银行在辖区内的分支机构和经营网点,又通过自我赋权的方式来鼓励地方性信托公司、证券公司等各类地方性金融组织或业态的发展[2]来获取金融资源,同时地方政府又通过对地方性金融组织或业态的审批设立进行监督管理。显见,这一阶段地方政府对人民银行、国有专业银行分支机构的监督管理是通过对其党的工作和政治工作的领导和监督检查权的行使间接参与的,而对各类地方性金融组织或业态的监督管理则是通过对其市场准入的审批监管来实现的,这两者并非真正意义上的现代性风险监管。值得注意的是,在以中国人民银行为唯一金融监管主体的集中性金融监管体制向以原"一行三会"为核心的中央金融监管体制转变过程中,中央曾经赋予地方政府及其所属职能部门一定的

---

[1] 参见巴曙松、刘孝红、牛播坤:《转型时期中国金融体系中的地方治理与银行改革的互动研究》,载《金融研究》2005年第5期。

[2] 参见周立:《改革期间中国国家财政能力和金融能力的变化》,载《财贸经济》2003年第4期。

金融监督管理权，但伴随1993年12月国务院《关于金融体制改革的决定》的发布，中央政府开始对金融权力、金融管理权力进行系统性的全面上收，[1]并借助《关于人民银行分支行转换职能的意见》的颁行来上收中国人民银行分支机构的资金管理权、集中国有商业银行分支机构的资金管理权和贷款管理权至总行。在金融监管体制改革方面，中国人民银行逐步向专门行使宏观调控属性的中央银行职能转变，并且从1998年开始逐步将微观金融监管职能交由证监会、原保监会和银监会等国务院金融监督管理机构承担。在国务院《关于金融体制改革的决定》颁行之后，地方政府则"积极介入城市商业银行重组，通过控制城市商业银行金融资源作为对国有银行金融资源的替代"，[2]并通过地方政府对城市商业银行的人事、组织和党的领导以及出资人的权力对其进行间接性的监督管理，当然这也因地方政府出资人职能和监督管理职能的合一而导致其管理并非真正意义上的直接性监管，并且地方城市商业银行的真正监管者实为中央垂直领导的原银监会。原以"一行三会"为核心而建立的中央垂直金融监管体制虽然能够在一定程度上避免或克服地方政府对辖区内金融组织或业态发展及其业务运营的无端干预，但这极易导致基层地方政府，尤其是区县级人民政府金融资源供给失衡和地方性金融组织或业态之监管不足等一系列问题，[3]因而各级地方政府便纷纷成立地方性的金融管理服务部门，通过统筹规划地方金融业发展来满足地方经济发展的金融需求，同时又用来满足地方性金融组织或业态发展对专业性金融监管的现实诉求。值得注意的是，此时地方政府参与金融监管的方式在更大程度上体现为对地方性金融组织或业态的直接性监管。当然，地方政府直接性金融监管的确立还源于小额贷款机构、典当行、保理机构、融资担保机构以及其他新兴地方性金融组织或业态已经不像国有商业银行、城市商业银行等中央或地方财政出资控制的金融组织或业态那样，他们当中的大部分已经基本上实现了出资人与监管人职能的

---

〔1〕 参见丁骋骋、傅勇：《地方政府行为、财政—金融关联与中国宏观经济波动——基于中国式分权背景的分析》，载《经济与社会体制比较》2012年第6期。

〔2〕 巴曙松、刘孝红、牛播坤：《转型时期中国金融体系中的地方治理与银行改革的互动研究》，载《金融研究》2005年第5期。

〔3〕 参见董世坤：《中央与地方金融权力配置研究》，载漆多俊主编：《经济法论丛》2014年上卷(总第26卷)，法律出版社2014年版。

分离,强化了地方政府纯正性金融监管者的角色。质言之,因受新兴金融产权的非国有性、地方政府公共服务意识的逐步确立等多重因素的共同影响,地方政府参与金融监管的方式正逐步从以往非正式间接参与向当下的正式直接参与转变。

(四)正在从事实性参与向规范性参与金融监管转变

如上所述,地方政府参与金融监管的方式正在从一般性的金融管理向真正意义的金融监管转变、从非正式间接参与向正式直接参与转变。值得注意的是,在这两种转变之中还暗含另一种监管逻辑的转换,即地方政府参与金融监管正在从事实性参与向规范性参与转变,并且这种转变始终是围绕法律上的权责对等原则予以展开。政府权力与政府责任对等是行政权力有效运行不可或缺的条件,但“现实中的政府权力和政府责任并不能真正做到完全一致,在某种程度上更多是背离”,[1]事实上正是现实中政府权责配置的不对等才导致了规范层面政府权责配置的不断调试。地方政府参与金融监管之权责配置的不对等性导致了地方政府参与金融监管从事实性参与向规范性参与的逐步转换。无论是改革开放之前一般意义上的金融管理,还是改革开放之后中国人民银行集中监管和以“一行三会”为主导的分业监管阶段,中央政府一直是金融监管的主导者,而地方政府只是或多或少地在限度范围内参与到金融监管中来,并且地方政府所扮演的主要是一种事实性的金融监管角色。地方政府是以事实性的方式参与到金融监管中来,而金融风险的最终处置责任却由中央政府及其所属监管机构承担,此举形成了地方政府参与金融监管“有权无责”的局面。事实性的金融监管权力为地方政府行使,而风险处置责任却由中央政府及其所属监管机构承担的权责不对等的矛盾便会导致地方政府金融监管行为失序,这具体表现为地方政府为“融资”而进行金融监管,此时地方金融监管权要么沦为地方政府融资的工具,要么造成地方政府间金融监管的“朝底竞争”,此两种行为都会扭曲金融资源的有效配置,继而可能会影响区域金融秩序稳定,甚至还可能导致区域性金融风险的爆发。为此,中央政府逐步将区域金融风险的处置责任交由风险所在地地方政府承担,但这又出现了法定的风险处置责任属于地方政府而法定地方政府金融监管权力归属于中央的权责

[1] 魏星河、陈洪生主编:《政府责任与地方治理》,中共中央党校出版社2005年版,第8页。

不对等的矛盾,最终导致地方政府参与金融监管之“有责无权”的格局。为了解决这一地方政府金融监管“有责无权”的矛盾,中央政府开始采用授权或委托的方式将小额贷款机构、典当行、保理机构、融资担保机构等部分地方性金融组织或业态的监管权力交由地方政府实行纯粹性的属地监管。在金融监管之权责对等原则的指导下,地方政府参与金融监管的方式逐渐从以往的事实性金融监管逐步向当下规范性的金融监管转变,并且此举有利于保证地方政府合法、合理适当的参与到金融监管中来。

第二节　地方政府参与金融监管的实况描述

一、地方政府参与金融监管的职能定位

地方政府参与金融监管的职能定位远非限于纯粹性的单一风险监管范畴,其不仅兼监管职能和发展职能于一身,而且还担负了部分本应由财政承担的职能,即地方政府参与金融监管的职能集中定位于监管、发展和财政三个层面的内容。[1] 其中,服务于辖区经济增长、地方性金融资源控制和实现财政职能的金融替代才是地方政府参与金融监管的终极旨趣,而原本应占据主导地位的金融监管职能则成为服务于地方辖区经济增长和实现金融资源控制、财政职能金融替代的政策性工具。

地方政府参与金融监管本身应该是地方政府经济职能行使的典型表现,当然,规划地方金融发展、协调金融服务于经济增长也属于地方政府经济职能的重要组成部分。然而,本应处于平等地位的各项经济职能却发生了微妙变化,地方政府参与金融监管成为服务于政府经济职能其他部分的政策性工具。就地方政府的金融监管职能而言,其应主要涵括如下内容:贯彻执行国家的金融法律、政策,积极制定地方金融监管规则;依法对地方金融组织或交易所的市场准入、运营、退出进行监管;对地方金融从业人员进行任职资格认定和考核;对地方金融组织或市场的风险进行预测、评估和进行风险责任处置;等等。

---

〔1〕 参见纪敏:《中国金融监管职能定位不清》,载贵阳网,http://www.gywb.cn/content/2016-03/27/content_4738833.htm,最后访问日期:2016 年 7 月 29 日。

然而,目前地方政府参与金融监管的职能已经成为服务于地方辖区经济增长和实现金融资源控制、财政职能金融替代的政策性工具。地方政府参与金融监管成为服务于地方辖区经济增长和实现金融资源控制、财政职能金融替代的政策性工具,而这又具体表现于地方政府金融监管机构之最重要部门的“金融办”或“金融局”的职能安排之中。

通过对目前我国除港、澳、台地区外的31个省级地方政府“金融办”或“金融局”“三定”方案中所规定的职能进行梳理分析,发现各省级地方政府“金融办”或“金融局”的职能几乎大同小异,主要涵括协调、服务、规划(引导)与监管4项职能,当然,各地“金融办”或“金融局”职能的侧重点会有所差异。然而,相同的是,职能背后所暗含的是“金融办”或“金融局”存在的真实意图与目的所在——为地方辖区经济发展而融取资金。具体而言,服务、规划功能主要是为辖区营造良好的金融发展环境,根据当地经济发展的战略定位、发展目标和主要任务制定发展规划并组织实施;协调功能主要是完成其与中央驻辖区内金融监管部门、驻辖区内各类金融机构的有效协调;而监管功能则是主要对小额贷款公司、融资担保公司以及区域性股权交易所等地方性金融组织或业态进行监管,避免区域性金融风险的发生与传导。

通过对温州、苏州、重庆、滨州等地“金融办”或“金管局”进行调研,并结合其“三定”方案有关职能的设定发现,依其设置目的基本可将“金融办”或“金融局”划分为监督管理型、协调服务型和资本集聚型3种类型。当然,各个“金融办”或“金管局”自身所承担的功能与设置目的,主要与其所在地域的经济发展水平、资本要素供给以及金融资源的丰富度等因素紧密关联。其中,监督管理型“金融办”或“金融局”的典型代表即是北京、上海、广州、深圳等经济发达地区的一线城市,金融资源丰富,“金融办”或“金管局”的职能主要是为了维护当地金融稳定和防范区域性金融危机的爆发;协调服务型“金融办”或“金融局”则主要是以温州、鄂尔多斯等地方金融危机爆发地为代表,“金融办”或“金管局”的设置主要是解决与中央驻辖区内金融监管部门、驻辖区内各类金融机构进行协调配合问题,以化解或缓解金融危机的破坏力与传导因素的切断;资本集聚型“金融办”或“金融局”主要以中西部或落后地区金融资源供给不足的省、市、自治区为代表,其主要功能是为地方政府、地方企业及其他市场主体的投融资提供服务。当然,3种类型的划分并不是绝对的,并且彼此之间因经济社会环境的变换而相互转化。

与中央对地方性金融组织或业态进行监管的目的相比，在各省、市、自治区"金融办"或"金融局"中，只有北京、上海等少数金融资源丰富的地区的"金融办"或"金管局"是以维护当地金融稳定和防范区域性金融危机为主要目的的，而其他大部分地区的"金融办"或"金融局"则主要是为地方投融资提供服务。在不少省、市、自治区均存在地方政府通过地方政府融资平台以股权控制方式直接进入金融行业，地方政府为扶持地方性金融组织或业态的发展而降低金融监管标准的现象。有些"地方政府，一方面，对辖区内金融机构实施政治影响，诱导金融行为决策；另一方面，直接设立地方性金融机构，并成立专门管理地方金融事务的专门机构，以掌控金融资源"。[1] 究其根本原因在于，地方政府设立的金融监管机构为了满足辖区经济发展对金融资源的诉求而对中央紧缩性的货币政策进行规避，而对中央宽松性的货币政策进行"放大"执行；有些地方政府金融监管机构在未获得法律授权的情形下批准设立了诸多从事金融业务或活动的金融组织机构或场所，或者是对扰乱金融市场秩序的地方性金融组织或业态视而不见、听之任之，上述种种行为均会在宏观或微观层面影响中央货币政策的实施效果和整个金融市场秩序的稳定。[2] 当然，无论何种类型的"金融办"或"金融局"，他们都或多或少地扮演着对地方性金融组织或业态进行监管的角色，并为地方性金融组织或业态的健康发展以及非法集资、非法证券、非法保险等金融业务或活动的防范与处置起到了一定的积极作用。值得注意的是，"金融办"或"金融局"的服务职能、协调职能、规划（引导）职能属于"金融办"或"金融局"的固有职能，而其监管职能是随着地方性金融组织或业态发展及其风险暴露而被新赋予的职能，[3] 尽管地方政府"金融办"或"金融局"的监管职能在逐步扩充，但地方政府金融监管权在实践中经常沦落为地方政府要求地方性金融组织或业态为其提供金融服务或掩饰其违法干涉地方金融市场行为的政策性工具。

---

〔1〕 董世坤：《地方金融要破四道题》，载《光明日报》2013 年 10 月 8 日，第 16 版。

〔2〕 参见周学东：《央地金融监管职责的边界与协调》，载《上海证券报》2015 年 3 月 24 日，A01 版。

〔3〕 参见潘宏晶、吕庆明：《地方政府金融办职能定位问题研究》，载《西部金融》2014 年第 1 期。

二、地方政府参与金融监管的组织机构

中共中央、国务院和原“一行三会”、商务部等中央部委或直属机构已经以政策、规范性文件、部门规章等形式，将对地方性金融组织或业态的监管权赋予地方政府指定的负责监管本辖区金融的相关机构或中央部委在地方政府中与之相对口的职能部门。在实践中，各省、市、自治区人民政府则分别将不同类型地方性金融组织或业态的监管权赋予不同的地方政府金融监管机构或职能部门，也促进了地方政府金融监督管理格局的基本形成。其中，小额贷款公司、融资性担保公司的监管权主要被授权或委托各省、自治区、直辖市政府“金融办”、中小企业局或经济和信息化委员会；典当行的监管权归属于省、自治区、直辖市政府的商务主管部门；资金互助社的监管权则由省、自治区、直辖市辖区内的银监局或农委、民政局、工商局所享有。

从地方政府设立的金融监管机构之法律属性类型角度进行分析，地方政府参与金融监管的机构主要存在两种类型：一种是以商务厅、经信委、中小企业局等为代表的从事地方性金融组织或业态监管的地方政府既有的职能部门，地方政府这些既有的职能部门均可在中央政府的职能部门找到与之相对口的主管或业务指导部门；二是以地方政府“金融办”或“金管局”为代表的地方政府自己新设立的地方政府金融监管机构。各省、市、自治区政府“金融办”或“金管局”在中央政府职能部门中均没有与之相对应的主管部门或业务指导部门，是地方政府自我赋权独立设置的专门用以负责地方性金融组织或业态监管、发展、规划、协调、引导的地方政府金融监管或金融服务机构。除在中央政府职能部门中有对应主管或指导部门的地方政府职能机构的金融监管权力直接源于中央政府主管或业务指导机构的直接授权外，对于那些中央政府及其金融管理部门授权或委托地方政府指定相应职能部门对新型地方性金融组织或业态进行监管的，地方政府为落实中央授予或委托行使给自己的地方性金融组织或业态的监管权而积极创设实体性地方政府金融监管机构，对地方性金融组织或业态进行监管并承担相应的风险处置责任，其中，地方政府“金融办”或“金管局”即是典型的代表。地方政府“金融办”或“金管局”的创新性设置首先始发于上海，而后全国31各省市自治区及其统辖的地市、区县级政府基本都设置了署名为“金融服务办公室”“金融工作办公室”，或者是“金融工作

局”“金融监督管理局”的隶属于政府办公室或者是作为政府直属机构、组成部门的金融服务、协调、监管机构或部门,[1]同时赋予“金融办”或“金管局”行使地方性金融组织或业态的服务发展、监管协调、市场培育等职能。当然,还有一点需要特别说明,即各省、自治区、直辖市人民政府“金融办”或“金管局”是单独依据中共中央办公厅、国务院办公厅《关于印发〈××省、市、自治区人民政府机构改革方案〉的通知》、中央机构编制委员会办公室《关于设立××省金融工作办公室的批复》《××市机构编制委员会关于设立××市人民政府金融工作办公室的批复》,或《××党委、政府关于印发(××省、市、自治区人民政府机构改革方案)的通知》等予以设立。值得注意的是,中央层面并没有专门设置与地方政府“金融办”或“金管局”之工作职能、管理权限相对应的“归口管理”或者是“业务指导”部门,此情此景可能会直接影响中央金融调控、金融监管政策落实与金融市场信息的上传下达和有效沟通(见表4)。

表4　全国各省、自治区、直辖市省级“金融办”“金管局”属性统计

机构属性	组成部门	直属机构	办公厅管理机构(包括议事协调机构的办事机构、事业单位)
省、市、自治区	海南	北京、山东、广东、安徽、河北、河南、湖南、吉林、江西、辽宁、内蒙古、山西、上海、天津、新疆、云南、浙江(直属事业单位)	福建、四川、甘肃、黑龙江、宁夏、青海、陕西、重庆(办事机构)、湖北、西藏、贵州(办公厅代管事业单位)、广西(办事机构)、江苏(挂靠办公厅事业单位)

从地方政府“金融办”或“金管局”本身的机构属性来看,在我国除港、澳、台地区外的31个省、自治区、直辖市人民政府均已设立省级政府“金融办”或“金管局”中,除广西壮族自治区、重庆市人民政府明确将“金融办”定性为议事协调机构的办事机构外,其他均将其定性为省、市、自治区人民政府组成部门、直属机构或办公室管理机构(包括议事协调机构的办事机构、事业单位等)。同时,“地方金融办作为政府组成部门的比较少,只有北京等少数地方成立了金融局,多数地方金融办仍属于议事协调机构或政府直属事业单位”,[2]并且

---

〔1〕 参见刘永刚、魏华:《金融办秘史》,载《中国经济周刊》2012年第2期。
〔2〕 马向荣:《地方“金融办”职能定位与金融分层监管体系催生》,载《改革》2014年第2期。

逐渐从议事协调机构向政府组成部门或直属机构转变。各省、市、自治区所设立的“金融办”属性存在较大差异,并且其设立的具体依据亦是种类繁多、相差甚远。譬如,北京市金融工作局是依据“中共中央、国务院批准的北京市人民政府机构改革方案和北京市人民政府《关于机构设置的通知》(京政发〔2009〕2号)设立”;而吉林省金融工作办公室系根据“中央机构编制委员会办公室《关于设立吉林省金融工作办公室的批复》(中央编办复字〔2010〕223号)”设立;重庆市金融工作办公室则是根据重庆市机构编制委员会《关于设立重庆市人民政府金融工作办公室的批复》(渝编〔2004〕13号)设立重庆市人民政府金融工作办公室;等等。当然,根据我国《地方各级人民代表大会和地方各级人民政府组织法》《地方各级人民政府机构设置和编制管理条例》等法律法规的规定,地方各级政府不同属性的工作部门、议事协调机构须遵循不同的行政程序和实体性规定予以设立,并且议事协调机构不单独设立。因而,地方政府不同机构属性“金融办”或“金管局”的设立,均须遵循我国《地方各级人民代表大会和地方各级人民政府组织法》《地方各级人民政府机构设置和编制管理条例》等法律法规规定的地方政府职能部门或者组织机构设立之规定。值得注意的是,地方政府不同区域、不同层级金融监管机构的属性设置将会直接影响地方政府金融监管机构与上下级金融监管机构和横向层面同级政府金融监管机构的有效对接、监管协调、信息交流等。

三、地方政府参与金融监管的权力配置

地方政府参与金融监管的首要前提即是将金融监管权在中央与地方政府及其所属金融监管机构之间进行科学合理的配置,而中央与地方政府进行权力划分之后,地方政府则负有将法律、中央政府所授予或委托行使的部分地方性金融组织或业态的监管权力配置给创新性设置的或者是既有的与金融监管相关的政府职能部门,因而地方政府参与金融监管的权力配置应涵括如下两个层面的内容:一方面,金融监管权力在中央与地方政府之间所进行的纵向性配置;另一方面,地方政府所获得的金融监管权力在地方政府不同金融监管职能部门间的横向性配置。其中,金融监管权力的纵向和横向配置均是以金融监管权力的合理布局、相互配合以及有效运行为终极旨趣。

(一)地方政府参与金融监管与权力的纵向配置

目前,我国已通过国家政策、国务院规范性文件以及部门规章等形式向地方政府授予或委托了部分地方性金融组织或业态的监管权。其中,最具代表性的即是小额贷款公司、融资担保公司、典当行等新型的地方性金融组织或业态之监管权力的“央地”划分。值得注意的是,尽管小额贷款公司、融资担保公司和典当行等新兴地方性金融组织的监管权力均由地方政府的职能部门予以行使,但权力来源还是有所差异的。经过对比发现,中央将小额贷款公司、[1]融资担保公司[2]等地方性金融组织或业态的监管权力授予或委托地方政府行使时,并且指出由省级人民政府实施属地管理或者交给省级人民政府指定的政府职能部门行使,但没有规定明确具体的金融监管部门,地方政府一般是将其享有的金融监管权力赋予“金融办”或“金管局”享有并行使;而中央将典当行、[3]融资租赁公司等地方性金融组织或业态的监管权力授予地方政府行使时,已经明确规定典当行、融资租赁公司的监督管理权力由省级政府商务主管部门以及设区的市(地)级商务主管部门行使。此外,地方政府的“发改委(局)”负责管理各类股权投资公司、投资基金、企业债的发行,省级政府农业厅(现农业农村厅)参与对农业政策性保险试点工作的监管,省级供销社系统或农业厅负责对农村资金互助社进行审批与监管。[4] 显见,地方性金融组织或业态之监管权力的享有与行使具有非常明显的“条块结合”的特征,既有实行以“块块为主”的权力分割方式,也存在以“条条为主”的权力分割方式。当然,地方性金融组织或业态监管权力配置的“条块结合”特征在一定程度上是为既往计划经济体制的历史因素所决定的。

无论是小额贷款公司、融资担保公司还是典当行,监管权力的配置都是中

---

[1] 2008 年银监会、中国人民银行发布《关于小额贷款公司试点的指导意见》将小额贷款公司的监管权力和风险处置责任交给地方政府指定的金融监管部门。

[2] 2010 年国务院批准中国银监会等联合发布的《融资性担保公司管理暂行办法》将融资担保公司的监管权力移交至省、自治区、直辖市人民政府实施属地管理。

[3] 商务部与公安部于 2005 年联合发布的《典当行管理办法》第 54 条规定,“省级商务主管部门以及设区的市(地)级商务主管部门应当根据本地实际建立定期检查及不定期抽查制度,及时发现和处理有关问题……”。

[4] 参见张旭、张静:《山东省地方金融监管体制面临的问题与对策》,载《金融发展研究》2014 年第 11 期。

央政府及其金融监管职能部门专门针对具体性的单一地方金融组织或业态而进行的权力分配。此外,中央政府还采用整体性授权或委托的方式将地方金融组织、金融市场、金融活动的监管权力整体性地交由地方政府享有。[1] 再就是,2012 年国务院《金融业发展和改革"十二五"规划》、2013 年《中共中央关于全面深化改革若干重大问题的决定》等中央政策或文件,均都明确提出要完善地方政府金融管理体制、有效划定中央与地方政府各自的金融监管职责边界,同时也对中央与地方政府各自所应承担的处置金融风险责任的范围进行规定等。值得注意的是,中央与地方政府金融监管权力的分配从具体性赋权向整体性赋权的转变、立法模式从分散性向系统性规则的转变,其所遵循的逻辑是"先行先试"的试错性逻辑,是一种在总体思路的指引下分步发展、逐步完善的金融监管权力配置路径,此举有助于防止金融监管体制改革中金融秩序混乱的出现。"在发展条件不够成熟、配套制度不够完善之时,制度设计不应过于超前,但应保持适度的普适性与前瞻性。否则,制度的颁行实施不仅可能导致制度目标的落空",[2]还可能导致地方金融市场秩序的混乱或者系统性风险的发生。是故,在渐进性改革路径指引下,金融监管权力在中央与地方政府之间的分配从具体领域向整体的转换,有助于正确处理地方金融或金融监管改革中金融安全和金融监管效率相交织的有效衡平。

值得注意的是,在地方政府参与金融监管中,地方性金融组织或业态监管权力的纵向配置还会涉及省级人民政府与地市级、区县级人民政府之间权力结构关系的调整。在既有地方性金融组织或业态之监管权力配置的格局下,中央政府在赋权地方政府参与金融监管过程中主要处理的是中央政府和省级人民政府之间的金融监管权力关系问题,而没有涉及省级人民政府与地市级、区县级人民政府之间的金融监管权力关系,此时他们之间的纵向权力分配则主要由省级人民政府进行安排。[3] 当然,也有部分地方性金融组织或业态的

---

[1] 2014 年国务院发布《关于界定中央和地方金融监管职责和风险处置责任的意见》规定,"明确中央和地方的金融监管职责和风险处置责任,加强职能转变和制度机制建设、完善中央和地方金融监管工作协调机制的总体要求"。

[2] 刘志伟:《证券储架发行机制的立法评估与制度重塑——基于对现行六部部门规章之储架发行条款的分析》,载《法学评论》2015 年第 6 期。

[3] 2010 年《融资性担保公司管理暂行办法》第 7 条规定,"融资性担保公司由省、自治区、直辖市人民政府确定的监管部门具体负责本辖区融资性担保公司的准入、退出、日常监管和风险处置……"。

监管权力在省级人民政府与地市级、区县级人民政府间的权力机构关系已经在中央向地方政府赋权的过程中给予明确规定。[1] 显见,省级人民政府与地市级、区县级人民政府之间的金融监管权力关系因地方性金融组织或业态类型的不同而有所差异。

(二)地方政府参与金融监管与权力的横向配置

地方政府参与金融监管之监管权的横向配置,主要是中央与地方政府之间的金融监管权力关系予以划分之后,地方政府金融监管权在地方政府不同职能部门之间的配置问题。当然,如上所述,单一地方性金融组织或业态之监管权在中央与地方政府间进行划分时是有所差异的,一部分地方性金融组织或业态之监管权力的下放,中央没有指定具体的监管权行使部门,而部分地方性金融组织或业态监管权的行使部门是以"条条"的方式直接赋予特定的政府组成或管理部门。事实上,中央向地方政府赋予金融监管权力方式的差异将会对地方性金融组织或业态之监管权力的横向配置产生不同影响。对小额贷款机构、融资担保机构进行监管的金融监管权是以概括授权的方式授予地方政府,地方政府则将其享有的金融监管权力指定由地方政府"金融办"或"金管局"享有并行使,而对典当行、融资租赁机构、商业保理机构进行监管的权力则直接由中央政府商务部指定的与之对口设置的地方政府商务管理部门直接享有并行使。此外,农村资金互助社的监管权力分别由原银监会在地方的分支机构或地方政府所属的农委、工商局、民政局等职能部门享有并行使,农村信用社由省信用联社进行监管等,并促成了地方政府金融监督管理格局的基本形成。总而言之,目前对地方性金融组织或业态进行监管的权力在政府部门之间的横向配置呈现多元分散的特征。

地方政府参与金融监管中金融监管权力的横向配置之所以呈现分散多元的特征,从根本上来讲是源于地方性金融组织或业态的快速发展对既有金融监管体制造成了冲击,而既有金融监管体制没有及时、有效地对不同地方性金融组织或业态的发展给予监管上的回应。事实上,中央政府金融监管认知能力的有限性也决定了其根本不可能对新型的不同地方性金融组织或业态予以

---

[1] 2005年《典当行管理办法》第54条规定,"省级商务主管部门以及设区的市(地)级商务主管部门应当根据本地实际建立定期检查及不定期抽查制度,及时发现和处理有关问题……"。

监管。正是在此背景之下,地方政府出于实现地方性金融组织或业态发展和维护金融秩序稳定的需要而结合不同金融的特性分别赋予不同的地方政府金融监管机构进行监管,事实上地方政府"金融办"或"金管局"的设立在一定程度上也是地方政府对地方性金融组织或业态发展与监管在行政体制改革上的回应。总体而讲,在地方政府参与金融监管的"先行先试"改革实践中,将不同属性地方性金融组织或业态之监管权力在地方政府不同部门之间的分散化配置也存在一定的历史必然性。究其根本原因在于,建立在地方政府参与金融监管"先行先试"改革创新实践的基础上,中央政府可以从中总结经验,并将成功的监管实践创新改革进行推广,实现地方性金融组织或业态监管之职能配置的科学合理划分。当然,地方性金融组织或业态监管权多元分散配置的"条块结合"特征在一定程度上也深受计划经济体制时期"条条管理"这一特定历史因素的影响。

四、地方政府参与金融监管的管理体制

现代政府理论始终是围绕政府"职能—机构—体制—过程"这一组织体系框架而展开的,并且该组织框架中的任一概念都是研究"政府"这一组织体所无法回避的。[1] 值得注意的是,地方性金融组织或业态之监管职能的下放是中央与地方政府金融监管分权之"机构—体制—过程"的逻辑起点,但金融监管分权有效性的提升还须借助金融监管组织体制的合理建构来实现,因而在地方金融监管职能的下放已成必然[2]和各级地方政府金融监管机构已经设立[3]的基础上,关键是要围绕地方金融管理或组织体制的合理选择来展开,究竟应该选择既有中央垂直管理模式,还是选择纯粹的地方政府属地管理模式,抑或是省级政府以下垂直管理模式,这是地方金融监管体制构建时不得不予以认真考量的问题。迄今为止,已有山东、河北、天津等多个省市专门对地方性金融组织或业态监管之监督管理体制给予关注,其中,山东和河北有关地方金融监管体制改革的规定,明确对地方政府设立的金融监管机构实行纯粹的

---

〔1〕 参见张翔:《改革进程中的政府部门间协调机制研究》,社会科学文献出版社 2014 年版,第 71 页。

〔2〕 具体请参见正文表 2 中有关中央和地方金融监管职责和风险处置责任的政策文件的梳理。

〔3〕 参见刘永刚、魏华:《金融办秘史》,载《中国经济周刊》2012 年第 2 期。

"属地管理"体制，并且要接受上级地方政府金融监管机构的业务指导或者是检查监督。[1] 当然，此外的其他省级人民政府虽然没有专门对地方金融监管体制进行统一规定，但几乎所有地方金融监管体制都是实行纯粹的"属地管理"模式，即省级地方政府金融监管机构与地市级、区县级金融监管机构并不存在领导管理关系，但各个省市均有自己比较独特的制度安排。比如，有的省市规定省级金融监管机构主要负责地方性金融组织市场准入的审批，而地市级或县级金融监管机构则主要负责地方性金融组织日常的监督管理工作；或者省级人民政府和省级以下的地市、区县人民政府金融监管机构几乎没有关系。

值得注意的是，谈及"属地管理"则不得不考虑中央与省级地方政府金融监管权的配置和省级地方政府和省级以下地市、区县各级人民政府的金融监管权配置问题。目前，所有有关地方金融监管权授予或委托行使的中央规范性文件都规定对地方性金融组织或业态的监管采用"属地管理"[2]模式。然而，既有有关中央向地方政府授权或委托行使地方政府金融监管职能的文件所言的地方政府金融监管实行"属地管理"模式，仅仅是相对于中央与省级地方政府金融监管权的配置而言的，并没有对省级地方政府和省级以下地市、区县等各级人民政府的金融监管权配置和管理模式进行规定，而省级人民政府以下地市、区县等各级人民政府对地方性金融组织或业态的监管实施"属地管理"的模式实质上只是一种事实性的存在或者大家统一性的基本共识。更进一步，尽管国务院出台的《关于界定中央和地方金融监管职责和风险处置责任的意见》(国发〔2014〕30号)是以密文的形式传达至各省、市、自治区以及中央金融监管等相关部门，不知道该文件是否对省级人民政府与省级以下地市、区县等各级政府的地方金融的管理模式进行了规定，但2014年中央编制管理办公室向各省、自治区、直辖市"金融办"所下发的《关于完善中央与地方金融管理体制的意见》中明确提出，中央授权或委托省、自治区、直辖市行使的金融监

[1] 2013年12月山东省人民政府《关于建立健全地方金融监管体制的意见》明确规定，"地方金融监管实行以本级政府管理为主、上级地方金融监管部门进行业务指导和监督的管理体制。市、县(市、区)地方金融监管部门主要负责人的任免须事先征求上级地方金融监管部门意见"。

[2] 2013年银监会等部门联合发布的《融资性担保公司管理暂行办法》第7条规定，"融资性担保公司由省、自治区、直辖市人民政府实施属地管理……"。

督管理职能不能完全下放给地市级或区县级人民政府金融监管机构,仅仅能够采取省级以下垂直监管的地方政府金融监管体制。[1] 因此,在《关于完善中央与地方金融管理体制的意见》中,有关地方政府金融监管实行省级以下垂直性的金融监管实然与现行纯粹的属地管理模式存在差异,所以随之而来的改革很可能是——省级以下各级政府独自设立的地方“金融办”或“金管局”会被合并到省级人民政府金融监管机构的垂直管理之下,而地市、县级人民政府所设立的“金融办”或“金管局”将会成为省级人民政府设立的金融监管机构的分支机构。

地方政府“金融办”或“金管局”设立之初本质上就是地方政府设立的议事协调机构,其负责联系和配合中央金融监管部门和全国性金融机构分支机构在辖区内的金融工作,以满足对金融权力上收后地方经济发展对金融资源的需求和防范、处置地方性或区域性金融风险的需要。显见,地方政府“金融办”或“金管局”的设立首先是地方政府从自身利益出发而采取的行动,这就决定了国家不会对地方金融监管体制进行统一性的制度安排,必然也进一步决定了地方政府“金融办”或“金管局”成为隶属于本级政府的议事协调机构或者发展到后来的政府职能部门或直属机构,而不可能实行省级人民政府以下的垂直金融管理模式。从另一角度来讲,随着金融监管改革的发展,中央在向地方政府授予或委托行使地方金融监管权力时没有规定究竟应由哪个政府职能部门承担,也未对地方金融的监管体制进行规定,此时地方政府需要选择相应的政府职能部门来承担相应的地方金融监管权力,而地方政府“金融办”或“金管局”则被选出承担部分地方性金融组织或业态的金融监管职责。值得注意的是,地方政府“金融办”或“金管局”本来就是地方政府自生自发的制度设计,并且实行纯粹的“属地管理”模式,因而地方金融的监管体制也变成了现今普遍存在的纯粹的“属地管理”模式,而非省级人民政府以下垂直金融管理模式。然而,地方金融监管之纯粹“属地管理”模式必然或已经导致地方政府设立的金融监管机构受到地方政府经济发展决策或行为的影响,并且这直接使政府进一步强化了地方政府参与金融监管以服务于经济发展和为财政融资的职能

---

〔1〕 参见张莫、蔡颖:《地方金融办将被剥离融资职责——分层监管仍面临多重博弈》,载经济参考网,http://jjckb.xinhuanet.com/2014-05/08/content_503463.htm,最后访问日期:2016年7月29日。

定位。同时,省级人民政府或上一级政府金融监管部门对其的指导和约束则会受到极大的限制和约束,这又会直接影响省级人民政府行政辖区范围内金融监管政策的有效实施、基层辖区地方性金融组织或业态发展、风险状况等信息的有效统计上报等,还可能为地方性或区域性金融风险埋下隐患。

五、地方政府参与金融监管的运行效果

地方性金融组织或业态之监管权配置的优劣好坏,必须通过地方性金融组织或业态监管实践的情况来反观地方性金融组织或业态监管权配置的制度设计,并发现既有地方性金融组织或业态之监管权配置之中存在的问题。从2009年河北"信用社事件"到2012年广东"华鼎案",再到2015年云南昆明"泛亚有色金属交易所事件"的发生,一系列地方性金融风险事件的发生,无一不表明目前我国已采取的地方金融监管分权配置举措存在职能交叉与"真空"并存、政出多门、权责不清以及权责不对等诸多问题。同时,在实践中,上述问题集中凸显为地方政府"金融办"、原银监会、证监会、工商局、公安局等与地方性金融组织或业态监管相关主体在监管执法中的相互扯皮与推诿。究其根本,地方金融监管权行使在实践中难题不断产生,不仅源于地方性金融组织或业态发展的实践性创新,在更大程度上也是源于地方金融监管权配置方案或举措的非理性与不科学。

为真正展现我国已采取的地方金融监管分权配置举措存在职能交叉与"真空"并存、政出多门、权责不清以及权责不对等诸多问题,现结合云南"泛亚有色金属交易所"这一具体事件对地方政府参与金融监管之运行效果进行评估。在"泛亚有色金属交易所"事件中,泛亚有色金属交易所是昆明市人民政府批准成立的大宗有色金属交易服务企业,但"由于小金属交易清淡,嫁接'日金宝'后,打破了大宗商品交易非连续性的特征,交易在理论上有了连续性,应当属于金融领域,也该被纳入监管范围,但事实上仅为地方监管,这是监管的漏洞之一;其次,日金宝究竟属于负债性还是权益类的产品,前者归(原)银监会管理,后者归证监会管理,目前还没有定论"。[1] 再者,鉴于泛亚有色金属交

---

〔1〕 詹晨:《"泛亚事件"巨大的资金漏洞该由谁来兜底?》,载界面网,http://www.jiemian.com/article/466104.html,最后访问日期:2016年7月29日。

易所是昆明市人民政府批准设立,所以“昆明市金融办对其负有不可推卸的监管责任。而云南省金融办作为统管全省金融市场的一个政府机构,对发生在自己眼皮底下的这起事件不闻不问,也是一种很严重的失职行为”。[1] 值得注意的是,无论是证监会、原银监会,还是云南省“金融办”、昆明市“金融办”等相关金融监管主体都矢口否认对泛亚有色金属交易所拥有监管权或者负有相应的监管责任,那么在证监会、原银监会、云南省“金融办”、昆明市“金融办”之中,究竟谁具有真正的金融监管权力及相应的金融监管职责?2011 年国务院《关于清理整顿各类交易场所切实防范金融风险的决定》明确,省、自治区、直辖市人民政府要对其辖区内的各类交易场所实行“属地管理”,其具体包括对地方性交易场所进行日常性的监管、对非法交易场所进行清理整顿以及要承担最后的风险处置责任。此后,2012 年国务院《关于同意建立清理整顿各类交易场所部际联席会议制度的批复》则规定,证监会在“征询部级联席会”成员意见后可对省、自治区、直辖市人民政府及其所属的与地方交易场所有关的政府职能部门正在查处并且其性质认定存在疑问的非法证券期货交易活动,依照与证券期货相关法律法规的规定出具专业性的认定意见,但尚未对证监会所出具专业认定意见的法律性质、效力予以明确。正是源于对证监会所出具认定意见的理解差异,证监会和地方“金融办”就各自的权责范围产生了认知上的分歧,证监会坚持说其所出具的有关非法证券期货交易活动性质的意见仅仅是地方交易场所监管部门执法的基础,而不是直接对非法证券期货交易活动进行监管并作出处罚。[2] 与之相反,云南省和昆明市“金融办”则认为地方“金融办”仅仅对像泛亚有色金属交易所这样的地方交易场所具有清理整顿的权力或者责任,并没有真正的执法权力,自己没有权力或者资格对地方交易场所进行监管。此外,云南省“金融办”与昆明市“金融办”也就彼此之间的监管权责分配情况产生分歧。[3] 显见,证监会、云南省“金融办”、昆明“金融办”可

---

〔1〕 周俊生:《泛亚事件的核心是监管机构“集体作弊”》,载美财社网,http://www.mcshe.com/xfgd/67973.html,最后访问日期:2016 年 7 月 29 日。

〔2〕 参见《中国证券监督管理委员会 2015 年 10 月 16 日新闻发布会》,载中国证监会网,http://www.csrc.gov.cn/pub/newsite/zjhxwfb/xwfbh/201510/t20151016_285243.html,最后访问日期:2016 年 7 月 29 日。

〔3〕 参见王逸群:《泛亚 400 亿产品深陷兑付危机监管:有责任但缺依据》,载央广网,http://china.cnr.cn/yaowen/20150918/t20150918_519897390.shtml,最后访问日期:2016 年 7 月 29 日。

谓智仁相间，分别从有利于自己的角度来推卸自己所应承担的监管责任，并想方设法证明监管责任应归属于其他部门。

仔细看来，“泛亚有色金属交易所事件”的发生以及由此映射出的金融监管问题，表明目前我国已采取的中央与地方以及地方各级金融监管部门之间地方金融监管权配置举措存在权责不清、政出多门、职权交叉、权责不对等问题，并且也正是源于不同监管权之间缺乏有效制衡、监管授权不足、监管权限模糊等而导致了地方“金融办”、原银监会、证监会、工商局、公安局等与其他地方金融监管相关主体在监管执法实践中的相互扯皮与推诿。是故，地方金融监管权行使实践冲突与不协调等难题的产生，不单纯源于地方金融发展创新对既有监管权配置方案的冲击，在更大程度上也是源于既有地方金融监管权限划分与协调规范设计的非科学合理性。值得注意的是，地方金融监管权的配置实践究竟存在哪些问题？一是表现为地方政府金融监管职能定位的模糊性或不确定性，经常将地方金融监管作为地方政府经济发展和满足财政的政策性工具；二是有关地方政府金融监管权力配置和金融监管机构的设置违反行政组织法的规定；三是地方政府金融监管权力与风险处置责任的非对等性；四是对地方金融监管机构实施纯粹的属地管理，并分别隶属于各级地方政府着实有违金融监管独立性的有关理论；五是金融监管权力配置的系统考量不足导致了金融监管权配置与行使中的监管“真空”、监管重叠以及监管竞争等问题。

第三节　地方政府参与金融监管的法律问题

一、地方政府金融监管权的赋予方式

“权力法定”是公权力配置的一项核心和基础原则，缺少法律授权依据的公权力是不存在的，并且也无法在运行中获得任何权威，[1]所以作为公权力重要表现之一的地方政府金融监管权亦概莫能外，即地方政府所享有与行使的

---

〔1〕参见石佑启、杨治坤、黄新波：《论行政体制改革与行政法治》，北京大学出版社 2009 年版，第 189 页。

金融监管权力必须源于法律授予。值得注意的是,尽管目前我国已通过党的政策、国务院规范性文件以及部门规章等形式向地方政府让渡了部分地方性金融组织或业态的监管权,但以此种方式将部分地方性金融组织或业态之监管权让渡给地方政府及其指定的金融监管机构的行为、实然有违与权力授予或转授相关的限制性法律规定。除党中央的政策性宣誓外,中央授予地方政府行使金融监管权的其他具体形式实然有违权力授予或转授的限制性法律规定,即国务院通过自行制定的规范性文件直接进行授权或通过批准国务院所属部委或直属事业单位部门规章的方式予以授权,以及国务院部委或直属事业单位自行以部门规章的形式进行授权实然有违权力授予法定这一基本原则。

(一)国务院规范性文件直接授权或批准授权模式

国务院已经通过自行制定的规范性文件或通过批准国务院所属部委或直属事业单位部门规章的方式,直接将地方金融的监管权授予地方政府享有并行使。值得注意的是,国务院自行制定的向地方政府授予地方金融监管权的规范性文件究竟具有何种法律效力?国务院通过批准国务院所属部委或直属事业单位部门规章的方式将地方金融的监管权授予地方政府又具有何种法律效力?

第一,国务院自行制定的向地方政府授予地方金融监管权的规范性文件不具有正式的法律效力。我国《立法法》第7条对"基本法律"和基本法律以外"其他法律"的制定主体进行了限定,究竟何为"基本法律","其他法律"又是何物?与地方金融监管权配置有关的法律是否属于"基本法律"?事实上,"宪法和立法法并没有统一的界定,全国人大常委会也没有给出相应的解释。在实践中,全国人大和全国人大常委会的立法事项经常出现混同的情况"。[1] 同时,我国《立法法》第8条规定,"下列事项只能制定法律……(九)基本经济制度以及财政、海关、金融和外贸的基本制度",那么与地方金融监管权配置有关的制度是否属于"基本制度"?如果不属于金融"基本制度",是通过制定行政法规、地方性法规、规章或规范性文件予以规定吗?事实上,与地方金融监管权配置有关的制度应属于金融"基本制度"的范畴,先抛开金融的属性不论,关键是地方金融监管权的配置涉及中央与地方各自权限范围的界定。按照我国

〔1〕 封丽霞:《中央与地方立法关系法治化研究》,北京大学出版社2008年版,第371页。

《立法法》第7条的规定,如果与地方金融监管权配置有关的金融制度属于“基本制度”,并且在法律尚未对地方金融监管权配置事项进行规定的情况下,全国人民代表大会及其常务委员会可授权国务院通过制定行政法规的方式对与地方金融监管相关的事项予以规定。值得注意的是,上述有关地方金融监管的“国发”是否属于行政法规或与法规具有同等法律效力?我国《立法法》第70条有关“行政法规由总理签署国务院令公布”的规定,表明“国发”不属于行政法规,而只属于规范性文件。值得注意的是,尽管“就行政规范性文件而言,目前大部分法理学教科书都理所当然地认为国务院通过的具有规范性的命令、决定具有与行政法规同等的法律效力……但实际上这些观点很难经受法律和逻辑的严格检验”。[1] 是故,国务院通过自行制定规范性文件的方式直接将地方金融监管权授予地方政府缺乏法律支撑。

第二,国务院通过批准国务院所属部委或直属事业单位部门规章的方式将地方金融的监管权授予地方政府亦缺乏法律效力。如上所述,由于法律尚未对地方金融监管权配置事项进行规定,在获得全国人民代表大会及其常务委员会授权的情况下,国务院也可并且也只能通过制定行政法规的方式对此予以规定。之所以如此,原因在于我国《立法法》第12条规定,“被授权机关应当严格按照授权决定行使被授予的权力。被授权机关不得将被授予的权力转授给其他机关”。换言之,国务院针对地方金融监管权配置事项制定行政法规,并对地方政府进行赋权之权力源于全国人民代表大会及其常务委员会授权,如果国务院通过批准国务院部委或直属事业单位部门规章的方式将对地方金融进行监管的权力授予地方政府,此举必然违反被授权机关不得将被授予的权力转授给其他机关的限制性法律规定。

(二)国务院部委或直属事业单位以部门规章的形式直接进行授权

在法律、行政法规尚未作出规定的情况下,国务院各部委或其直属事业单位以部门规章的形式对将地方金融的监管权委托或授予地方政府是否具有法律效力?主流的“行政授权”观点是基于对我国1990年施行的《行政诉讼法》第25条第4款的理解而作出,普遍认为“行政法学中的授权(行政授权)仅指法律法规授权,而不是行政主体的授权;行政机关只能进行委托而不能

[1] 黄金荣:《“规范性文件”的法律界定及其效力》,载《法学》2014年第7期。

授权”。[1] 因此,国务院各部委或其直属事业单位不得以部门规章的形式将地方性金融组织或业态之监管权授予地方政府,而只能以行政委托的方式委托地方政府行使。然而,值得注意的是,最高人民法院《关于执行〈中华人民共和国行政诉讼法〉若干问题的解释》(已失效)第20条规定,行政机关内设机构、派出机构及其他组织,只有在法律、法规或规章授权的情况下,才能成为被告并独立地承担法律责任。尽管此解释认为规章可以进行“行政授权”,但从理论上来讲,“规定规章也可以授权所引发的合法性质疑,也多有论述”。[2] 同时,依据我国《行政许可法》、《行政处罚法》以及《行政强制法》等相关法律的规定,行政权的行使主体包括是依法享有行政职权的行政机关和法律、法规授权具有管理公共服务职能的组织两种类型,后一种即表明了“行政授权”只能通过法律法规进行,而依据规章只能进行“行政委托”。因此,在既定法律框架下仅能将规章“授权”定性行为“行政委托”,而如果将其定性为“行政委托”,则又会引发责任独立承担与否的争论与矛盾。进一步讲,在关涉国家安全、社会公共利益的金融领域,并且与地方金融监管权配置有关制度属于我国《立法法》第8条规定的关于金融的“基本制度”,如若国务院各部委或其直属事业单位以部门规章的形式将地方金融监管权委托或授予地方政府金融监管部门必然引发一系列次生性法律问题,具体即体现为权力授予违法和责任独立承担与否的争论与矛盾。

二、地方政府金融监管机构的创新设置

为保障地方性金融组织或业态的合理、有序发展,并防止区域或系统性金融风险的集聚与爆发,中央政府及其金融监管部门便以具体性、行政性分权的方式,零散地将部分地方性金融组织或业态的监管职责与风险处置责任让渡给地方政府及其指定的金融监管机构或相关职能部门行使,并促成了地方政府金融监督管理格局基本形成。其中,地方政府“金融办”系地方政府新创设的地方政府金融监管机构,并且地方政府设立的金融监管机构自身具有相异

〔1〕 参见耿宝建:《行政授权新论——走出理论与现实困境的一种认知尝试》,载《法学》2006年第4期。

〔2〕 叶必丰:《行政法学》(修订版),武汉大学出版社2003年版,第135页。

的行政组织法律属性，譬如，在我国31个省、自治区、直辖市人民政府均已设立省级政府“金融办”或“金管局”中，除广西壮族自治区、重庆市人民政府明确将“金融办”定性为议事协调机构的办事机构外，其他均将其定性为省、市、自治区人民政府组成部门、直属机构或办公厅管理机构(包括议事协调机构的办事机构、事业单位等)。值得注意的是，地方政府工作部门、议事协调机构的创设须同时满足一般性授权和具体性授权两项条件，而作为地方政府金融监管机构的“金融办”或“金管局”的设置，却在一定程度上缺乏一般性授权的法律依据。

(一)作为政府组成部门或直属机构属性的“金融办”

除北京、上海、江苏、安徽等8个省、市、自治区人民政府金融工作办公室或金融工作局明确注明根据中共中央、国务院批准的××市人民政府机构改革方案和《××市人民政府关于机构设置的通知》或《中共中央办公厅、国务院办公厅关于印发〈××省、市、自治区人民政府机构改革方案〉的通知》设立外，其余21个省、市、自治区人民政府金融工作办公室或金融工作局的设立依据则比较混乱，并未明确注明是否经由本级人民政府报请国务院批准，并报本级人民代表大会常务委员会备案。譬如，吉林省省金融工作办公室系根据中央机构编制委员会办公室《关于设立吉林省金融工作办公室的批复》(中央编办复字〔2010〕223号)设立，贵州省人民政府金融办公室是根据《中共贵州省委常委会议纪要》(十届〔2010〕第39号)予以设立，江苏省人民政府金融工作办公室未列明其设立依据，其他的则主要是根据《××党委、政府关于印发(××省、市、自治区人民政府机构改革方案)的通知》设立作为政府组成部门或直属机构的金融工作(服务)办公室或金融工作局。显然，上述21个省、自治区、直辖市金融工作(服务)办公室或金融工作局的设立尚需遵循我国《地方各级人民代表大会和地方各级人民政府组织法》第64条有关省、自治区、直辖市的人民政府的厅、局、委员会等工作部门[1]设立的规定，即由本级人民政府报请国务院批准，并报本级人民代表大会常务委员会备案。

(二)作为政府议事协调机构办事机构属性的“金融办”

除作为政府组成部门或直属机构属性的“金融办”外，诸多地方政府“金融

---

〔1〕 省、市、自治区人民政府工作部门包括政府办公厅、组成部门、直属特设机构、直属机构、部门管理机构。比如，山东省人民政府设置工作机构48个，其中，省人民政府办公厅和组成部门27个，直属特设机构1个，直属机构15个，部门管理机构5个。

办”被定性为议事协调机构的办事机构,尤其是在“金融办”刚刚生成之时。然而,根据《地方各级人民政府机构设置和编制管理条例》第 11 条和第 12 条的规定可知,县级以上地方各级人民政府,包括各省、自治区、直辖市的人民政府议事协调机构均不应单独设立办事机构,其具体工作应由有关的行政机构承担。在我国《地方各级人民代表大会和地方各级人民政府组织法》《地方各级人民政府机构设置和编制管理条例》授权缺位的情形下,重庆市机构编制委员会《关于设立重庆市人民政府金融工作办公室的批复》(渝编〔2004〕13 号)不能作为议事协调机构常设办事机构的金融工作办公室设立之依据。同时,广西壮族自治区党委、自治区人民政府《关于区直机构改革的实施意见》(桂发〔2004〕1 号)亦不能成为具有议事协调机构属性的自治区金融领导小组办事机构金融工作领导小组办公室设立之依据,而只能将地方金融管理的具体工作或职责交由与地方金融管理有关的现存行政机构予以承担。

(三)“三定”规定能否成为“金融办”被赋权的依据

无论是作为议事协调机构,还是作为政府组成部门或直属机构,有关金融工作(服务)办公室或金融工作局的“三定”规定能否成为对金融工作(服务)办公室或金融工作局进行赋权的依据?此判断需要立基于对“三定”规定授权依据及其效力的考量。一般而言,关涉金融工作(服务)办公室或金融工作局成立之各省、市、自治区人民政府“三定”规定,与国务院“三定”规定是“具有法律效力的规范性文件,是国务院部门履行职能的重要依据”[1]相类似,亦是具有普遍约束力的规范性文件。依据我国《地方各级人民代表大会和地方各级人民政府组织法》《地方各级人民政府机构设置和编制管理条例》,以及中共中央办公厅、国务院办公厅《关于印发〈××省、市、自治区人民政府机构改革方案〉的通知》等授权性规定,金融工作(服务)办公室或金融工作局的设立符合组织法定原则,并且“从中央到地方,依据机构改革方案制定‘三定’规定,按照经济社会发展要求提出转变职能举措”是“政府部门对外履行职责,对内实施管理的重要依据”。[2] 是故,按照有关金融工作(服务)办公室或金融工作局

〔1〕 参见《国务院部分部门“三定”规定》,载中国广播网,http://www.cnr.cn/newspaper/news/200807/t20080718_505040149.html,最后访问日期:2016 年 7 月 30 日。

〔2〕 参见徐跃:《“三定”规定制度是机构编制管理创新的工作平台》,载《中国机构改革与管理》2011 年第 1 期。

设立的依法制定的机构改革方案制定“三定”规定可以对其进行赋权，并成为其行使权力的重要依据。然而，如上所述，目前我国金融工作（服务）办公室或金融工作局在设立方面存在违反组织设置法定原则的情形，具体包括一般性授权或具体性授权缺漏，[1]所以“三定”规定尚不能单独成为金融工作（服务）办公室或金融工作局职权、机构、编制确定的依据。换言之，以“三定”规定的形式对金融工作（服务）办公室或金融工作局的职权、机构、编制进行规定，须建立在金融工作（服务）办公室或金融工作局合法设立的基础之上，即其设立须同时获得法律的一般性授权和机构改革方案的具体性授权。

三、地方政府参与金融监管的目标定位

地方政府参与金融监管的目标，一方面是源于中央政府授权或委托地方政府参与金融监管之目标的预设，即维护地方政府辖区内金融的稳定与防范金融风险；另一方面则是地方政府参与金融监管之目标的自我定位，即发展地方性金融组织或业态，积极为辖区经济发展提供足够的金融服务。事实上，这两个方面的目标预设或定位都充分体现于中央向地方政府授权或委托行使部分地方性金融组织或业态的监管权、地方政府参与部分地方性金融组织或业态监管之监管权的行使中，并且中央与地方之间就地方政府参与金融监管的职能定位和安排存在诸多矛盾。

（一）中央向赋权地方政府参与金融监管的目标定位

中央意识到既往传统的以“金融安全”为唯一或核心目标而忽视金融民主、公平与效率的监管理念，并一直对地方性金融组织或业态秉持审慎的处理态度，默许但不承认，一旦出现风险便给予严厉性刑事打击的法律政策或理念认知，已然不合时宜。同时，随着地方性金融组织或业态的发展以及随之而来的部分区域性或地方性金融风险事件的爆发，中央发现既有的垄断性金融监管体制已难以对地方性金融组织或业态进行有效监管，在实践中经常存在“管得着，看不见”或者是“看得见，管不着”的问题。在理念认知存在错误与现实

---

〔1〕 一般性授权包括我国《地方各级人民代表大会和地方各级人民政府组织法》《地方各级人民政府机构设置和编制管理条例》等法律法规；具体性授权则主要体现为“根据《中共中央办公厅国务院办公厅关于印发××省人民政府机构改革方案的通知》（厅字〔20××〕××号）和《中共××省委××省人民政府关于印发××省人民政府机构改革实施意见的通知》（省委发〔20××〕×号）精神”等规范性文件。

诉求迫切的场景之下，中央以实用主义的态度将部分地方性金融组织或业态的监管权力委托或授予地方政府行使，期冀调动地方政府在地方性金融组织或业态发展与监管中的积极性、主动性，尤其是发挥其在维护地区金融稳定和防范区域性金融风险方面的作用。此举或许可对既有监管制度的“真空”地带形成有效填补，不仅可以减轻中央金融管理部门的监管压力，同时，还可以提升对地方性金融组织或业态进行的监管绩效，并降低监管成本。事实上，中央将部分地方性金融组织或业态的监管权让渡给地方政府内心亦是存有诸多疑虑，尤其是担心本来就存在融资冲动的发展型地方政府，将中央授权或委托其行使的金融监管权视为命令地方性金融组织或业态为其融资的工具或手段，对地方性金融组织或业态的发展形成压迫并影响地方金融行业的良性发展。或许正因如此，中央政府才采用试点的地方金融监管权配置策略，将小额贷款公司、融资担保机构以及区域性股权交易场所等的监管权以行政性分权，而不是以法律性分权的方式委托或授权给地方政府享有并行使。同时，国务院于2014年出台的《关于界定中央和地方金融监管职责和风险处置责任的意见》(国发〔2014〕30号)是以密文的形式传达至各省、市、自治区以及中央金融管理等相关部门，此举亦可表明国家对中央与地方政府金融监管权责进行重新划分的内心不确定性与担忧。

中央向地方政府配置地方性金融组织或业态监管权的另一目标，即是为规范地方政府为辖区经济发展而融资的行为，尽量避免出现地方性金融组织或业态遭受政府压迫的问题，将市场机制引入地方政府间的竞争之中。具体就是让各个地方政府之间展开良性的金融监管竞争，为地方性金融组织或业态的发展营造良好的市场、制度等金融生态环境，并且根据自有特点，在不同省、市、自治区之间展开差异化的竞争策略，促使府际之间各自优势策略的形成与实践。目标实现之手段即是让地方性金融组织或业态具备“用脚投票”的能力来监督或促使地方政府有效行使地方性金融组织或业态的监管权。当然，在设定此一目标之时，中央有对地方政府间的无序竞争或“朝底竞争”亦存在隐忧。担心地方政府为留住本辖区的金融资源，并争夺其他区域的金融资源，而在地方性金融组织或业态监管中人为地降低地方性金融组织或业态的监管标准，继而影响地区金融秩序的稳定和为区域性金融危机的爆发埋下隐患。

地方政府不得违背中央政府的意志，而只能是服从，在中央与地方政府之间中央政府才是权力的终极权威。[1] 目前，中央以行政性分权的方式而没有在法律，甚至宪法层面确立中央与地方政府金融监管权责的分配，也是为了达到对地方性金融组织或业态进行合理有效监管的目的——维护金融秩序稳定和防范区域或系统性金融风险。同时，也是为了对地方政府金融监管机构形成有效制约，避免地方政府金融监管权力的滥用，既包括金融监管部门对金融机构的权力滥用，亦涵盖为保证地区间的竞争优势而采取“朝底竞争”的金融监管策略。在地方性金融组织或业态监管权力彻底或完全下放条件尚未成熟的情况下，中央政府只能采用具体性、行政性分权或政策指引的方式逐步“先行先试”，以避免地方政府对金融监管权的滥用，继而防止区域性金融危机的发生。实质上，中央对地方政府金融监管的赋权只是“先行先试”策略在金融监管领域适用的一种“试错”机制，未来究竟采取何种方式将地方性金融组织或业态的监管权力下放至地方政府尚难确定，但值得言说的是，地方性金融组织或业态监管权力的真正下放只是时间安排问题。然而，值得注意的是，地方性金融组织或业态监管领域的“先行先试”策略应遵循法治原则，此举可以借鉴上海自贸区的做法，即在国务院批准之后，提请全国人大常务委员会提请审议并作出决定，以此保证地方性金融组织或业态监管权分配之“试错”机制及其执行的合法性与权威。

（二）地方政府参与金融监管的金融资源获取目标

中央政府将金融监管权力赋予地方政府享有并行使，本质上是为了防范地方金融风险和维护地方金融安全，但地方政府参与金融监管的目的在更大程度上是为了帮助辖区经济发展寻找足够的金融资源，因而地方政府参与金融监管的融资目的与中央政府下放金融监管权的目的是存在差异的。一般而言，地方政府通过金融监督管理权来获取金融资源的方式基本有二。

第一，地方政府利用中央政府赋予的人事管理权、金融业务活动监督权和地方经济管理权等一般意义的管理性权力来干预、控制或者发展地方性的金融组织或业态，具体体现为地方政府既竭力控制中国人民银行、国有专业银行在辖区内的分支机构和经营网点，又通过自我赋权的方式来鼓励信托公司、证

---

〔1〕 参见林尚立：《国内政府间关系》，浙江人民出版社1998年版，第43页。

券公司以及小额贷款公司、融资担保公司等各类地方性金融组织或业态的发展[1]以获取金融资源。值得注意的是,我国地方政府对金融资源配置介入方式的变化基本上又以20世纪90年代金融体制与金融监管体制的变革为分水岭,具体是1993年国务院《关于金融体制改革的决定》(国发〔1993〕91号)、1995年国务院《关于组建城市合作银行的通知》(国发〔1995〕25号)和1997年中共中央、国务院《关于深化金融改革,整顿金融秩序,防范金融风险的通知》(中发〔1997〕19号)3项规定的发布。在此改革过程中,地方政府除继续对辖区内国有专业银行分支机构进行干预外,还在国家政策的指引下积极参与到城市商业银行的改革重组中来,“通过控制城市商业银行金融资源作为对国有银行金融资源的替代”,[2]同时还积极促进地方性金融组织或业态发展并对其进行监管。值得注意的是,地方政府参与金融监管的目的就是获取更多的金融资源,一方面,是来弥补地方政府基础设施建设财政资金的不足和帮助国有企业脱困或者是促进辖区内国有企业的并购重组;另一方面,则是为了解决辖区内企业、居民等非官方部门对金融资源的需求。

第二,以为协调中央金融管理部门的监管或实施中央授予或委托给地方政府的地方金融监管权而设立的“金融办”为例来看,地方政府“金融办”的创新性设置,一方面,是为了弥补中央垂直金融监管体制建立以后地方政府金融监管主体存在缺失的问题;另一方面,则是导源于新兴地方性金融组织或业态之蓬勃发展需要专门的地方政府金融职能部门为其提供服务性管理,以促进其合理、规范、有序发展,并尽量避免或控制地方性或区域性金融风险的爆发。[3] 最重要的是,中央将金融权力、金融监管权力上收之后,地方政府亟须建立专门的机构负责与大型金融组织在本辖区创办的分支机构、中央金融监管部门的派出机构进行沟通协调,最重要的就是要为地方政府自身或者辖区经济发展寻找资金来源,而这又是通过“金融办”的协调、服务、规划与监管4项职能予以实现的。通过对目前我国除港、澳、台地区外的31个省、市、自治区

〔1〕 参见周立:《改革期间中国国家财政能力和金融能力的变化》,载《财贸经济》2003年第4期。

〔2〕 巴曙松、刘孝红、牛播坤:《转型时期中国金融体系中的地方治理与银行改革的互动研究》,载《金融研究》2005年第5期。

〔3〕 参见李有星、王琳:《地方金融监管机构的主体属性与职能定位》,载洪艳蓉主编:《金融法苑》2015总第90辑,中国金融出版社2015年版。

人民政府“金融办”的“三定”方案进行梳理，发现各省级“金融办”的职能几乎大同小异，主要涵括协调、服务、规划与监管4项职能，在实践中前3项主要是服务于金融资源的获取与争夺，尤其是在区域内金融资源匮乏的中西部或经济发展落后的地区。无论从地方政府“金融办”创设的背景，还是从其职能的设定来看，地方政府“金融办”其本身只是地方性金融组织或业态发展的服务部门或者是为辖区经济发展进行融资的部门，实质上并没有享有真正意义上的金融监管权力。另外需要注意的是，绝大部分地方政府“金融办”在设立之初，并没有被依法赋予相应的地方金融监管执法职能和权力，[1]其仅仅是地方性金融组织或业态发展的服务机构，更准确地说是为地方经济发展寻求金融资源的部门。[2]

地方政府“金融办”的“一体两用”——“监管”与“融资”功能的合一——必然会因“为发展而融资”的需求而导致地方政府金融监管行为的扭曲，继而成为地方性金融组织或业态之监管权理性归位路上最大的“拦路虎”。将视角转换到实践之中，发展型地方政府对为地方政府或区域经济发展进行融资职能的过分强调，已经在一定程度上影响了地方性金融组织或业态监管的绩效，其典型表现为2009年河北“信用社事件”、2012年广东“华鼎案”、2015年云南昆明“泛亚有色金属交易所事件”的发生等。是故，在未来金融监管体制的改革中，有必要正确处理好“监管”与“融资”这一对关系，并重点强调地方政府设立的金融监管机构的监管职能。

总体而言，无论是干预或控制辖区内国有商业银行的分支机构，还是参与城市商业银行的重组，或者是积极鼓励民间资本参与到地方性金融组织或业态的发展中来，再或者是通过设立地方政府金融监管机构参与金融监管的方式，从本质上来讲，地方政府都是为了活跃辖区内的金融活动、丰富辖区内金融组织的数量或者金融市场的规模等，继而为地方政府或者辖区企业的发展提供足够的金融资源。

---

〔1〕 参见何晓晴：《互金地方监管：缺人、缺钱、缺执法权，监管名存实亡》，载和讯网，http://news.hexun.com/2016-11-06/186758416.html，最后访问日期：2016年11月8日。

〔2〕 参见张莫、蔡颖：《地方金融办将被剥离融资职责——分层监管仍面临多重博弈》，载经济参考网，http://jjckb.xinhuanet.com/2014-05/08/content_503463.htm，最后访问日期：2016年7月12日。

四、地方政府参与金融监管的权责配置

地方政府参与金融监管的职能定位远非限于纯粹性的单一风险监管范畴,其不仅兼监管职能和发展职能于一身,而且还担负了部分本应由财政承担的政府职能。显见,地方政府参与金融监管的目标首要的不是对地方性金融组织或业态发展进行有效监管和防范地方性金融组织或业态风险的发生,而是更加注重为地方经济的发展争取足够多的金融资源,从而导致以发展为旨趣的“融资”功能代替了以安全为核心“监管”功能的生成。值得注意的是,发展地方性金融组织或业态或为地方经济发展获取金融资源的职责落在了地方政府身上,而地方政府却缺乏相应的地方性金融组织或业态之监管职能和不承担地方性金融组织或业态之风险处置的责任,这将导致地方政府在积极获取金融资源时无所顾忌,在此情形之下中央政府则将地方性金融组织或业态之风险的处置责任下放给地方政府承担,而这又导致地方政府的金融监管职能与金融风险处置责任的权责非对等性。直言之,“地方政府对地方金融的市场准入和业务监管的权力有限,但对地方金融的风险处置与金融机构的市场退出负有全部责任,存在地方金融监管权责不对等的现象”,[1]导致了地方政府参与金融监管之权责配置的失衡。

(一)地方金融监管权“法定”与“事实”享有者

1. 中央金融管理部门对地方金融进行监管系法定职责

既有金融监管基本法律直接或间接地确立了中央金融管理部门、中央机构或部门对整个金融行业实施全面监管的垄断地位,即将对整个金融行业进行监管的权力完全划归中央独享——无论是传统正规金融的监管权,抑或是涵括地方金融在内的非正规的金融监管权,均由中央金融管理部门所有。1998年《非法金融机构和非法金融业务活动取缔办法》(已失效)是以直接的方式进一步明确了中国人民银行对传统正规金融以外的,包括地方金融在内的非正规金融业态进行监管的权力。随后,2003年生效实施的我国《银行业监督管理法》之第13条、第44条则直接在法律层面肯定了中国银监会对擅自设立银行业金融机构或者非法从事银行业金融机构的业务活动进行监管的权力,而地

〔1〕 周春喜、黄星澍:《地方金融的监管逻辑及规范路径》,载《浙江工商大学学报》2014年第5期。

方政府、各级有关部门则只能以“配合”或“协助”者的身份参与到金融行业的监督管理中去，其并不享有真正意义上的金融监管权。再者，2006 年国务院办公厅发布《关于严厉打击非法发行股票和非法经营证券业务有关问题的通知》，其明确规定“由证监会牵头，公安部、工商总局、银监会并邀请高法院、高检院等有关单位参加，成立打击非法证券活动协调小组，负责打击非法证券活动的组织协调、政策解释、性质认定等工作”，地方政府再一次被排斥于金融监管权力享有者的法定范围之外，而中央政府及其所属的与金融监管相关的部门则垄断了一切实质性的金融监管权。

进一步从金融监管体制改革的视角来看，中央于 1997 年设置实体化的证监会，并依法赋权其对全国性证券市场实行集中性的统一监管；1998 年中国人民银行将对其保险公司的监管权正式移交给新成立的保监会；1998 年则改变了中国人民银行的管理体制——从传统的“中央—省/直辖市/自治区—市—县”模式向“中央—跨省管理”的大区行制度的转变，这显然是金融监管集权的体制性改革；继而于 2003 年设立银监会，由银监会代行央行正在行使的部分金融监管职能，至此，原先以“一行三会”为核心的中央垂直金融监管体制正式确立。另外，“1998 年还成立了中央金融工委，在党和思想政治工作上（人事任命）对全国性的金融机构和监管机构实行中央垂直管理”。[1] 事实上，包括原先以“一行三会”为核心中央垂直金融监管体制变革、中央金融工委成立等在内的一系列金融领域的体制性改革举措，均旨在防止地方政府对辖区内金融组织或业态的过度干预，并且最终基本上在制度层面确立了中央统领全国金融监管工作的合法性与权威。总体而言，目前我国包括地方金融在内的非正规金融组织或业态的监管权已经完全划归中央政府及其所属的与金融监管相关的机构单独享有。当然，此种改革逻辑也符合中央一贯的，以维护金融安全与金融稳定为旨趣的金融监管策略与传统。

2. 地方“金融办”等与金融监管职能相关部门的“事实”监管者身份

从地方性金融组织或业态本身来看，目前我国以小额贷款公司、融资性担保公司、典当行、融资租赁公司以及商业保理机构等为代表的地方性金融组织

[1] 郭峰：《互联网金融不适合交给地方监管》，载腾讯财经网，http://finance.qq.com/a/20150507/026549.htm，最后访问日期：2016 年 7 月 30 日。

或业态正在蓬勃发展,并具体表现为机构本身数量、业务量等的快速增长,且大部分地方性金融组织或业态多于基层区、县设立。具体如图 1、图 2、图 3 所示,截至 2017 年年底全国主要地方金融组织及其业务金额存量大,并且从 2012 ~ 2017 年的纵向比较来看,未来全国主要地方金融组织数量及其业务金额仍具有较大的增长空间或维持在高位持续运行。

值得注意的是,尽管按照我国金融行业基本法律所确立的原“一行三会”为核心的中央垂直金融监管体制,肯定了中央对地方性金融组织或业态之监管权的享有与行使,但我国中央金融管理部门的监管力量主要集中在省、自治区、直辖市以及计划单列市以上,除中国人民银行和原银监会外,证监会在地级市和区县尚未设立任何分支机构,而原保监会也仅仅是在苏州、烟台、汕头、温州、唐山 5 个地级市设立监管分局,在区县亦没有设立办事处。具体从表 1 所示原“一行三会”及其分支机构布局与数量和图 1、图 2、图 3 所示地方性金融组织或业态数量及其业务量的对比来看,原以“一行三会”为核心的中央垂直监管体制已然难以对处于快速发展的地方性金融组织或业态进行合理有效的监管。“以银监会为例,2007 年银监会开展新型农村金融机构试点,主要试点对象包括村镇银行、贷款公司和农村资金互助社等,但试点开展之后,银监会的基层监管力量却难以应付基层金融业务的金融监管。”〔1〕同时,近年来爆发的以温州、鄂尔多斯等地为代表地方或区域性金融事件亦在实践层面对此予以证实。譬如,一位温州“金融办”工作人员道:“通过这次地方借贷风波的处置,我们发现金融机构垂直管理与地方政府救助之间存在很大的矛盾,地方政府在金融监管上‘话语权’很少,导致‘看得见,管不着;管得着,看不见’的现象,严重影响了救助效果。”同时,全国人大代表、原温州市市长亦表示,“地方新型(准)金融机构量大面广,中央金融监管派出机构很难监管。地方金融行为也错综复杂,由地方政府设的金融机构进行监管更直接、更有效”。〔2〕鉴于此,有必要在中央与地方政府之间重新配置金融监管职责与风险处置责任,并在法律层面确立地方政府在地方性金融组织或业态监管中的地位与作用,继

〔1〕 单飞跃、吴好胜:《地方金融管理法律问题研究》,载《法治研究》2013 年第 6 期。

〔2〕 上海证券报两会报道组:《铸造区域金融安全网 中央地方金融分级监管体系现雏形》,载中国证券网,http://news.cnstock.com/event,2015lh-2015lhtt-201503-3366421.htm,最后访问日期:2020 年 5 月 18 日。

而形成结构性、层级化的金融监管分权体制。事实上，目前中央也已经通过“国发”、部门规章或其他方式向地方政府让渡了部分地方性金融组织或业态的监管权，如2014年国务院《关于界定中央和地方金融监管职责和风险处置责任的意见》中对中央与地方金融监管权责划分的规定。

与之遥相呼应，为落实中央授予或让渡的地方性金融组织或业态的监管权，地方人大除制定地方金融条例或地方金融监督管理条例外，还积极创设实体性地方金融监管机构对地方性金融组织或业态予以监管和风险处置，譬如，各省、自治区、直辖市均成立了具有地方金融服务、监管协调、市场培育等职能的“金融办”，甚至还应中央的要求加挂了“金管局”的牌子。至为关键的是，地方政府金融监管机构，尤其是地方政府“金融办”或“金管局”的设立，在一定程度上规范和促进了地方金融行业的发展，间接推动了地方或区域经济的增长。

原以“一行三会”为核心的中央金融管理部门及其地方派出机构，已然无力将其法定的监管之手延伸到主要从事金融活动的地方金融领域，同时，地方政府也已经通过政策性的中央授权、委托，甚至是自行设立监管机构的方式成为地方金融监管权的“事实”享有者，此举在一定程度上助推了地方金融的健康发展及其监管绩效的提升。然而，原以“一行三会”为核心的中央金融管理部门作为地方金融监管权的“法定”享有者与地方政府作为地方金融监管权的“事实”享有者的分离，导致彼此存在职能上的交叉、重叠，抑或是监管“真空”，甚至在监管实践中产生了诸多冲突或监管“真空”，存在利益时相互争夺，而无利可图时则相互推诿。“在实践中，集中表现为地方政府金融办、银监会、证监会、工商局、公安局等与地方金融监管相关主体在监管执法中的相互扯皮与推诿。”[1]显然，此情此景极可能并且已经影响地方政府金融监管权行使的合法性与权威，而这一切都主要源于地方金融监管权授予或转授、地方政府金融监管机构设立有违现行法律有关权力授予或转授以及组织创设法定的限制性原则与具体规定。

(二)地方金融监管权与地方金融风险处置责任

如上所述，对地方性金融组织或业态进行监管的法定权力在中央政府及其所属金融管理部门，而事实性的监管权力已在一定程度上由地方政府行使，

〔1〕 刘志伟：《地方金融监管协同机制的法律构造》，载《现代经济探讨》2017年第2期。

当然事实性的地方政府金融监管权力一方面源于中央及其所属部门的政策性授权,另一方面则是地方政府金融监管的自我赋权或“隐形”金融监管权力的行使。值得注意的是,无论地方政府所行使的金融监管权究竟是源于中央及其所属部门的政策性授权,还是源于地方政府金融监管的自我赋权或者是“隐形”金融监管权力的行使,但有一点不可否认的是,地方政府承担了真正的金融风险处置责任。譬如,地方政府对农村信用社负有最后的市场退出和风险处置责任,而真正的监管权力则由中国人民银行和原银监会享有。此外,村镇银行、城市商业银行等地方性法人金融机构也是如此,其市场准入、业务经营等这些真正的金融监管权力归中央金融监管部门享有,而最后的市场退出与风险处置责任则由地方政府承担。当然,还有一点需要说明的是,地方政府的金融风险处置责任也经常性地会产生虚置的情形,如省级人民政府是农村信用社风险责任处置者,但如果地方政府自有资金难以有效处置由此造成的损失时,在中央财政承诺从其转移支付中扣除的情形下,可由中国人民银行为风险责任处置提供临时性的资金,而这又经常导致地方政府无论是否有能力进行风险处置都会直接向中国人民银行借款,并且经常性地故意拖欠或者请求减免。[1] 是故,地方政府事实性的金融监管权力与地方政府法定的金融监管责任形成了真正的背离,而地方政府的金融风险处置责任则又会最终由中央政府承担,继而产生中央与地方政府就地方性金融组织或业态的监管职责和风险责任处置呈现非常模糊和不确定的情形。

无论是改革开放之前一般意义上的金融管理,还是改革开放之后中国人民银行集中监管和“一行三会”或“一行二会”的分业监管阶段,中央政府一直是金融监管的主导者,而地方政府只是或多或少地在限度范围内参与到金融监管中来,并且地方政府所扮演的主要是一种事实性的金融监管者角色。地方政府事实性地参与到金融监管中来而金融风险的处置责任最终却由中央政府及其所属金融管理部门承担,形成了地方政府“有权无责”的局面。金融监管权力事实性地为地方政府所享有,而风险处置责任却由中央政府及其监管机构承担的权责不对等的矛盾,导致地方政府参与金融监管行为的失序,这具

[1] 参见蓝虹、穆争社:《论完善地方金融管理的边界、组织架构及权责制衡机制》,载《上海金融》2014 年第 2 期。

体表现为地方政府为“融资”而进行金融监管，地方政府金融监管权要么沦为地方政府融资的工具，要么造成地方政府间金融监管的“朝底竞争”，此两种行为都会扭曲金融资源的有效配置，继而可能会影响区域金融秩序稳定的维护，甚至还有可能导致区域性金融风险的爆发。为此，中央政府逐步将区域金融风险的处置责任交由风险发生所在地地方政府承担，但这又出现了法定的风险处置责任属于地方政府而法定地方政府金融监管权力属于中央的权力享有与责任承担不相对等的矛盾，继而形成地方政府参与金融监管之“有责无权”的权责配置格局。为了解决这一地方政府金融监管“有责无权”的局面，中央政府开始采用授权或委托的方式将小额贷款公司、融资担保公司等地方性金融组织或业态的监管权力交由地方政府实行属地管理，然而，中央政府及其金融监管部门通过“国发”、部门规章或其他方式将部分地方金融监管权让渡给地方政府及其指定的金融监管部门，此举在一定程度上有违与权力授予或转授相关的限制性法律规定。

地方政府金融风险处置责任与金融监管职责配置的分离还会导致区域性金融风险或单一地方金融组织之风险接连不断的发生。之所以如此，原因在于地方性金融组织或业态的监管权力由中央金融管理部门享有，而中央金融管理部门又没能力进行监管，这必然会导致地方性金融组织依靠信息不对称的信息优势而采取机会主义的行为，继而导致金融业务经营经常性地违法违规。地方政府本来可以基于地缘优势而对地方性金融组织或业态进行强有力的监管，但是由于地方政府缺乏真正的金融监管权力，其所使用的“隐形”金融监管权力则经常是为了辖区经济发展融资而服务，所以地方政府无法经常性地获取地方性金融组织或业态经营状况的相关信息，因而也就无法对地方性金融组织或业态运营中可能存在的风险进行前期的预防和控制。同时，鉴于中央向地方政府授予地方性金融组织或业态监管权力的非规范性，经常导致地方政府设立的金融监管机构缺乏真正的金融监管权力，对地方性金融组织或业态进行监管。现以地方性金融组织或业态之市场准入中的行政许可权为例对上述观点予以证实，2008 年中国人民银行、银监会颁行的《关于小额贷款公司试点的指导意见》，其设置了一项小额贷款公司市场准入的行政许可权，并规定由省级人民政府地方金融监督管理机构负责权力的行使，但是此举已然违背我国《行政许可法》关于行政许可设置的规定。

事实上,地方性金融组织或业态监管权的行政性授予、具体性委托已然影响地方政府在地方性金融组织或业态之监管权行使中的合法性与权威,并且也会导致地方政府对地方性金融组织或业态之监管态度的模棱两可,即对地方性金融组织或业态的监管进行选择性执法或对国家金融监管政策进行选择性配合的问题。当国家实行严格的金融监管政策时,地方政府便在形式上强化对地方性金融组织或业态的监管,而当国家采取较宽松的金融监管,地方政府则放松对地方性金融组织或业态的监管,进而形成地方性金融组织或业态监管的"顺周期"效应,不利于引导、推进地方性金融组织或业态的健康有序发展。质言之,地方政府金融监管的执法依据缺漏、过强的政策性影响,以及地方政府金融监管在"事实"与"规范"之间的矛盾,极易导致地方性金融组织或业态发展秩序的混乱不堪。

五、地方政府参与金融监管的统筹协调

如上所述,尽管中央与地方政府已经采取了诸多针对地方性金融组织或业态进行监管的改革举措,并在行政层面初步划定了中央与地方政府各自的金融监管职责与风险处置责任。然而,当下中央高层对金融监管的纵向分权依然持较谨慎的态度,并且其采取的金融监管分权举措基本上也是以纯粹的具体性、行政性分权而非系统性、法律性分权的方式,将地方性金融组织或业态之监管权授予或委托地方政府享有并行使。质言之,中央与地方政府的现行金融监管分权方案缺乏系统性、体系化权力分配思路的指引,同时也未以统合方式在立法层面对中央与地方政府各自金融监管权限范围进行有效界分,以实现金融监管权在中央与地方政府间的科学合理配置。

第一,从界定中央与地方政府金融监管分权的现行方案来看,目前国家主要是以纯粹的具体性、行政性方式而非系统考虑下的立法方式对地方性金融组织或业态的监管权进行分配。尽管中央已将地方性金融组织或业态的监管权授予或委托地方政府享有并行使,但关键是尚未对地方政府金融监管模式、监管主体等予以明确化,从而导致地方政府金融监管权配置具有碎片化、零散性的特征。同时,目前虽然已经就中央和地方政府金融监管职责和风险处置责任分配作出了诸多规定,但上述规范性文件或因过于简单粗陋而缺乏实践指导性,或因具体事项的简单行政分权而缺乏稳定性。实质上,中央与地方政

府金融监管权责配置之规定虽“旨在鼓励地方政府金融管理创新，实现地方分权，但其实并未实质性地解决中央与地方政府金融权力分配问题”。[1] 依据中共中央、国务院、中国人民银行、原银监会、商务部部委颁行的规范性文件、部门规章等分别将小额贷款公司、典当行、农村资金互助社以及融资担保公司的审批监管权交由“金融办”、商务厅、原银监会、经信委等地方政府工作部门负责，权力配置分散凌乱，缺乏通盘考量。

第二，从地方政府的金融监管执法实践来看，在金融监管分权缺乏完整思路指引的情况下，中央与地方政府金融监管部门、同一地方政府所属金融监管部门或者是不同地区地方政府金融监管部门之间在金融监管执法实践中存在诸多冲突与不协调。地方政府金融监管部门为了满足辖区经济发展对金融资源的诉求而对中央紧缩性的货币政策进行规避，而对中央宽松性的货币政策进行“放大”执行；有些地方政府设立的金融监管机构在未获得法律授权的情形下批准设立了诸多从事金融业务或活动的金融组织机构或场所，或者是对扰乱金融市场秩序的地方性金融组织或业态视而不见、听之任之，上述种种行为均会在宏观或微观层面影响中央货币政策的实施效果和整个金融市场秩序的稳定。[2] 譬如，对于河北省农村信用联社组织所辖各县级信用社违法违规为地方政府融资平台融资的行为，河北银监局分别与河北信用联社、河北省“金融办”进行协调沟通，但河北信用联社、河北省“金融办”均对河北银监局的沟通行为置若罔闻。值得注意的是，此问题的最终解决还是由原银监会与河北省人民政府沟通协调的结果。[3] 另外，从中央与地方以及各地方金融监管机构之间的监管执法实践来看，目前我国在地方性金融组织或业态监管的分权配置层面存在权责不清、政出多门、职权交叉等问题，并导致地方政府“金融办”、原银监会、证监会、工商局、公安局等与地方金融监管相关的主体在监管执法实践中的相互扯皮与推诿，在 2015 年 9 月于云南昆明发生的“泛亚金属交易所事件”中，证监会、原银监会以及地方金融监管部门之间的“集体失语”或

---

〔1〕 董世坤：《中央与地方金融权力配置研究》，载漆多俊主编：《经济法论丛》2014 年上卷（总第 26 卷），法律出版社 2014 年版，第 161 页。

〔2〕 参见周学东：《央地金融监管职责的边界与协调》，载《上海证券报》2015 年 3 月 24 日，A01 版。

〔3〕 参见孙弢、王吉如：《地方金融监管之惑》，载《金融世界》2013 年第 1 期。

扯皮推诿即可对此予以证实。[1]

第三,中央与地方金融监管权责划分现行方案引发的"恶性循环"。[2] 为因应地方性金融组织或业态实践发展的现实诉求与解决自己监管力量不足所导致的地方性金融组织或业态监管缺失问题,中央委托或授予地方政府行使部分地方性金融组织或业态的监管权,并将处置地方性或区域性金融风险的责任交由地方政府承担。由于我国中央与地方政府金融监管权责配置、地方政府金融监管模式选择的决定权由中央享有,而作为处理中央与地方政府金融监管权力关系纲领性文件的国务院《关于界定中央和地方金融监管职责和风险处置责任的意见》(国发〔2014〕30 号)因属于密件并未向社会公布,此举表明中央对地方金融监管权责配置持审慎的处理态度,既需要从理论上进一步论证,更需要在实践中有选择地进行地方金融监管改革的"法治实验",并且中央已经赋予上海浦东、深圳前海、天津滨海以及重庆两江在金融监管改革领域实行"先行先试"的权力。

然而,值得注意的是,决定是否将地方性金融组织或业态的监管权授予或委托地方政府设立的金融监管机构行使的主动权由中央享有,但地方政府金融监管机构如何行使监管权,是将其作为维护地方金融稳定与防范风险的手段,还是作为地方政府融资的工具,抑或是其他,主动权则掌握在地方政府手中。中央与地方政府金融监管权责划分的模糊性极易导致地方政府对中央金融监管政策的选择性执行问题,并且权责配置不清也更容易导致地方政府对金融监管权的滥用,地方政府金融监管权或沦为地方政府胁迫地方性金融组织或业态为其融资的"抓手",或者造成地方政府间为争夺金融资源而进行监管上的"朝底竞争",此两种行为都会影响区域性金融稳定,甚至导致区域性金融风险的爆发。再者,在中央与地方政府金融监管权责配置不清的情况下,即使地方政府不具有权力滥用的恶意,但由于地方政府"难以对全国统一的金融市场进行有效监管,难以从国家层面系统考量和控制金融风险。这样,地方政府难免出现'重发展、轻监管,重审批、轻监控'的问题"。[3]

---

〔1〕 参见周俊生:《泛亚事件的核心是监管机构"集体作弊"》,载美财社网,http://www.mcshe.com/xfgd/67973.html,最后访问日期:2016 年 7 月 30 日。

〔2〕 参见刘志伟:《地方金融监管权的理性归位》,载《法律科学(西北政法大学学报)》2016 年第 5 期。

〔3〕 田利辉:《建议设置独立的天津金融监管局》,载《中国经济报告》2014 年第 12 期。

第三章　地方政府参与金融监管的现实约束

第一节　地方政府的经济权限与金融监管参与

一、国家结构形式与地方政府经济权限的关系

有效确定地方政府经济权限范围之最明了的方式，是将国家经济管理权力在中央与地方政府之间进行明确划分，[1]而国家经济管理权力在“央地”间的每一次划分均会在实质层面重塑“央地”间的法律关系构造，此即所谓的国家结构。任何样态类型的国家结构形式均描述和决定中央与地方政府之间的关系构成，[2]因而国家结构形式也直接影响“央地”间经济管理权力关系的构造。[3] 地方政府经济权限的重新配置会直接影响国家结构形式的变迁，而国家结构形式作为在国家机构体系内纵向配置国家权力行使权并规范其运用程序的制度模式，也必然会对地方政府经济权限范围产生实质性的影响，并且国家结构形式直接为地方政府经济管理权限的权力来源、运行方式以及权力数量等设定了底线性的制度框架。

（一）国家结构形式的选择对地方政府经济权限享有的约束

作为表征国家整体与部分、中央与地方政府关系的国家结构形式选择将直接对地方政府的权限产生影响，并且其影响体现为对地方政府的权限来源、权力类型、权力性质等质上的差异，也表现为对地方政府的权限范围、权力大

---

〔1〕 参见谢志岿：《协调中央与地方关系需要两次分权——对协调中央与地方关系的一项新的探索》，载《江海学刊》1998 年第 1 期。

〔2〕 参见王章留等：《地方政府经济行为论》，武汉大学出版社 2003 年版，第 56 页。

〔3〕 参见单飞跃、严颂：《经济宪政视域中的中央与地方关系——国家结构形式对经济权力配置的影响》，载《上海财经大学学报》2008 年第 4 期。

小等量上的差异。当然,地方政府经济权限的确定必然也会受到国家结构形式选择的约束。联邦制和单一制是国家结构形式最基本的两种类型,而区分联邦制和单一制差异的标准则因研究视角的不同而导致最终观点表达的分歧纵深,如地方政府权力有无宪法保障、地方政府有无自主组织权和参政权、国家主权是由中央政府独占还是与地方政府分享、国家权力是"自上而下"配置还是"自下而上"配置等。无论采取什么样的研究视角,抑或是持什么样的学术观点,有一点为大家所共同认可的,即"区分单一制与联邦制,主要看权力来源,而不是看权力大小。若地方权力由中央授予,则属单一制;若中央权力由地方让与,则属联邦制",[1]当然此处所言及的权力主要是指本源性权力而非过程性权力。其中,本源性权力属于政治性权力而非法律性权力,其先于法律而存在,而过程性权力是指本源性权力的主体通过宪法和法律在国家机构体系内配置的,由不同国家机关和官员掌握和运用的职权。其中,尤为被公众所青睐的宪法保障标准实质上并不是那么真实可靠,在厘清权力究竟是中央还是地方固有权力的基础上,至于该权力究竟是被宪法或宪法性法律,抑或是被其他法律、行政法规或者规范性法律文件所确认已经不是那么重要。

国家结构形式选择的差异将对地方政府的权限属性产生不同影响,采用单一制国家结构形式国家的地方政府的权力便主要源于中央政府的让与或者让渡,并且中央政府分权的形式主要有 3 种:分散行政权、中央对地方权力下放、授权代理。[2] 地方政府权力的中央让与决定了中央政府可以自主地以变更、修改、废除法律、行政法规或其他规范性法律文件等形式将转让出去的权力予以收回。同时,地方政府的所被让与的权力更多是列举性权力,即以权力清单的方式被中央政府转让,而地方政府在权力清单之外没有任何自由行使权力的空间,否则即被视为违反权力法定的基本原则。与之恰好相殊异,采用联邦制国家结构形式国家的联邦政府的权力则源于地方政府的转授,中央政府所享有或行使的是列举性权力,保留性权力属于地方政府所固有。地方政府权限的确定显然会受到国家结构形式的影响或者限制,而作为地方政府权

---

〔1〕 易赛键、朱松岭:《对国家结构形式的再认识》,载《江汉论坛》2011 年第 4 期。

〔2〕 [美]G. 沙布尔·吉玛、[美]丹尼斯·A. 荣迪内利:《分权化治理:新概念与新实践》,唐贤兴等译,格致出版社、上海人民出版社 2013 年版,第 3 页。

力之一种的地方经济管理权必然也会受到国家结构形式的影响。中国的金融监管的权力主要由中央金融管理部门享有并行使,即使地方政府享有对部分地方性金融组织或业态监管的权力,其也是源自中央政府的转让或者是中央政府对地方政府金融监管权行使的事实性默许。总而言之,地方政府经济管理权限的确定深受国家结构形式选择的约束,而国家结构形式的选择也将直接决定地方政府经济管理权究竟属于固有权力还是被让渡的权力、属于列举性权力还是保留性权力。

(二)地方政府经济权限的调整影响了国家结构形式的变迁

国家结构形式中的单一制和联邦制无论是采用什么样的标准区分彼此,不可否认的是,典型的国家结构形式理论本质上是一种源于政治学的理论,并且"国家结构理论真正成为明确的政治学理论是政治学的古典主义方法论的结果",[1]其中,古典主义的方法论采用的是旧制度主义或者说是法律主义的方法来分析静态宪法性规范。然而,运行中的国家结构形态与人为设计的静态的宪法性法律所规定的国家结构形式经常会存在诸多契合偏差,并且运行中的国家结构形态往往会超越静态的宪法性法律所规定的静态的国家结构形式以适应社会发展变化的需要。从经济领域来看,随着市场经济的深化发展,市场越来越需要政府的介入来解决市场自身的缺陷,而这必然会对政府的经济管理职能范围产生影响,并表现为政府介入市场程度的加深和政府经济职能或者是权力的增大,此时国家结构形式也必然随之发生整体性、结构性的调整,其中,最明显的即是国家结构形式已然不是传统意义上的政治理论中的国家结构形式理论,国家结构形式理论开始适用于经济领域或"政治—经济"综合领域中中央与地方之纵向权力结构关系的研究,财政联邦主义、维护市场的经济联邦主义、行为联邦主义等概念开始逐渐被提出来用于解释中央与地方政府之间的经济管理权力关系。

以"放权让利"为导向的经济改革加速了中央与地方政府经济权力或经济管理权力的重新配置,此时地方政府的经济权力或者是经济管理权力得到了强化或者扩张,地方政府逐渐开始获得一定程度的经济管理权限并参与到经济发展的管理中来。值得注意的是,中央与地方政府经济权力或经济管理权

---

〔1〕 杨光斌:《国家结构理论的解释力与适用性问题》,载《教学与研究》2007年第7期。

力关系的划定，首先需要明确政府或者是国家与社会的权力边界，而后才是中央与地方政府间纵向权力的分割，如若没有政府或者是国家与社会权力边界的有效厘定，即使是科学合理的中央与地方政府权力纵向分割标准也将是徒劳的，〔1〕当然，国家或政府与社会的分权还涵括了国家或政府与市场的分权内容。国家向市场的经济性分权与市场自身的深化发展共同促成了国家经济结构的变化，而国家经济结构的变化则带动了政府职能的转变与扩张，〔2〕尤其是政府经济职能的扩张。政府经济职能已经在政府各项职能之中占据越来越重要的地位，并且其也是各个国家及其领导团体所关心和强调的，究其根本在于，政府经济职能配置安排得当与否、政府与市场关系模式的选择都将对市场活力的激发、资源的配置乃至经济社会的发展与进步至关重要。〔3〕在国家或政府职能与市场机制有效平衡的基础上，我们所需要关注的即是政府职能在中央与地方政府之间的分权设计，当然，此处所言及的中央与地方政府之间的分权主要涉及的是政府经济管理权限在中央与地方政府之间的合理有效界分。值得关注的是，中央与地方政府之间经济管理权限的分权配置既体现为经济上的联邦主义，即经典国家结构形式理论在经济领域的拓展适用。质言之，国家结构形式理论涵括了政治上、经济上和“政治—经济”混合上的中央与地方政府之间的关系，而经济领域中央与地方政府权限的划分，以及随之而来的地方政府经济管理权限的强化和扩张带来的是国家结构形式理论和国家结构形式实践的发展变迁。

二、以财政分权为改革突破口的经济管理权下放

中国“‘放权让利’的改革是以财政管理体制改革为突破口的”，〔4〕而财政管理体制改革的核心内容即是财政税收权力在中央与地方政府间的科学合理划分。改革开放之后，中央与地方政府间的财政分权改革使地方政府获得了经济发展的经济剩余的索取权和财政安排的自主权。然而，单纯的财政分权

---

〔1〕 参见谢志岿：《协调中央与地方关系需要两次分权——对协调中央与地方关系的一项新的探索》，载《江海学刊》1998 年第 1 期。

〔2〕 参见［美］维托·坦茨：《政府与市场：变革中的政府职能》，商务印书馆 2014 年版，第 92 页。

〔3〕 参见金太军等：《政府职能梳理与重构》，广东人民出版社 2002 年版，第 14 页。

〔4〕 林尚立：《国内政府间关系》，浙江人民出版社 1998 年版，第 319 页。

只是为地方政府致力于经济发展提供了可能性的经济与财政激励，本质上并没有为地方政府落实中央经济发展政策或努力发展本地经济的行为提供强而有力的工具或手段。鉴于地方政府落实中央经济发展政策或努力发展本地经济的手段主要集中于经济管理权的享有与行使，因而除以财政激励的方式在中央与地方政府间进行财政分权外，还需要将原本由中央享有并行使的部分经济权力或是经济管理权下放给地方政府，让地方政府充分获得落实中央经济发展政策或努力发展本地经济的重要管理手段或工具。质言之，中央与地方政府之间的行政性分权为地方政府提供了推动经济发展的动力机制，其中，获取经济发展剩余索取权的财政激励使地方政府的独立利益诉求得以有效触发，而经济管理权的下放则使地方政府在一定范围内能够自主安排辖区经济发展措施、方案以及对其进行有效的经济管理，事实上这使地方政府获得了索取经济发展剩余的工具和手段。

（一）作为地方政府利益触发机制的财政分权改革

任何国家“中央地方关系的一个核心是财政权问题”，[1]而我国中央与地方政府之间经济权力的重新分配恰好也是以财政分权为逻辑起点和突破口予以展开的。中国之所以以财政分权作为改革的现实突破口，究其根本原因在于以财政为核心的计划经济体制，其既主导了经济资源的配置，又是政府管理国民经济的基本手段，此举决定了国家财政不足的压力需要依靠财政体制的改革，尤其是财政收支自主权在中央与地方政府间的重新合理划分来解决的。同时，中央与地方政府间的财政分权改革旨在为地方政府落实中央经济政策或发展本地经济提供必要财政与经济激励，而这主要体现为对中央与地方政府经济利益关系机构的重新分配与调整。[2] 具体而言，“财政体制改革一开始就是以分权作为宏观层面的突破口来运作的”，[3]中央与地方政府之间的财政关系由中央“统收统支”向财政分权的转变促使地方政府角色由无独立组织利益的“公益”主体向有独立组织利益追求的“经济”主体转换。计划经济体制时期，中央政府“统收统支”的财政安排使地方政府只是中央政府的执行机构，在

---

〔1〕 杨光斌：《国家结构理论的解释力与适用性问题》，载《教学与研究》2007 年第 7 期。

〔2〕 参见字来宏：《中国式财政分权与经济增长》，载《思想战线》2013 年第 1 期。

〔3〕 贾康：《中国财政体制改革之后的分权问题》，载《改革》2013 年第 2 期。

此情形下地方政府只是被动地接收或执行中央的经济发展政策，地方政府并没有自己独立的经济发展决策收益权、财政收支自主权，此举严重抹杀了地方政府积极落实中央经济政策或发展本地经济的积极主动性。[1] 然而，财政分权改革则使地方政府获得经济发展剩余索取权之财政激励的理论可能，财政激励的理论可能又进一步促使地方政府有足够的主观动力去发展辖区经济并积极落实到行动中来，因而财政激励是地方政府努力发展辖区经济的激励来源。[2] 值得注意的是，"在计划经济体制之下，财政放权不能单独展开，放权一般伴随着下放地方的投资权和企业管理权"，[3]并且向地方政府所下放的财政收支自主权仍旧是在财政组织体系内部进行的纵向性分权，原本由政府其他各经济主管或职能部门掌管的经济权力或经济管理权力没有在"央地"之间随着财政收支自主权的重新配置而进行调整。[4] 改革后的财政体制则逐步从"条条"管理向"块块"管理转变，中央政府各经济主管部门将不对已经下放给地方政府管理的事项进行归口性的财政安排，此时地方的财力分配和使用完全由地方政府自主安排，事实上增强了地方政府的财政自主管理权。[5] 显见，中央与地方政府间的财政分权改革其主要涵括了两个层面的内容：一是地方政府经济发展决策权、剩余收益权的获得，这为地方政府积极落实中央经济发展政策，并致力于本辖区经济的发展提供了必要的动力机制；二是地方政府也获得了财政的自主支配权，能够按照区域经济情况而自主利用其所享有的财政自主权来安排辖区经济的发展。地方政府经济发展决策权、剩余收益索取权和财政自主权的结合使完整性的财政权在中央与地方政府之间进行了相对明确而有效的界分，实质上这为地方政府积极落实中央的经济发展政策，并致力于本辖区经济的发展提供了必要的动力机制和工具手段。

（二）作为地方政府利益实现工具的经济管理权下放

在计划经济管理体制向市场经济管理体制的改革过程中，有效的改革需

---

〔1〕 参见唐丽萍：《中国地方政府竞争中的地方治理研究》，上海人民出版社2010年版，第27页。

〔2〕 参见张为杰：《分权治理、地方政府偏好与公共政策执行机制研究》，中国社会科学出版社2016年版，第24页。

〔3〕 周飞舟、谭明智：《当代中国的中央与地方关系》，中国社会科学出版社2014年版，第11页。

〔4〕 参见唐丽萍：《中国地方政府竞争中的地方治理研究》，上海人民出版社2010年版，第29页。

〔5〕 参见林尚立：《国内政府间关系》，浙江人民出版社1998年版，第321页。

要正确处理好具有相辅相成关系的财政权与经济管理权之间的结构关系，重点是中央在向地方政府让渡部分财政收支自主权的同时，也需要将一定的经济发展权、经济管理权一并让渡给地方政府享有并行使。直言之，中央与地方政府间的财政分权改革只是为地方政府提供了致力于本辖区经济发展的财政性激励，是对财政经济资源的一种再次分配，而真正让地方政府有能力去发展本辖区经济并获得更多的可用于再次分配的财政经济资源，此时则必须让地方政府享有一定程度的经济管理权，并借助经济管理权的行使来促进经济的增长和财政收入的增加。只有经济发展的主观意愿而没有客观经济发展能力、只有再次分配权力而没有促进被分配资源数量增加权力的地方政府，将不能真正投身于促进地方辖区经济的发展中去，因而中央政府必须并且不得不逐步将以部委“条条为主”经济管理的方式向以地方政府“块块为主”经济管理的方式转变，并将原本由中央政府及其所属部委的部分经济管理权限让渡给地方政府享有并行使。

中央政府及其所属部委经济管理权向地方政府的让渡主要是从如下两个方面同时展开的，具体而言：一是将物资调配权、投资项目审批权与利用外资权等专项性经济管理权力让渡给地方政府，譬如，1982 年国务院发文强调，基本建设计划的审批权由中央政府及其所属部委和省级人民政府分级享有并行使，大中型项目的审批权由国家计划委员会享有并行使，全部投资额度在 1 亿元以上的项目则必须经过国务院审查批准，而小型项目分别由中央部委和省级人民政府计委在国家核定的投资额度范围内予以审批。二是以建立经济特区、经济开发区、保税区以及扩大大中城市经济管理权限的方式对地方政府进行概括性经济管理权的下放，[1]其中最引人关注并非常具有代表性的即是深圳经济特区的建立。值得注意的是，改革初期，经济管理权的下放本质上是一种行政性分权而非经济性分权，但在地方政府被赋予的经济管理权本身所包含的内容中有一部分本应属于经济性分权的内容。当然，采取此种方式进行“放权让利”改革，一方面，受当时意识形态、政治和经济管理体制等约束因素的影响；另一方面，这也是出于对改革次序选择或改革中对风险进行有效防控的考量而专门作出的制度性安排，事实上此种改革方式也遵循了国家总体上

〔1〕 参见薄贵利：《集权分权与国家兴衰》，经济科学出版社 2001 年版，第 188～191 页。

所选择的渐进式的制度变迁路径。无论地方政府所被赋予的经济管理权是否包括本应属于市场机制调整范围的内容，以及涵括了多大分量的本应属于经济性分权的内容。毋庸置疑的是，经济管理权限在中央与地方政府间的重新分配与调整总归属于进步性的制度改革或者政策变迁，此举有助于中国经济的发展和社会的进步。总体而言，中央在进行财政分权改革的同时也积极向地方政府下放部分经济管理权，其中财政分权的激励机制使地方政府成为经济发展剩余的获得者成为可能，并且成为触发地方政府致力于经济发展的利益“引子”，而经济管理权限的下放则使地方政府从计划经济体制下中央经济政策的被动执行者开始向地方经济发展及其政策改革创新的积极主动者转变，此时的地方政府便拥有了致力于经济发展的经济管理工具和手段。

三、中央向地方政府下放经济管理权的实践效果

毋庸置疑的是，“评价任何一项规则或制度设计的优劣好坏，不可脱离制度设计的目标及功能”。[1] 当然，中央向地方政府让渡一定范围内经济管理权限所产生的实践效果的评估也需要以权力让渡的政策或制度创设的初衷为基本的考量标准，否则评估将失之偏颇。既然经济管理权力的下放是作为以市场化和分权化为核心的改革开放举措之重要组成部分，并且中国的改革开放“从本质上来说就是以‘经济增长’为核心的改革开放”，[2]那么经济管理权的下放就应该将经济增长作为衡量中央向地方政府下放经济管理权实践效果之优劣好坏的基本标准。另外，鉴于经济管理权限的划分从根本上应属于中央与地方政府就行政性权力而进行的重新配置与调整，这就决定了地方政府经济管理权的行使应该与中央政府经济管理权的行使进行有效协调，地方政府的经济管理权不应该与具有宏观属性的中央政府的管理权相抵触。当然，中央政府经济管理权也不应当随意调整地方政府经济管理权的范围或者介入地方政府经济管理权的行使之中。是故，中央向地方政府让渡经济管理权限的实践效果的评价与认定，首先需要考量地方政府经济管理权是否能够以及在

---

〔1〕 刘志伟：《证券储架发行机制的立法评估与制度重塑——基于对现行六部部门规章之储架发行条款的分析》，载《法学评论》2015 年第 6 期。

〔2〕 周飞舟、谭明智：《当代中国的中央与地方关系》，中国社会科学出版社 2014 年版，第 158 页。

多大程度上促进本辖区经济的发展与进步；其次是地方政府经济管理权应当与中央政府经济管理权进行有效的协调，其中，有效的协调包括经济管理权在中央与地方政府间配置的制度性协调和经济管理权行使运行中的实践性协调两个方面的内容。

（一）经济管理权在中央与地方政府间的分权能否促进经济增长

随着经济管理权限在中央与地方政府之间的重新配置与分权化的逐步推进，中国经济获得了持续高速增长。有一点需要厘清的是，经济管理权限在中央与地方政府之间的重新配置与经济增长究竟存在何种逻辑关联？经济管理权在中央与地方政府之间的分权配置能否促进经济增长以及在多大程度上促进了中国经济的增长？暂且抛开经济管理权这一限制性词语不予评述，有一点不容置疑或者是大家所共同认可的是，地方政府在中国经济增长中发挥了中流砥柱的作用。针对中国经济增长的研究，国内外学者不约而同地、都或多或少地将研究视角集中到了地方政府这一主体身上，并将地方政府当作推动中国经济发展的第一行动力量。从钱颖一、许成钢的“M 型组织结构”，到许文慧的“蜂窝状结构”，再到戴慕珍的“地方法团主义”，以及杨瑞龙的“中间扩散性制度变迁方式”、蒂博首先提出的“地方政府竞争理论”、钱颖一的“市场维护型经济联邦主义”等，无一不将地方政府作为推动中国经济发展的核心力量或重要分析元素。地方政府之所以能够成为推动中国经济发展的关键，原因在于地方政府有权力或者有能力促进经济的发展。值得注意的是，对地方政府推动经济发展能力的研究基本上又是将其置于中央政府和社会或者是市场力量的中间进行考量，从而形成了中央与地方政府权力结构关系体系和地方政府与社会或市场权力结构关系体系两种基本的分析范式。总而言之，地方政府因为有了足够的权力才能够使自己成为推动中国经济发展的重要角色，而地方政府权力的获得则源于改革中权力的分散化配置，在经济领域既体现为中央向地方政府让渡了一定程度范围内的经济管理权限，同时地方政府所享有的经济管理权限又将地方政府与市场主体紧密地联系起来，由地方政府通过经济管理权的行使来影响、引导或者控制市场经济力量的发展变化。换言之，中国经济发展中地方政府推动者角色的扮演首先是源于行政性分权的实施，中央与地方政府经济管理权的分权配置与行使，使地方政府获得了进行自主发展的计划决策和实施空间，当然，地方政府经济管理权的有效行使（经济获得了持续快速的增长）还依赖特定的改革前提和激励约束结构，如“M 型”或“蜂窝状”的组织结构、财政与政治的激励约束机制等。值得注意的是，改革初期，计划经济体制向市场经济体制转换的实践背景决定了中央政府只能采用行政性分权为主而不是经济性分权为主的方式来推进改革进行，并且渐进性改革的特质决定了中央政府向地方政府放权的政策性或行政性推进，并没有建立法律性的权限分工体系，中央政府也没有建立有效控制地方政府经济管理权力行使的实体性和程序性的控制机制。因此，经济管理权限的下放与配套性权力控制机制的缺乏致使地方政府既是所统辖辖区经济社会发展的主导者和控制者，同时会使地方政府及其官员与社会或市场主体彼此的合谋，紧接着也会导致地方政府利用信息不对等的优势而对中央经济发展政策、法律规范的规避或者是进行趋利避害的选择性执行。地方政府对中央经济发展政策的选择性执行，使地方政府成为干预经济资源配置的重要影响因素，从而导致中国经济虽有量上的持续高速增长，却没有获得相应的质上的有效提升，事实上这又印证了诺斯关于“国家的存在对于经济的增长来说是必不可少的；但国家又是人为的经济衰退的根源”的断言，因为缺乏质的提升的经济增长将会导致阶段性经济高速增长之后的增长乏力。总而言之，经济管理权限在中央与地方政府间的分权既促进经济的增长，但在地方政府利用经济管理权促进经济增长的过程中也因地方政府的过度介入而影响了经济资源配置的效率和经济增长的质量。

（二）地方政府经济管理权与中央政府经济管理权能否协调运行

如上所述，在特定前提条件和激励约束机制的辅助下，地方政府经济管理权的享有与行使促进了中国经济在量上的持续高速增长，但中国经济在资源配置效率与经济增长的质上却没有获得能够与经济在量的增长相匹配的提升。事实上，这归结于地方政府经济管理权与中央政府经济管理权未能实现有效协调运行，而地方政府经济管理权与中央政府经济管理权在运行中的无效协调，则根源于既有政策规范对经济管理权在中央与地方政府间分权配置缺乏一定的科学合理性。是故，考察或者评估中央向地方政府让渡一定范围内的经济管理权的实践效果，除要关注地方政府对经济管理权的享有与行使能否以及在多大程度上促进了中国经济在量上的持续高速增长外，还要考虑中央经济资源配置的效率和经济增长质量的提升，而这又与地方政府经济管理权与中央政府经济管理权配置的科学合理性与运行中的协同性紧密相关。

在经济管理权运行中，中央与地方政府之间的非协调性突出表现为两个方面的内容：一是地方政府在行使经济管理权过程中对中央经济政策、法律规范的规避和选择性执行或者直接对中央政府的经济管理权进行柔性的“侵蚀”；二是中央政府利用自身拥有的权力对地方政府经济管理进行随意的变更、撤销或者调整，当然中央政府也会采用行政命令或隐性的方式介入地方政府经济管理权的行使中来。具体而言：就前一种情况而言，地方政府经济管理权的行使对中央政府经济管理权的挑战集中体现为地方政府对中央政府宏观经济管理政策的规避，如政策敷衍、政策损缺、政策附加、政策替换、政策误用、政策投机、政策随意、政策抵抗等。[1] 值得注意的是，地方政府经济管理权行使中之所以会出现政策规避的问题，原因在于地方政府及其官员存在其独立的经济和政治利益，事实上这也是中央政府向地方政府下放经济管理权中对激励与约束进行考量的结果，并且中央政府经济管理权下放中的激励约束机制正好契合了地方政府及其官员的利益，这也说明中国的“放权让利”改革符合了“激励相容”的制度设计标准。[2] 此外，地方政府经济管理权对中央经济管理政策的冲击还可能源于中央经济管理政策不符合地方的现实情况和地方政府源于知识的限制未能对中央的经济管理政策形成正确的认知。就后一种情况而言，中央对地方经济管理权的赋予及其调整的随意性和对地方政府经济管理权的过度介入直接导致了地方经济管理权运行的非效率性和地方政府经济管理权与中央政府经济管理权运行的非协调性，而这从根本上是源于中央向地方政府赋予经济管理所采用的方式是行政性而非法律性的、具体性的而非系统性的、单向性的而非互动性的。经济管理权赋予方式的行政性、具体性与单向性将导致中央政府随时可以调整地方政府经济管理权限的范围。中央采用这种正式与非正式相结合的方式向地方政府放权为中央政府的随意调整和介入提供了可能，并且在实践中中央政府也经常是这样处理地方政府的

---

〔1〕 参见王国红：《政策规避与政策创新：地方政府政策执行中的问题与对策》，中共中央党校出版社 2011 年版，第 32～38 页。

〔2〕 参见许成钢：《政治集权下经济分权与中国改革》，载吴敬琏主编：《比较》第 36 辑，中信出版社 2008 年版。

经济管理权限的。

四、经济管理权在中央与地方政府间分配的逻辑

改革开放之后国家选择了以经济领域为核心着眼点的改革路径,这又集中体现为经济管理权在中央与地方政府之间的分配。经济管理权在中央与地方政府间分配的微观逻辑完全是在经济领域改革的具体实践中摸索出来的,理念层面的宏观逻辑并非单纯性地源于1978年后的经济改革实践,而是作为中央集权体制国家的中国在处理中央集权与地方分权关系中所一贯采用的逻辑。

(一)微观逻辑

经济管理权本质上即是一种行政事权,而行政事权在中央与地方政府之间的配置需要相应的财政权重新分配的配合,因此,改革开放之初国家便以财政管理体制改革为突破口,实现了财政管理体制由“统收统支”管理模式向“包干制”管理模式的转变。在财政管理体制变革过程中,整体性的国家经济管理体制随之发生变迁,经济管理权也在中央与地方政府之间进行了重新配置,以促使地方政府在财政的激励之下而积极参与到辖区经济的发展与管理中来。显见,经济分权主要体现为财政分权与经济领域行政性分权的协同改革,地方政府获得了相对自主的财政收支权力和经济管理权力,实现了中央与地方政府的经济分权,当然与之相随的也有经济的市场化改革,但中央与地方政府之间的经济分权是改革初期的主流动向而经济领域的市场化分权则显得相对滞后。值得注意的是,财政权力与经济管理权力的协同下放使地方政府获得了经济发展的动力和手段,并且地方政府也经常利用通过分权而获得的权力而对中央政府的经济管理权形成不同程度的“侵蚀”与冲击,继而在一定程度上导致了国家财政能力的下降和国家经济秩序的混乱。其中,人事制度上的党管干部和分级管理相结合的原则强化了党的领导和中央政府对地方政府、上级政府对下级政府的晋升激励和管理控制,而事权设置上的职责同构和党委对口管理的制度设计则保证了中央政策命令的有效执行和地方政府信息的有

效上传。[1]

事实上,“在中央—地方权力收放的互动博弈和反复调整中,中国大致形成了财政分权与金融集权的体制搭配”。[2] 涵括财政收支自主权、经济管理权在内的重要经济权力在中央与地方政府之间的重新配置使地方政府获得了推动辖区经济发展的动力和手段,此时,地方政府则将获取地方经济发展资金的视角转向了以银行为主的金融机构,通过金融杠杆来突破财政的抑制和约束,长此以往,必然会导致区域性金融风险的积累和经济秩序的混乱。为了防止财政分权陷入“集权—分权”的历史怪圈、金融资源的地方政府控制和干预以及实现经济增长与稳定的协同发展,中央采用了财政与金融相配合的改革策略,即财政分权实现由行政性分权向经济性分权的转变,而金融领域则集中体现为中央对金融的集中性控制,从而形成了“财政分权—金融集权”相结合的制度安排。当然,财政与金融领域的集分权策略只具有相对性,两者都是在经济分权改革的大背景下展开的,总体趋势依然是经济领域行政权分权与经济性分权的协同发展。

(二)宏观逻辑

中央政府向地方政府授权的方式多为行政性授权而非法律性授权,即中央政府的权力属于固有权力而地方政府的权力属于衍生权力,中央政府的权力为正式性的法律所确立,而地方政府权力的确立多采用党中央、国务院政策命令的形式,而很少以法律的方式正式确定下来。在经济分权改革领域,无论是财政收支自主权,还是经济管理权,其明显属于中央政府的法定权力,而中央政府通过政策、命令或其他形式授权或委托地方政府行使,从表面上来看地方政府权力已经在经济、社会等其他领域获得了大范围的扩张,但在基础性的体制问题尚未得到有效处理或者彻底改革的情形下,地方政府表面上享有的经济发展剩余索取权、财政收支自主权、人事权等实际上仍然掌握在中央政府

---

〔1〕 杨龙、张振华:《政治集权与经济分权配置制度的绩效与问题》,载《江苏行政学院学报》2011 年第 5 期。

〔2〕 丁骋骋、傅勇:《地方政府行为、财政—金融关联与中国宏观经济波动——基于中国式分权背景的分析》,载《经济社会体制比较》2012 年第 6 期。

手中,地方政府只不过是中央权力的执行者,并且无时无刻不处于被动之中。[1] 因此,尽管中央政府已经将一定范围内的财政收支自主权、经济管理权授权或委托地方政府行使,但是中央集权的格局依然未发生本质性的变化。其中,正式性的法律规则明确了中央政府权力的固有性和权威性,而非正式的政策、命令则决定了地方政府权力中央政府的随时可调整性、可变更性,中央政府依然可以根据实际境况的转变对地方政府的权力范围进行随意性的调整,并且中央政府仍然掌握了人事任免权、财政税收规则制定权等关键性的权力。因而,中央政府的经济管理权属于正式性规则所确立的权力,而地方政府的经济管理权属于非正式规则所确立的权力。

中央政府的经济管理权力实为正式的法律规则所确立,而地方政府的经济管理权力则为政策、命令等非正式的规则所确立,由此决定了中央政府经济管理权力的法定性和象征性,而地方政府经济管理权力的行政性和事实性。具体而言,地方政府经济管理权力的事实性体现在两个方面:一是地方政府的权力并不是真正意义上的"确权",而是通过自上而下的方式实现的中央政府对地方政府的权力下放。[2] 地方政府的经济管理权力源于中央政府通过政策、命令的行政性方式授权或委托,而非采用法律性分权的方式进行,这就决定了中央政府经济管理权力的合法性与权威,而地方政府只是代行中央政府为法律所赋予的固有经济管理权。二是地方政府被授予或委托行使的经济管理权力并不能总被完全行使,其经常基于自我利益诉求而进行调整性执行。具言之,虽然地方政府在法律层面没有真正享有经济管理权,但地方政府在执行中央授予或委托行使的权力时,经常采用政策规避或选择性执行等方式对中央的经济政策或者命令进行执行,地方政府真正所执行的政策往往是地方政府根据辖区的经济情况或者是出于对地方政府及其官员自身利益维护而制定的,地方政府的经济管理权才是真正的、实在的经济管理权,而中央政府的管理权只是法定的、象征性的管理权。

---

〔1〕 参见朱丘祥:《从行政分权到法律分权:转型时期调整垂直管理机关与地方政府关系的法治对策研究》,中国政法大学出版社 2013 年版,第 274 页。

〔2〕 参见周雪光:《从"黄宗羲定律"到帝国的逻辑:中国国家治理逻辑的历史线索》,载《开放时代》2014 年第 4 期。

五、经济管理权下放中地方政府的金融监管参与

经济管理权的下放必然要求相对应的金融资源控制权,因而改革初期中央政府将一定范围内的信贷管理权,人民银行、国有专业银行分支机构的领导权、监督检查权交由地方政府行使,但此举导致地方政府随意性地干预辖区内金融组织或业态的金融资源配置,导致中央政府宏观调控失效和国民经济秩序的混乱。出于保证中央政府宏观调控政策的有效和防止国民经济秩序混乱的考虑,中央逐步采用了中央金融集权的策略,尤其是20世纪90年代以后,中央政府强化了对金融资源配置的控制,并且金融监管权力已基本上配置给中央金融管理部门享有并行使,此时地方政府基本上没有参与金融监管的任何空间。然而,既有金融监管基本法律却未对地方性金融组织或业态的监管进行规定,即使存在也是源于国务院或部委的委托,[1]此时地方政府便设法通过自我赋权的方式参与到辖区内的金融监管活动中来,如各级地方政府创新性地设置"金融办"或"金管局"来对辖区的金融活动进行监督管理。地方政府开始真正地参与到金融监管中来,始自小额贷款公司、融资担保公司等地方性金融组织或业态发展的试点或者推广以及国务院《关于界定中央和地方金融监管职责和风险处置责任的意见》(国发〔2014〕30号)的颁行实施。是故,在经济管理权下放中,地方政府参与金融监管的方式逐步从非正式向正式、从间接向直接、从自我赋权向中央赋权转变,地方政府开始获得了真正意义上的金融监管权,并据此而依法参与到地方性金融组织或业态的监管中来。

(一)地方政府金融监管的非正式参与

改革初期,地方政府参与金融监管事实上只是一般意义上的金融管理,因为那时尚没有提出或者使用真正性的"金融监管"这一概念,当然,金融监管的内涵与外延也没有得以廓清。第一,地方政府参与到金融监管中来主要是地方政府对辖区内金融机构的人事、思想、政治工作等进行管理,并且对辖区内金融组织或业态的金融业务活动是否遵循了中央有关金融的政策或者管理性规定进行监督;第二,地方政府所参与的金融监管也包括地方政府通过对辖区

---

〔1〕 参见中国人民银行九江市中心支行课题组、骆钰、黎建新:《立法规范地方政府金融管理职责的思考》,载《武汉金融》2013年第4期。

金融组织或业态之人事、思想、政治的领导权和对中央金融政策执行的监督权要求辖区内的金融组织或业态为地方政府及其辖区内企业提供发展资金;第三,地方政府参与金融监管还包括通过财政出资、地方性国有企业出资或者是出台地方性金融组织或业态发展政策方针等方式来鼓励、支持、引导地方性金融组织或业态的发展,如地方性信托公司、证券公司以及区域性股权交易市场等,并要求这些地方性的金融组织或业态为辖区经济发展提供融资服务;[1]第四,地方政府所参与的金融监管只是对中央金融管理部门开展的金融监管活动进行必要的协助配合,并且地方政府还要为辖区内金融风险的处理、金融稳定的维护承担最后的处置责任;第五,地方政府参与金融监管还有一种情形就是,地方政府设置了具有一定金融管理职能的金融管理机构,其属性主要被定性为议事协调机构,并且主要是履行辖区金融发展规划、金融监管协调、金融生态建设等职能,并没有真正地从事金融监管活动或有效行使其所享有的金融监管权。从地方政府参与金融监管的5种具体形态来看,地方政府参与的金融监管都是非正式性的金融监管,在更大程度上是地方政府参与到地方性金融组织或业态发展或者区域金融资源的配置中来,地方政府即使在其中扮演了一定的金融监管的角色,也只是履行金融监管辅助或者是协调、配合的职能。显见,经济管理权的下放并没有带来真正意义上的金融监管权力下放,即使在经济管理权力下放中将一定的信贷管理权、思想政治领导权和金融政策执行情况监督权等权力下放给地方政府享有并行使,这些权力也只是一般意义上的金融管理权。

值得注意的是,地方政府参与金融监管之所以是一般性的金融管理权而不是真正性的金融监管权,究其根本原因有二:一是政府和市场的边界尚未得到有效的厘清,在一定程度上将金融市场主体的权力与政府金融监管的权力混为一谈。金融监管权内涵与外延的认知不清不仅导致地方政府参与金融监管的权力不是真正意义上的金融监管权,包括中国人民银行在内的金融监督管理机构对金融的监督管理也不属于真正意义上的金融监管权。“金融监管”这一概念正式提出之后,以及随之而来的金融监管权在原“一行三会”等中央金融管理部门之间的重新配置,才真正出现了现代意义上的以风险监管为核

---

〔1〕 参见劳海燕:《地方政府参与地方金融管理实证研究》,载《西南金融》2003年第12期。

心的金融监管。二是在真正提出“金融监管”这一概念以及原“一行三会”金融监管权力重新分配的过程中，地方政府被排斥到能够享有金融监管权力或参与金融监管活动的行列之外，金融监管权力基本上被集中于中央金融管理部门。此时即使地方政府参与到金融监管中来也只是在中央金融管理部门的金融监管活动中扮演金融监管协助者的角色，并且其行使的金融监管权力既不是法定的也不是授权或委托行使的，在更大程度上是地方政府的自主性的金融监管赋权。

（二）地方政府金融监管的真正参与

地方政府真正地参与到金融监管中来基本上随着金融深化发展中地方性金融组织或业态的发展与对风险控制的需要而得以启动，即要求地方政府承担地方性或区域性金融风险的处置责任。中央之所以将地方性或区域性金融风险的处置责任交由地方政府承担，源于地方政府经常作出“要求向地方政府推荐的项目或企业提供贷款或担保贷款，以获取地方经济增长；强令向已处于困境的企业提供贷款以维护社会稳定或收取税金”[1]等扭曲金融资源配置的行为。值得注意的是，中央政府为了避免地方政府随意干预地方性金融资源的配置，从而将地方性或区域性金融风险的处置责任交由地方政府承担，形式上表明地方政府要为自己随意干预金融资源配置或流向的行为承担责任，即地方政府要对自己的行为或者本应由自己管理控制的行为承担相应的风险处置责任。然而，地方政府金融干预或控制行为属于隐性的或非正式的行为，而中央政府明确规定地方政府承担风险处置责任的行为属于正式的或显性的行为，此举虽然在一定程度上有助于避免地方政府不顾及风险而干涉信贷资金的配置和发展地方性金融市场的违法违规行为。然而，有一点需要特别说明的是，有些非法性的金融活动、地方性或区域性金融风险的发生，地方政府根本没有参与其中或者不知道这些地方性金融组织或业态存在哪些风险，这便会导致缺乏金融监管权力、监管执法手段的地方政府要被动地承担处置地方性或区域性金融风险的责任，并最终表现地方政府金融监管权力享有与责任

〔1〕 马雪彬、赵晶晶：《出资人、需求者：地方政府之于地方性金融机构监管职责的角色诉求矛盾》，载《云南财经大学学报（社会科学版）》2012年第1期。

承担的非对等性。[1] 换言之,中央政府将地方性或区域性金融风险责任的处置交由地方政府承担的出发点是好的,但并不是所有的地方性或区域性金融风险均由地方政府所引发的,而是由地方性金融组织或业态自己的行为所引发的,这便会导致地方政府会对本不属于地方政府自己行为导致的地方性或区域性金融风险承担责任。地方政府为解决自身在金融领域存在的权责不对等问题,地方政府则开始积极地参与到辖区范围内金融组织或业态的监管中来,及时地了解辖区地方性金融组织或业态的市场发展与风险情况,防止自己承担本不属于由自己行为所导致的金融风险。

从另一层面上来讲,地方政府为了保证金融监管与风险处置责任的对等性而积极参与到辖区范围内地方性金融组织或业态的监管中来,实质上是地方政府金融监管的自我赋权而非法定的授权或者委托。事实上,随着地方政府行为的变化,其在地方金融监管中扮演的角色形成了如下逻辑,即事实上的金融资源配置干预到法定性的金融风险责任处置,再到事实性的金融监管,从而形成了金融资源配置干预与风险处置责任的不对等向金融风险处置责任与金融监管权享有的不对等转变,即形成了"地方政府在我国地方金融体制中承担第一救助人的责任,但它被赋予的监管权力非常有限"[2]的局面。出于对地方性金融组织或业态有序发展、地方政府金融风险处置责任和金融监管权对等性等因素的考量,中央政府开始采用行政性分权的方式将部分地方性金融组织或业态的金融监管权授权或委托地方政府行使,因此地方政府参与金融监管的行为有了一定的合法性与权威,也在一定程度上保证了地方政府金融监管权责的对等性。当然,需要注意的是,虽然中央通过政策、"国发"或者是部门规章等形式授权或委托地方政府行使一定范围内的金融监管权,但这仅仅属于行政性分权而非法律性分权,即地方政府所享有或行使的金融监管权并没有真正获得法律上的认可,[3]从另一层面来讲,这也是为什么需要对现行的地方政府金融监管体制以及中央和地方政府金融监管权责配置规则进行进一步调整或改革的根本原因。

---

〔1〕 参见朱文生:《完善地方政府金融管理体制研究》,载《上海金融学院学报》2012 年第 1 期。
〔2〕 陆岷峰、王虹:《加强地方政府金融监管责任的研究》,载《金融理论与教学》2014 年第 8 期。
〔3〕 参见谢瑞芬:《完善地方政府金融管理体制探讨》,载《河北金融》2012 年第 12 期。

第二节　地方政府的经济职能与金融监管参与

一、政府的经济职能与中国地方政府的角色

对政府经济职能的研究主要是围绕政府与市场关系问题而展开的，而这又具体体现为政府如何干预经济、政府能够在多大程度上干预经济以及政府为谁而对经济进行干预的问题。值得注意的是，在市场经济条件下，政府的经济职能是不可或缺的，关键是在政治、经济、金融、技术等约束因素瞬息万变之中，政府与市场的边界究竟在何处？因而，政府经济职能研究的重点不在于政府是否对经济进行了干预，而在于政府如何去干预经济和出于什么样的目的去干预经济活动。如维护市场竞争、促进消费者权利保护、进行资源配置以及维护经济稳定等。政府干预经济的目的究竟是维护经济竞争和经济稳定，还是为了直接性地促进经济增长？究竟是采用直接性的经济发展政策，还是间接性的经济管理政策来促进经济增长？在政府经济职能的履行中，不同国家中央与地方政府各自又扮演了什么样的应然角色？在现实实践中的角色又是什么样的？

（一）政府的经济职能

政府始终坚持以经济优先发展为战略之首重，任何其他因素均不得成为国家经济发展的障碍，这具体表现为后发型传统国家在向现代发达国家转变的过程中，将经济增长这一事项摆在国家发展诸项任务中的优先级别，强调政府在经济发展战略制定与落实中的控制和引导作用，同时以经济的快速发展和国内生产总值的增加为政治合法性的主要根基。[1] 需要注意的是，政府虽然强调对经济发展的主导或扶持作用，但政府是以遵守经济发展的内在规律和市场机制为前提的，即在市场机制的指引下强调政府在经济发展中的主导或扶持作用。然而，扶持型政府又与完全性的市场引导型政府存在较大差异，“管理型或市场引导型国家关心经济竞争的形式、程序和规则，但不过问经济

〔1〕 参见郁建兴、徐越倩：《从发展型政府到公共服务型政府——以浙江省为个案》，载《马克思主义与现实》2004 年第 5 期。

活动的具体事务……相反，扶持或计划引导型国家的主要功能就在于制定经济和社会发展的具体计划”。[1] 因此，扶持型政府的核心要义即是有效运用市场机制和政府主导的双重作用来实现经济增长。

既然扶持型政府强调将政府作为经济优先发展的主导或扶持之手，那么其必然会通过政府履行经济职能的方式将经济优先发展的战略落实到行动之中，而政府履行的首要经济职能即是经济发展计划或规划的制定与实施。此外，政府经济职能的履行则主要是通过对金融、土地等要素资源的控制、市场准入审批的限制以及策略性产业政策的实行等来实现的。值得注意的是，扶持型政府的“中枢神经”即是对金融资源的控制，“国家对金融财政的控制是发展型国家最重要的面向，其他诸如劳工关系、经济官僚自主性、激励与命令结构的结合、财阀（或中国的经贸集团）的存在都从属于此”。[2] 扶持型政府通过对金融资源的控制而实现对利率设计、信贷配置以及投融资活动的有效控制，继而借助于对金融资源的控制而实现国家产业政策和经济发展规划的目标。当然，扶持型国家政府经济职能的行使还体现在对市场准入的审批性控制方面，政府职能部门为了落实国家的经济发展规划和产业政策而对特定行业的市场准入进行实质性审查和主观性控制。

扶持型政府虽然通过其经济职能的行使来主导国家经济的发展并取得了阶段性的经济高速增长，但是政府主导下的经济增长带来了资源配置的扭曲与利益分配的失衡等问题。具体而言，首先，国家对金融资源的控制或者干预导致了利率结构、资金流向和信贷配给失衡的问题，这继而导致了国家金融结构体系的脆弱性和不稳定性；其次，政府经济职能的行使是以维护市场竞争、保护消费者、调控宏观经济秩序等为根本目的，而政府经济职能的行使经常是为了促进经济发展，而忽视了消费者、中小企业等弱势群体权利保护的重要性；最后，政府的政府官员利用自身的经济管理职权与商业财阀进行勾结而经常导致结构性腐败，致使“现金从国家流向商业，从商业流向政客”，[3] 不仅不能促进保证经济发展目标的实现，甚至还会因经济资源配置的扭曲而导致经

[1] [美]查默斯·约翰逊：《通产省与日本奇迹：产业政策的成长（1925－1975）》，金毅、许鸿艳、唐吉洪译，吉林出版集团有限责任公司2010年版，第19页。

[2] [美]禹贞恩编：《发展型国家》，曹海军译，吉林出版集团有限责任公司2008年版，第13页。

[3] [美]禹贞恩编：《发展型国家》，曹海军译，吉林出版集团有限责任公司2008年版，第19页。

济发展的下滑。

（二）中国地方政府的经济职能

改革开放之后，以财政分权为改革突破口的行政性分权，外加干部人事管理体制从中央统一集中监管向“下管一级”的转变、包括投资权和企业管理权在内的经济管理权下放等，地方政府的权力范围开始逐步扩大，并且成为本辖区经济社会发展事务的主要管理和领导者，[1]同时地方政府也成为推动中国经济快速发展的“第一行动力量”。如上文所述，中央政府将经济发展的权力或者责任交由地方政府承担，并且为地方政府提供了相应的财政和晋升激励，这使地方政府有意愿也有能力去积极发展辖区经济。尽管中央“通过计划、财政、税收、投资、外贸、价格、人事等体制改革，各级地方政府普遍扩大了经济管理权限”，[2]地方政府为了获得更多的财政资源和在以 GDP 增长为侧重的地方政府政绩考核中获得优胜地位而积极参与到经济的发展之中，同时还积极为辖区经济发展寻找资金，而经济资金的获取又是通过对地方性金融资源的干预、控制或者发展来实现的。总体而言，“从直接兴办和发展乡镇企业到主导产权制度改革、从开发区建设到招商引资、从城市化到城乡一体化、从培育和发展市场机制到规范市场秩序、从供给公共产品到制定和实施地区经济发展战略和政策”，[3]政府在其中发挥了至关重要的作用，但有别于其他扶持型政府的是，中国经济发展战略的实施主要是依靠地方政府来完成的，地方政府实际上是地方经济事务的决策者和经济管理权力的行使者。

值得注意的是，随着地方政府成为本辖区经济社会发展事务主导者或控制者，这在一定程度上导致了国内市场的分割和地方性保护问题的发生，甚至还影响了中央政府的宏观控制能力，[4]而这又具体表现为地方政府对“预算外资金”和“自筹资金”的获取、为获取经济发展资金而纵容非正规金融的不合理增长、限制地区金融资源的流出或者不正当地引入辖区外的金融资金以及为

---

〔1〕 参见郁建兴、高翔：《地方发展型政府的行为逻辑及制度基础》，载《中国社会科学》2012 年第 5 期。

〔2〕 易重华：《中国地方政府转型》，中国社会科学出版社 2008 年版，第 46 页。

〔3〕 张建英：《中国地方政府经济职能转型的实证分析：以苏州市为例》，载《江苏社会科学》2011 年第 1 期。

〔4〕 参见蔡欣怡、魏名：《发展型国家理论和市场保护型联邦主义模型在中国缘何没有解释力？》，载《经济社会体制比较》2011 年第 1 期。

维护辖区经济利益而对中央经济政策进行规避或选择性执行等。此外,地方政府经济职能的行使还存在如下问题:一是在地方政府经济职能的行使中,地方政府通过对资金、土地的要素市场的控制来主导城市基础设施建设,继而引导相关行业的发展和资金的投资流向;二是地方政府利用市场发展的不完备性,而截留了中央政府下放给企业或者社会的诸多经济性权力,这突出表现为地方政府对中央下放给企业或社会的市场准入控制权、商品价格制定权的截留性把持等;三是地方政府利用包括国有资产管理权在内的经济管理权积极介入地方政府国有企业或民营企业的经营管理或者重组并购之中,甚至利用财政资金投资设立企业以直接参与竞争性的市场活动,此举导致了经济管理权力的滥用以及市场资源配置机制的扭曲;等等。总而言之,地方政府利用中央政府赋予的经济管理权力推动了中国经济的发展,当然也因纵向权力控制机制的局限性和横向问责机制的不健全而导致了地方政府经济管理权力的滥用。

二、竞争机制:同级地方政府间的 GDP 增长竞争

围绕"以经济建设为中心"而设计出的财政分权与政绩考核机制,一并成为激励地方政府积极落实中央经济发展战略和努力发展本辖区经济的核心动力,并且"以经济建设为中心"的财政分权与政绩考核机制也在一定程度上将地方同时纳入同一竞争平台,使不同区域同级地方政府彼此之间就经济发展的数量规模形成可视化的竞争。[1] 基于财政激励和晋升激励而形成的地方政府之间的竞争模式自改革开放延续至今,根本没有发生本质性变化,并且地方政府之间的竞争始终是围绕地方政府辖区经济的增长、财政收入的增加以及地方政府官员政治上的晋升而展开的。其中,在地方政府官员的政绩考核中,始终是以"德、能、勤、绩"为基本的考核标准,且始终是以"绩"这项标准为核心性的考核指标,因而在政治激励方面地方政府及其官员的竞争指向和竞争方式没有发生根本性变化。值得注意的是,财政激励尽管一直是地方政府之间竞争形成的主要动力,但因财政税收体制由包干制向"分税制"的转变而导致

---

〔1〕 参见刘瑞明、金田林:《政绩考核、交流效应与经济发展——兼论地方政府行为短期化》,载《当代经济科学》2015 年第 5 期。

了地方政府之间的竞争方式发生了变化，即地方政府的竞争方式实现了由包干制下的“大办企业，办大企业”之企业经营到“分税制”下的集“土地、财政和金融”为一体的城市经营转变。[1]

第一，财政包干制下地方政府“大办企业，办大企业”之企业经营。改革初期的财政包干制与乡镇企业的兴起、国有企业的改革是紧密相关的。在财政包干制之下，地方政府财政收入如果超过上缴中央基数，超出部分则由中央和地方政府分成或者由地方政府全额留用，因而财政收入总额的提升相应地会促进地方政府财政收入的增加。值得注意的是，地方政府财政收入水平的提升与辖区经济增长存在紧密关系，并且具体体现为“大办企业，办大企业”的企业经营方式。地方政府财政收入增加的动力之所以会转化为地方政府“大办企业，办大企业”的企业经营，这主要与财政包干制之下的税收体制有关。首先，随着国有企业利润上交改为税金缴纳的两次推行，税收成为政府财政收入的最主要来源；其次，当时的税收体制主要是沿用了传统的税收体制，税收主要源于企业，而作为核心税种的企业所得税、流转税主要是按照企业的隶属关系或者是按照属地征收的原则进行划分。如果地方政府多办一些属于自己管理的企业，地方政府的财政收入则会相应地得到大幅增加，交足中央部分，将会留给地方政府自己足够多的财政资金。

第二，“分税制”下地方政府集“土地、财政和金融”为一体的城市经营。改革开放以来的财政包干使中央与地方政府的财政收支水平明显失衡，中央政府的财政能力和宏观调控能力大幅削弱，此时国家于 1994 年开启了财政包干制向“分税制”的转变。“分税制”改革的推行又使财政收入权力得以向中央政府集中，但中央与地方政府的财政支出责任则没有发生根本变化，此时地方政府面临财政收支不均衡的局面。一是地方政府财政的“入不敷出”使地方政府开始寻找新的财政收入增长源，此时地方政府则将视角转向了集“土地、财政和金融”为一体的城市经营，[2]具体就是土地有偿使用制度的建立与“分税制”改革的推行使地方政府除可以获得与土地开发直接相关税收收入外，在土

---

〔1〕 参见周飞舟、谭明智：《当代中国的中央与地方关系》，中国社会科学出版社 2014 年版，第 11 页。

〔2〕 参见赵祥、谭锐：《土地财政与我国城市“去工业化”》，载《江汉论坛》2016 年第 1 期。

地开发中其还可以获得诸多与土地征用、出让相关的间接性税收收入，如土地使用权转让的营业税、建筑和房地产行业的营业税和企业所得税以及房产或房地产税。二是上述两项制度的推行也使地方政府垄断了土地的供给，地方政府一方面以“招拍挂”方式进行土地供给的市场化公开交易，使土地供给以竞争的方式展开，而土地资源本身的属性与土地供给制度共同作用导致了土地供给的稀缺性，而这又在一定程度上推高了土地的市场价格；另一方面则是地方政府通过其所属的政府融资平台公司或者其他企业将所获得使用权的土地以抵押的方式在银行获得贷款，这进一步使土地资源开发成为地方政府或者是其所属的企业获取货币资金的重要方式。[1] 是故，在土地有偿使用和“分税制”改革的共同作用下，地方政府所推行的土地资源之城市化开发，使财政收入增加、金融资金运转活跃、城市建设得到发展，从而形成了以土地开发为中心的集“土地、财政和金融”为一体的城市经营模式。

三、“弱财政—强金融”格局由中央向地方政府转换

一个国家的国家能力[2]直接决定了国家意志对社会经济生活进行直接干预的能力或是影响。其中，国家能力之资源汲取的能力是国家能力的核心，也是国家实现宏观调控能力的坚实基础。值得注意的是，国家汲取资源的能力可划分为汲取财政的能力、汲取金融的能力两种类型，并且国家为了保持其意志实现能力必须控制好汲取财政的能力或者汲取金融的能力，甚至是将汲取财政和汲取金融的能力同时牢牢地掌握在政府手中。转换视角，从中国国家的资源汲取能力来看，整个国家的财政汲取能力与金融汲取能力的结构发生了多元化的变迁，从改革前的“强财政—弱金融”结构向改革之后“弱财政—强金融”结构转变，并且“弱财政—强金融”的汲取结构也随着“分税制”改革的推进形成了中央政府向地方政府的转变，即改革前期的“弱财政—强金融”汲取结构主要体现于中央政府层面，而“分税制”之后的“弱财政—强金融”汲取结构更多的是表现在地方政府层面。当然，在经济资源的配置方面也逐步由主

---

〔1〕 参见黄征学：《如何破解土地、财政、金融“三位一体”发展模式——来自佛山的案例》，载《中国发展观察》2013 年第 10 期。

〔2〕 参见王绍光、胡鞍钢：《中国国家能力报告》，辽宁人民出版社 1993 年版，第 7 ~ 9 页。

要依赖财政投资向主要依赖金融投资转变。

(一)经济转轨过程中“弱财政—强金融”格局的定型化

计划经济体制中高度集中的计划性资源配置机制决定了财政在资金集中与分配中发挥主导性作用,金融只是财政进行资源集中和配置的辅助性手段,此时财政与金融的关系呈现为“强财政—弱金融”的结构,因而国家主要依靠财政的方式来汲取、分配资金。在计划经济体制向市场经济体制转变的过程中,财政的分权改革与经济管理权力的下放使中央政府的财政汲取能力严重削弱,这具体体现为国家财政总收入占国内生产总值比重的降低、中央政府财政收入占国家财政总收入比重的下降两个层面的内容。值得注意的是,中央政府财政汲取能力的转变除中央与地方政府财政分权改革的原因外,还与政府“放权让利”和经济的市场化改革紧密相关,即随着改革的推进,国民收入的分配结构发生显著变化,并且国民经济经济剩余由原先的国家单独集中持有转变为国家、企业和民间部门分散持有,国家控制经济剩余的能力也便随之弱化。[1] 在中央与地方政府财政分权和市场化的逐步实施过程中,中央政府的财政汲取能力逐渐由“强财政”向“弱财政”的局面转变。值得注意的是,“放权让利”的市场化改革虽然削弱了国家的财政汲取能力,但是经济增长带来的经济剩余并没有消失,而是分散在国家之外的企业、居民等民间经济部门或自然家庭之中。随着国家财政汲取能力的下降,国家开始将视角转向长期被置于财政附属地位的金融体制安排,以充分动员分散于民间部门或者自然家庭之中的金融资源,并通过对金融资源的控制来维持国家的资源汲取能力。因此,国家开始主导金融资源的纵向分割,并建立了自上而下的以国有金融产权为主导的金融资源汲取体系。实践证明,国家通过以国有产权为主导的金融体系的建立增强了中央政府汲取散布于民间经济部门或自然家庭的金融资源的能力,这也使国家在金融领域的资源汲取格局由“弱金融”向“强金融”转换。

国家财政能力下降和金融功能不断膨胀使财政与金融关系发生了重大变化,国家开始更多地依靠银行信贷筹集建设资金,并在一定程度上维持住了国家汲取分散于民间经济剩余的能力。有一点需要说明的是,国家财政能力不仅表现为财政的汲取能力,还表现为财政的配置能力,同时国家的金融能力也

〔1〕 参见周立:《改革期间中国国家财政能力和金融能力的变化》,载《财贸经济》2003 年第 4 期。

表现为金融的汲取能力和金融的配置能力。以国有产权为主导的金融体系的建立在更大程度上体现的是国家在财政汲取能力弱化情形下而采取的强化金融汲取能力的重要举措。国家将自身意志转换为现实的能力虽然更多地以汲取资源能力为基础,但资源的配置能力才是意志转换为现实的最直接的步骤。国家的资源汲取能力实现了财政的金融替代或补充,而资源的配置能力必然也会实现由财政向金融的转换或者用金融来填补财政的不足,最典型的措施即体现为政府及其所属国有企业的投资从财政拨款向银行贷款的转换。[1] 事实上,从财政拨款向银行贷款的转换使政府及其所属国有企业在财政支出方面实现了财政功能的金融替代或者补足,并且"拨改贷"的范围逐渐由单纯的固定资产投资拓宽到固定资产投资和流动资金均由财政划拨向银行贷款转变。由此可知,在计划经济向市场经济体制转变的过程中,国家汲取资源的方式逐渐由单纯依靠财政手段向依靠财政和金融两种手段转变,同时,国家配置资源的方式也主要由财政划拨或财政投资向主要依靠金融投资转变,继而形成了国家资源汲取和配置由改革前的"强财政—弱金融"结构向改革之后"弱财政—强金融"结构转变。

(二)地方政府"弱财政—强金融"格局的逐步凸显

从改革之初"弱财政—强金融"格局的逐步确立至今,在财政与金融关系上,中国整体上呈现"弱财政—强金融"的局面,但受财政激励、经济管理权的下放、财政体制由包干制向"分税制"的转变以及金融管制放松中地方性金融组织或业态的发展等因素的影响,"弱财政—强金融"格局也逐步由中央政府向地方政府层面的转换,即在中国,不仅中央政府面临"弱财政—强金融"的局面,地方政府也面临"弱财政—强金融"格局。其中,政绩考核型体制下的财政激励、晋升激励、经济管理权下放等是"弱财政—强金融"格局逐步由中央政府逐步向地方政府层面转变的前提性要件或背景要素,而财政体制由包干制向"分税制"的转变和金融管制放松中地方性金融组织或业态的发展则是"弱财政—强金融"格局逐步由中央政府逐步向地方政府层面转变的直接性因素。鉴于此,前文已经对政绩考核型体制下的财政激励、晋升激励、经济管理权下放等这些前提性要件或背景要素进行了较细致的分析,因此,此处将重点对财

---

〔1〕 参见周立:《改革期间中国金融业的"第二财政"与金融分割》,载《世界经济》2003 年第 6 期。

政体制由包干制向"分税制"的转变和金融管制放松中地方性金融组织或业态的发展两个方面的内容进行剖析。

第一,"分税制"带来的地方政府"弱财政"局面。1994年"分税制"改革重点是财政能力在中央与地方政府之间的重新配置,地方政府的财政能力因为"分税制"政策的推行而受到严重削弱,比如,地方政府财政收入占全国财政收入的水平由1993年的78%迅速下降到1994年的44.3%,同时中央政府还将一些事权下放给地方政府,此举导致了地方政府财政收支的不均衡,事实上不仅削弱了地方政府的财政汲取能力,也对地方政府的以财政支出为依托的公共服务能力产生了不良影响。显见,"分税制"改革使地方政府的财政汲取和配置能力下降,形成了地方政府"弱财政"的局面。值得注意的是,"分税制"改革严重压缩了地方政府财政收入占国家财政总收入的比重,而国家财政总收入占据国内生产总值的比重却始终在下降,[1]因而中央与地方政府都面临"弱财政"的局面。

第二,地方政府鼓励、支持、引导或参与地方性金融组织或业态的发展。"拨改贷"政策的推行和"分税制"改革后地方政府财政汲取能力的下降,使地方政府将获取经济发展资金的视角转向了对地方性金融资源的开发、地方性金融组织或业态的发展。在正规金融和非正规金融资金都无法获得的情形下,具有自主利益诉求的竞争性地方政府则依据中央行政性分权而获得的经济管理权、与中央政府的博弈或谈判能力等积极为体制外金融资金进入金融行业而努力,这实质上为辖区地方经济发展开辟了新的资金来源。具体而言,一方面,地方政府通过参股、控股作为地方性金融组织或业态重要力量的农村信用社、城市商业银行的方式来组织发展地方性金融资源;另一方面,地方政府还通过组织地方性产权或股权交易市场、第三方理财机构、私募股权机构、民间定向投融资、地方政府融资平台等方式鼓励地方中小企业、居民和财政资金参与到地方性金融的发展中来。地方政府鼓励、支持或引导地方性金融组织或业态发展的行为,使地方政府可以控制或掌握的金融资源迅速膨胀。

综上所述,"分税制"改革只是将财政能力在中央与地方政府间进行重新配置,实质上并没有从根本层面解决国家财政能力相对较弱的局面,具体如预

---

〔1〕参见陈志楣:《九十年代国家财政能力研究》,载《北京商学院学报》1997年第2期。

算外收入和体制外资金未纳入规范范围、税收征管机制和监督机制尚不完备以及税种设计不够合理等问题尚未得到有效解决，整个国家依然面临“弱财政”的局面。在金融层面，中央政府主要通过纵向型金融体制来主导金融资源的纵向分割，而地方政府则只能在中央纵向型金融体制之外通过主导金融资源横向分割来获取经济发展的资金，这使中央政府和地方政府的金融汲取能力获得了整体性提升，即形成了“强金融”的局面。是故，中国整体上呈现“弱财政—强金融”的局面，但受财政激励、经济管理权的下放以及财政体制由包干制向“分税制”的转变和金融管制放松中地方性金融组织或业态的发展等因素的影响，“弱财政—强金融”格局也逐步由中央政府向地方政府层面转换。

四、“入不敷出”激发地方政府强化对金融资源的控制[1]

中国地方政府“弱财政—强金融”的实况幻化到行动之中，既体现为地方政府在财政“入不敷出”的情形下强化对辖区内金融资源的干预或控制，继而实现利用金融资源来弥补地方政府财政资金不足的目标。具体而言，“改革开放，从本质上来说就是以‘经济增长’为核心的改革开放”，[2]并以经济分权与政绩考核的方式推进地方政府间的竞争，继而达到推进经济增长的目的。在地方政府参与经济建设或发展经济的行动中，从20世纪80年代的财政包干制到1994年的“分税制”改革，地方政府竞争方式实现了由“大办企业，办大企业”的企业经营到集“土地、财政和金融”为一体的城市经营，[3]目的都是围绕财政收入增长而展开。当然，最后是为了在地方同级政府之间的考核中获得优胜地位。值得注意的是，在全国上下整体面临“弱财政—强金融”的形势下，中央和地方政府都竭力借助金融的垄断控制来实现政府财政功能的金融替代，以为我国经济发展获取资金，其中，中央政府主导金融的纵向分割，并建立垄断性金融体制来集聚民间金融资源，而地方政府则主导金融横向分割，尤其是在“拨改贷”投融资体制改革以后，地方政府既竭力控制中国人民银行、国有

[1] 参见刘志伟：《地方金融监管权的理性归位》，载《法律科学（西北政法大学学报）》2016年第5期。

[2] 周飞舟、谭明智：《当代中国的中央与地方关系》，中国社会科学出版社2014年版，第158页。

[3] 参见周飞舟、谭明智：《当代中国的中央与地方关系》，中国社会科学出版社2014年版，第11页。

专业银行在辖区内的分支机构和经营网点，又通过自我赋权的方式来鼓励信托公司、证券公司等各类地方性金融组织或业态的发展〔1〕来获取金融资源。财政体制的改革与变迁是对中央与地方财政收支权力的再度分配，1994年"分税制"改革则使"弱财政—强金融"的格局逐步由中央政府向地方政府转移，地方政府财政功能的金融替代更明显，譬如，浙江绍兴市和金华市城市基础设施建设的资金，包括财政投入和土地出让金等在内的政府投入大约占据1/3的比例、金融机构的投入约占2/3，其中，真正的资金供给主角是金融机构的资金投入而非政府财政资金投资。〔2〕显见，"分税制"改革之后地方政府的财权与事权出现了严重的不匹配——财权上收中央而事权下放地方，并且既有的财政转移支付制度并不能真正解决省际间财力不均的问题，〔3〕因而需要依靠金融资源来填补政府财政的不足。

地方政府财政功能的金融替代，表明地方政府竭力寻求介入金融资源的配置来解决因以1994年"分税制"改革而导致地方财政"入不敷出"的问题，我国地方政府对金融资源配置介入方式的变化基本上又以20世纪90年代金融体制与金融监管体制的变革为"分水岭"，具体是指1993年国务院《关于金融体制改革的决定》（国发〔1993〕91号）、1995年国务院《关于组建城市合作银行的通知》（国发〔1995〕25号）和1997年中共中央、国务院《关于深化金融改革，整顿金融秩序，防范金融风险的通知》（中发〔1997〕19号）3项规定的发布。在此改革过程中，地方政府除继续对辖区内国有专业银行分支机构进行干预之外，还在国家政策的指引下积极参与到城市商业银行的改革重组中来，"通过控制城市商业银行金融资源作为对国有银行金融资源的替代"，〔4〕同时还积极地发展地方性的金融组织或者市场并对其进行监管。值得注意的是，地方政府参与金融监管的目的就是获取更多的金融资源，一方面用以弥补地方政府基础设施建设财政资金的不足和帮助国有企业脱困或者是促进辖区内国有企

〔1〕 参见周立：《改革期间中国国家财政能力和金融能力的变化》，载《财贸经济》2003年第4期。

〔2〕 参见周飞舟、谭明智：《当代中国的中央与地方关系》，中国社会科学出版社2014年版，第11页。

〔3〕 参见金双华：《财政转移支付制度对收入分配公平作用的研究》，载《经济社会体制比较》2013年第5期。

〔4〕 巴曙松、刘孝红、牛播坤：《转型时期中国金融体系中的地方治理与银行改革的互动研究》，载《金融研究》2005年第5期。

业的并购重组;另一方面则是为了解决辖区内企业、居民等非官方部门对金融资源的需求。

从地方政府对国有商业银行的干预来看,1993 年改革之前,“银行贷款经营权也仿照行政区划按照省、地、市、县等分权。对于地方分行,从某种意义上说,银行产权属于中央政府,但相当比率的实际使用权却属地方政府”,[1]并且“金融管理职权分配不明确,地方政府对金融机构设置、金融机构经营等活动进行全方位的强势干预”,[2]改革之后才逐步确立中央对金融的主导话语权。1998 年中国人民银行管理体制改革和中共中央金融工作委员会的成立改变了“地方各级专业银行正、副行长的任免,要征得当地同级人民政府的同意,再报上级人民银行批准”,[3]“分支机构都是按照行政区域设置,而且分支机构同时受总行和地方的双重领导,党组织关系也在地方”[4]的局面,此举旨在于中央金融监管部门、全国性金融机构成立党委,对本系统党的工作和干部工作实行垂直领导,继而进一步排斥地方政府对中国人民银行和国有商业银行的干预。从此,我国基本上在制度层面确立了中央对国有商业银行进行监管的绝对垄断地位。

从地方政府对城市商业银行的干预来看,1995 年国务院决定依靠地方政府的力量在大中城市分期分批组建股份制城市商业银行,并且地方政府积极利用财政资金以入股或参股的方式参与城市商业银行的组建并成为其股东,尤为值得关注的是,地方政府基本成为大部分城市商业银行的控股股东。[5]再者,1997 年中共中央、国务院《关于深化金融改革,整顿金融秩序,防范金融风险的通知》有关“地方性金融机构也可成立系统党委,受当地党委领导”的规定,进一步为地方政府对当地城市商业银行的干预提供了“抓手”。地方党委、政府出资人与管理人身份的重叠导致城市商业银行不得不受制于地方政府的

---

〔1〕 巴曙松、刘孝红、牛播坤:《转型时期中国金融体系中的地方治理与银行改革的互动研究》,载《金融研究》2005 年第 5 期。

〔2〕 董世坤:《中央与地方金融权力配置研究》,载漆多俊主编:《经济法论丛》2014 年上卷(总第 26 卷),法律出版社 2014 年版。

〔3〕 李利明、曾人雄:《1979 - 2006 中国金融大变革》,上海人民出版社 2007 年版,第 29 页。

〔4〕 王瑞敏:《由乱而治:中国人民银行与地方政府的关系》,载《现代商业》2008 年第 8 期。

〔5〕 参见祝继高、饶品贵、鲍明明:《股权结构、信贷行为与银行绩效——基于我国城市商业银行数据的实证研究》,载《金融研究》2012 年第 7 期。

控制，并为地方政府融资提供服务。[1]

除上述两个方面的内容外，地方政府对金融资源的控制还体现在地方性金融组织或业态的发展方面。在国家对金融行业的市场准入进行严格管制的情况下，让正规金融体系之外的民间金融资源有效进入金融领域并满足非国有经济部门发展资金需求几乎是无法完成的任务。在正规金融和非正规金融资金都无法获得的情形下，具有自主利益诉求的竞争性地方政府则依据中央行政性分权而获得的经济管理权、与中央政府的博弈或谈判能力等积极为体制外金融资金进入金融行业而努力。地方政府为控制或干预而发展地方性金融组织或业态的努力，具体体现在通过组织地方性产权或股权交易市场、第三方理财机构、私募股权机构、民间定向投融资、地方政府融资平台等方式来鼓励散落于地方中小企业、居民民间资金和地方政府的财政资金参与到地方性金融组织或业态的发展中来，并通过干预、控制或者激励等方式促使地方性金融组织或业态的资金服务于地方政府、辖区中小企业和居民对资金的需求。

五、地方政府"金融监管"与"为发展而融资"职能的冲突[2]

地方政府依法参与金融监管的前提是地方政府需要享有法定的金融监管权力，然而，既有金融监管法律基本上已将地方性金融组织或业态的监管权赋予原"一行三会"等中央金融管理部门享有，因此地方政府参与金融监管首先需要地方金融监管权的理性归位。既然是谈及地方金融监管权的理性归位，此举已然表明地方金融监管权目前正处于"偏位"，并且在归位路上存在诸多非理性因素的羁绊。地方金融监管权究竟从哪来，应归向何处，如何才能理性回归本位？对于归向何处的答疑，必然首先需要对地方金融监管权现在何处予以回答。目前，我国金融监管采用垄断性的中央垂直管理体制，金融领域的全部监管权力尽归中央所有，但金融基本法律并未对大部分地方金融监管权的享有主体予以直接规定。地方金融监管权要么以中央政策、部门规章或最高人民法院司法解释等方式委托或授予原"一行三会"等中央金融管理部门行

---

〔1〕 参见杨井鑫、李玉敏：《地方政府融资需求旺盛　监管层监管城商行平台贷》，载腾讯财经网，http://finance.qq.com/a/20130301/001034.htm，最后访问日期：2016 年 8 月 13 日。

〔2〕 参见刘志伟：《地方金融监管权的理性归位》，载《法律科学（西北政法大学学报）》2016 年第 5 期。

使,抑或是处于无行使主体的虚置状态,当然,部分地方金融监管权已经被委托或授予地方政府指定的机构或部门享有。无行使主体的权力虚置状态断然不能长存,关键是地方金融监管权究竟应归中央还是地方享有,采用中央垂直管理体制还是纯粹的属地管理体制,抑或是其他?从区域性差异、信息传递效率、既有的监管效果以及“字面”表达来看,对地方金融进行监管的权力许应该归属于地方,当然,这并不代表所有地方金融监管权都归地方享有或是否认中央在地方金融监管中的重要作用。同时,地方金融监管权划归地方之后,其享有主体与权力配置究竟应如何安排?如何协调好地方金融监管部门的监管职能与地方政府其他经济职能的冲突,尤其是与地方政府为发展而融资的经济职能?诸如此类均与地方金融监管权如何理性归位存在诸多关联。

值得称赞的是,中共中央、国务院及其所属的原“一行三会”等中央金融管理部门,以国务院通知、部门规章或其他形式试验性授权或委托地方政府对地方性金融组织或业态进行监管,此举使原有的以“一行三会”为核心的中央金融监管垄断体制逐渐转变为以中央金融监管为主、地方金融监管为辅之中央与地方协同监管的层级性金融监管体制。[1] 因此,地方金融监管权归位路上的羁绊根本上是由地方政府自身因素所致的,当然也与金融的内在脆弱性、风险传递性以及社会公共性有关。地方的“融资”冲动直接导致中央不敢放权或者放权决心与力度之不足,中央担心权力下放之后,地方金融监管权将沦落为地方胁迫地方性金融组织或业态为其融资的“抓手”,或者造成地方“府际”间的“朝底竞争”,此两种行为都会影响区域性金融的稳定,甚至导致区域性金融风险的爆发。当然,地方的“融资”冲动则根源于中央以 GDP 增长为核心的绩效考核机制所导致的竞争压力。

鉴于目前地方金融监管权配置呈现碎片化的特征,地方金融监管权的理性归位还可能涉及消除监管权部门垄断的问题,以在最大限度上形成统一性的地方政府设立的金融监管机构来行使地方金融监管权,而地方“金融办”或许会是未来地方金融监管的核心机构。究其根本,原因在于目前我国除港、澳、台地区外的 31 个省、市、自治区均已成立“金融办”,并行使地方金融的管理职能,具体包括服务、规划、协调和监管 4 项主要职能,其中前 3 项主要是服

---

〔1〕 参见张健华:《深化地方金融管理体制改革》,载《金融发展评论》2013 年第 10 期。

务于金融资源的获取与争夺。值得注意的是,地方“金融办”的“一体两用”——“监管”与“融资”功能的合一——真正成为地方金融监管权理性归位路上最大的“拦路虎”。地方“金融办”的“融资”与“监管”职能本质上都是为社会公共利益服务,然而,“过度融资”和“监管滥用”都将可能影响区域金融秩序的稳定性,这或许也是社会未能经历持久经济增长的根本原因,并且这恰好也验证了诺斯“国家的存在对于经济的增长来说是必不可少的;但国家又是人为的经济衰退的根源”的断言。是故,地方金融监管权理性归位的关键,并不是简单对“融资”职能进行简单剥离,而是要正确处理好“监管”与“融资”职能这一对关系,并将两者纳入法治化轨道的控制和监督之下。

地方金融监管权,既面对回归“正位”的呼唤,又面对权力滥用的潜在可能甚至是必然,其究竟应该何去何从?将大部分地方金融监管权归位于地方已成必须或必为之举,问题的关键还是在于如何保证其理性归位,归位之后如何保证监管权的合法有效行使,而不至于被滥用或被干预。改革开放以来,与中央“GDP 中心主义”相配套的政府绩效考核机制,外加财政体制、政府投融资体制、土地制度等设计的不完备以及“弱财政—强金融”格局下财政功能的金融替代等多重因素的相互交织,共同促成了地方金融监管权被滥用或干预行为的发生,导致以发展为旨趣的“融资”功能代替了以安全为核心“监管”功能的生成乃至深化。地方政府财政的“入不敷出”促使地方政府积极寻求新的财源,并通过对辖区内金融机构的属地型干预以及对地方金融与区域性金融中心的发展而得以满足。然而,地方金融组织与区域性金融中心日益发展以及对其进行监管的需要与既有的金融监管体制对其监管已是鞭长莫及之间的矛盾已是不争的事实。从区域性差异、信息传递效率以及既有的监管效果来看,地方金融监管权或许应该归属于地方政府享有,并且国家已经将部分地方金融监管权委托或授权地方政府享有。然而,地方政府“监管”与“融资”功能合一的两难导致了地方政府金融监管权难以理性归位,并且中央与地方金融监管权责划分现行方案所致的“恶性循环”进一步深化了这一矛盾。是故,地方金融监管权理性归位的核心,即是围绕地方政府设立的金融监管机构“融资”与“监管”职能滥用的协调展开,以避免地方政府设立的金融监管机构“为融资而监管”行为的发生。在地方金融监管权下放地方后,权力滥用或越位问题的预防与解决,除须对上述羁绊因素进行矫正或者清除外,尚且需要充分借助地方政府金融管理职能的转变、金融监管组织结构的优化、中央督察式省级以下垂直金融监管体制的建立、金融监管权力的科学合理配置以及金融监管过程中金融监管协调机制的法治化等来达致。

第四章　地方政府参与金融监管的法定权限

第一节　中央与地方政府金融监管权限的划分[1]

一、权限划分的立场：金融安全与监管效率的衡平

为宪法所确立的民主集中式的单一制国家结构形式，直接决定了中央对所有领域权力享有的合法性与权威，而地方权力的享有则只能源于中央的政策或法律授权，并且地方权力的行使也必须限定于中央授权的范围之内。对于作为现代意义上行政权之一种的金融监管权在中央与地方政府之间的分配，于中国语境之下，即表现为中央是否愿意授予地方政府金融监管权以及会在多大程度上授予地方政府金融监管权的问题。而对金融进行有效治理的客观诉求则推动了中央政府将部分金融监管权力转授地方政府享有并行使，而这又集中体现为国家对金融监管效率和实质公平的追求。尽管引导中央与地方政府金融监管权限划分的界线主要是对金融安全和金融监管效率的衡平，但金融安全和金融监管效率的衡平是始终围绕公平价值而展开的，并且公平价值才是金融监管权分配与行使的终极指向。因此，金融监管权纵向配置中金融安全与金融监管效率价值的选择与确立是中央与地方政府金融监管权限划分立场的直接展现，而金融公平是中央与地方政府金融监管权限划分立场的根本出发点。同时，以金融公平为核心的金融安全与金融监管效率的衡平

---

〔1〕　中央与地方政府金融监管权限的划分本质上即是金融监管管辖制度的核心内容，因为“管辖说到底就是一个权限分工问题，行政管辖是行政主体之间对各种行政事务行使行政职权时所做的分工，它所要解决的是针对某一具体行政事务应由哪一级或哪一个行政主体来行使行政职权的问题”（参见金国坤：《行政权限冲突解决机制研究：部门协调的法制化路径探寻》，北京大学出版社 2010 年版，第 207 页），并且应当主要属于级别管辖的内容，当然，也会涉及地域管辖、事务管辖等管辖制度的内容。

在制度安排上会“攸关上下级权限、责任之分，攸关如何既维护中央、上级权威，令行禁止，同时又调动地方、下级积极性”。[1]

（一）金融安全与中央垂直金融监管体制的确立

金融监管法律制度创立的初衷即是为了对金融交易、金融市场和金融体系的安全进行维护，并且“金融安全在金融监管法律价值范畴中居于核心地位，这是由金融业的信用脆弱性、金融机构内在脆弱性以及金融资产价格内在波动性所决定的”。[2] 金融本身的内在规定性决定了以金融安全为核心的金融监管规则的制定与金融监管法律的颁行，正如“每次金融危机都会促使人们更加重视金融安全问题，并深入思考金融运行模式、理念和制度存在的问题或缺陷，并往往能发现金融危机的发生都和金融监管的漏洞有关，于是出台相关法律，加强金融监管”。[3] 值得注意的是，既有的有关金融监管中金融安全问题的研究更多是直接性地对政府与市场的边界进行分析，具体是讨论金融监管适度的“度”究竟应该在哪里，哪里才是金融监管的“临界点”或“边界线”，而很少直接从金融监管权在不同层级政府或政府不同职能部门之间的划分角度来分析金融安全问题。事实上，金融监管权在横向层面的功能性分权很少直接性地触及金融安全问题，在更大程度上是对金融监管效率的分析。然而，在纵向层面的结构性分权，即金融监管权在中央与地方政府和上级政府与下级政府之间的分配则直接性地与金融安全相关联。当然，金融监管权的纵向配置也会直接性地与金融监管效率有关。质言之，与金融安全直接相关的金融监管问题的探讨，除金融监管中政府与市场的边界外，还有金融监管权在中央与地方政府以及上下级政府之间的分配问题。

在金融监管权纵向配置中对金融安全的考量直接会涉及中央政府是否以及在多大程度上授予地方政府一定的金融监管权力，并决定了金融监管体制究竟是选择中央垂直性金融监管模式、完全的属地管理模式，抑或是选择其他

---

〔1〕 李宜春：《论分权背景下的中国垂直管理体制——概况、评价及其完善建议》，载《经济社会体制比较》2012年第4期。

〔2〕 盛学军：《后危机时代下对金融监管法价值的省思》，载《重庆大学学报（社会科学版）》2011年第1期。

〔3〕 邢会强：《金融危机治乱循环与金融法的改进路径——金融法中“三足定理”的提出》，载《法学评论》2010年第5期。

类型的金融监管模式。中国改革开放之前尽管没有现代意义上的金融监管，但还是存在一般意义上的金融管理，在那时金融的管理主要采用的是“自上而下”的以“条条”为主的管理模式，但是在改革之后中央政府将一定范围内的信贷管理权、金融组织思想政治管理工作以及中央金融政策执行监督权下放地方政府享有并行使，以调动地方政府经济发展的积极性和活力。然而，一定范围内金融管理权力的下放导致了地方政府对国有银行分支机构信贷活动的干预和地方性金融组织或业态的膨胀，这导致了区域性或系统性风险。出于防范金融风险、维护金融安全与稳定的需要，中央政府逐渐将金融管理权上收中央，并在此基础上建立了原以“一行三会”为核心的中央垂直性金融监管体制。中央垂直性金融监管体制的建立则直接将地方政府排斥在金融监管权的享有与行使范围之外，这有助于“保证国家宏观政策和规范市场秩序的法律的贯彻落实和严格执行”[1]以及金融安全价值的最终实现。之所以中央垂直金融监管体制能够保证金融安全价值的实现，原因在于其在一定程度上可避免地方政府“为发展而融资”的冲动而对辖区内银行业金融机构信贷资金配置的过度干预、地方性金融组织或业态的违法违规发展以及对包括非法集资在内的非法金融活动的纵容等，继而防止金融资源配置的扭曲和区域性或系统性金融风险的积累与爆发。

(二)金融监管效率与金融监管的“属地管理”

金融危机的治乱循环一直是围绕金融监管的加强与放松展开的，即金融安全与金融效率的衡平，[2]还有一点便是以追求金融监管效率提升为目标的金融监管体制调整。“金融监管体制的核心问题是监管权集权与分权的制度安排，所以金融监管体制的选择核心就是选择合理的集权度以及与此配套的组织模式。”[3]值得注意的是，金融监管体制不仅包括业界、学界以及监管层经常讨论的金融监管权横向层面的功能性分权，还包括随着地方性金融组织或业态发展以及区域性金融风险的爆发而提出的纵向层面的结构性分权。通常意义上的金融监管有效性主要是围绕金融安全、金融效率与金融公平 3 项价值

---

〔1〕 郭小聪:《集权与分权:依据、边界与制约》，载《学术研究》2008 年第 2 期。

〔2〕 参见冯果:《金融法的“三足定理”及中国金融法制的变革》，载《法学》2011 年第 9 期。

〔3〕 徐孟洲等:《金融监管法研究》，中国法制出版社 2008 年版，第 130 页。

展开的,而经常忽视金融监管效率的问题。退一步讲,即使既有研究已经对金融监管效率进行分析,这也主要是从金融监管权在中央政府各金融监管职能部门的功能性配置的角度来谈的,而很少从中央与地方政府以及上下级政府之间金融监管权纵向的结构性配置角度予以分析。因此,谈及金融监管效率问题时,除要谈及金融监管权横向的功能性配置外,还要从纵向层面的金融监管权结构性配置进行分析。

金融监管权纵向层面的结构性配置可能存在两种情形:一是按照同权分割法则将金融监管权在中央金融管理部门及其地方派出机构进行权力的分配,但被分配的金融监管权属于同一性质的权力,即中央金融管理部门及其地方派出机构的职能、职责具有高度的一致性,并且派出机构的权力主要源于中央金融管理部门的行政性授予。二是采用异权分割法则将金融监管权分配给中央金融管理部门与地方政府设立的金融监管机构以及不同层级的地方政府设立的金融监管机构。其中,各个层级政府设立的金融监管机构都拥有不同于其他层级政府设立的金融监管机构的金融监管权力,并且不同层级政府设立的金融监管机构的金融监管权力具有各自独立的运行空间也不会存在交叉性,同时上级政府设立的金融监管机构不得对下级政府设立的金融监管机构金融监管权力的行使进行人为性的随意干预。值得注意的是,就前一种情形而言,这主要是在金融安全价值支撑下而建立的中央垂直性金融监管体制;而后一种情形的典型代表即是完全性的"属地管理"模式,各级地方政府设立金融监管机构对自己辖区内的金融组织或业态进行独立性的监管。因而,纯粹的或完全的"属地管理"模式在更大程度上是对金融监管效率的体现,这样有利于地方政府结合本地情形制定适用适合于本地的金融监管政策、金融监管规则,以及以此提升地方政府金融监管的灵活性和回应性。

(三)金融监管权的选择性集分:安全与监管效率的衡平

中央与地方政府金融监管权限划分,既不能因过于注重金融安全而将金融监管权力集中于中央金融管理部门,同时也不能因对金融监管效率的单一追求而将金融监管权力彻底地交给地方政府设立的金融监管机构享有并行使,而应在金融公平价值的指引下将金融安全与监管效率价值进行均衡,具体落实到制度安排或监管行为上,即体现为金融监管权限在中央金融管理部门与地方政府设立的金融监管机构之间的选择性集分模式。值得注意的是,金融监管权限在纵向配置上的选择性集分安排主要表现为以下两种形态。

第一,金融监管权在中央与地方政府之间选择性集分安排需要结合金融监管对象的不同形态及其属性进行配置。在既有的金融监管体制之下,中央已经将传统的银行、证券、保险等金融组织或业态纳入其监管范围之内,并且随着金融监管理念从机构监管向功能监管的转变,中央金融管理部门已经将具有银行、证券、保险业务属性的金融产品或服务、金融组织或业态纳入其监管范围。值得注意的是,中央政府及其所属金融管理部门已经将小额贷款公司、融资担保公司以及典当行等准金融或类金融组织或业态的监管权力授权或委托地方政府设立的金融监管机构享有并行使。因此,金融监管权在中央与地方政府之间的选择性集分安排主要是结合金融监管对象的不同形态及其属性进行划分的。

第二,金融监管权在中央与地方政府之间选择性集分安排需要结合金融自身的内在规定性进行配置。中央与地方政府金融监管权限的划分主要是对地方新兴的类金融或准金融组织或者业态进行监管,而对于地方新兴的类金融或准金融组织或者业态进行监管,中央政府及其所属金融管理部门已经采用政策、部门规章以及其他规范性文件的方式将其金融监管权力授权或委托地方政府行使,但这里所谓的地方政府主要是指省级人民政府,而对于省级人民政府与地市、区县人民政府金融监管权力如何配置基本上没有进行规定。中央政府及其所属金融管理部门授权或委托的模糊性将导致金融监管权在地方各级政府之间的配置可能采用省级以下垂直监管模式或者纯粹的"属地管理"模式。从金融自身的内在规定性来看,或许省级以下垂直监管模式更能有效实现金融安全与金融监管效率的均衡。另外,为了避免各省级人民政府之间金融监管"朝底竞争",中央应当设立专门的金融监管督察机构或者委托具有金融稳定职能的中国人民银行对省级人民政府金融监管政策或规则的情况进行监督监察。质言之,金融监管权在中央与地方政府之间选择性集分安排另一表现即是中央督察式省级以下垂直金融监管模式的建立。

二、权限划分的标准:金融与权力属性的协同兼顾

金融监管本身是对金融组织或者活动的监管,因而金融监管权在中央与地方政府以及地方上下级政府之间的配置需要结合金融属性标准来安排,并

且金融属性标准之重要程度和影响范围具体特征又会对金融监管权纵向配置的实践及其监管效果产生直接性的差异。值得注意的是，尽管金融监管权是金融监管职能法定化的表现，并且其产生与金融本身之战略重要性和影响范围广的内在规定性直接相关，但金融监管权一经确立便具有了其自身的内在规定性。同时，金融监管权作为一种涵括规则制定、司法裁判和行政执行等权能在内的综合性权力，虽然其本质属性属于现代意义上的行政权，但规则制定、司法裁判权能的融入又增加了其纵向配置的复杂性，因而金融监管权的纵向配置要结合金融监管权之具体性规则制定、司法裁判和行政执行等权能的内在规定性进行分析。是故，中央与地方政府金融监管权限划分的实践需要结合金融属性、金融监管权属性或者两者的结合予以展开。

（一）金融属性标准：重要程度抑或影响范围[1]

金融监管正当性与合法性的证成不仅要从较宽泛层面上的市场失灵、法律不完备等一般性的理由进行切入，还需要从金融自身的内在规定性着手进行研究，这是金融监管不同于抽象意义或其他领域监管的关键，也是金融监管根本特性的展现。金融监管的正当性与合法性得以证成后，即确定了政府是否以及在多大程度上介入金融市场，并将政府的金融监管职能幻化为法定的权力后，最重要的即是涉及金融监管权力在政府不同职能部门的功能性划分和不同层级政府之间的结构性分解。值得注意的是，金融监管权在政府不同职能部门之间的功能性配置更多是从金融行业内部不同分支内在规定性的差异或者是以金融监管目的的差异等为分权的落脚点，如银行、证券、保险监管权力在银行、证券、保险监管机构之间的权力划分，或者是出于金融系统稳定、金融风险防控、金融消费者保护等目的而将金融监管权力分别赋予宏观审慎监管机构、微观审慎监管机构和行为监管机构。然而，金融监管权在中央与地方政府以及上下级政府之间的纵向配置则主要是对金融自身内在规定性的整

---

〔1〕 需要说明的是，对于金融监管权纵向配置金融属性标准的选择与确立，主要是源于封丽霞等学者对中央与地方立法权限划分标准的讨论，有关中央与地方立法权限划分的标准具体是结合立法事项的重要程度和影响范围而展开的，并且指出我国中央与地方立法权限的划分主要遵循的是立法事项之重要程度标准，而世界上重要国家中央与地方立法权限的划分主要是遵循立法事项之影响范围标准。具体参见封丽霞：《中央与地方立法权限的划分标准："重要程度"还是"影响范围"？》，载《法制与社会发展》2008年第5期。

体特征进行考量,即从金融的虚拟性、脆弱性、高风险性等来考虑金融作为战略重要领域会对整个国民经济生活的影响,而这又具体是因为“金融服务关系到人民群众的生产和生活,金融稳定关系到社会的稳定,金融发展关系到经济的发展,金融安全关系到国家的安全,金融的兴衰关系到国运的兴衰”。[1] 显见,金融对于整个国家来说具有非常重要的战略地位,并且因其关系国计民生而影响范围甚广。因此,对于金融的监管,尤其是金融监管权在中央与地方以及上下级政府之间的纵向配置必须对金融的重要程度和影响范围这两项整体性特征予以认真考量。质言之,金融监管权在纵向层面划分的实践需要遵循以下两种类型的具体标准和方法。

第一,主要以金融自身的战略重要性作为金融监管权在纵向层面划分的实践性标准。具体是从金融自身的战略重要性来考虑金融监管权的纵向配置,需要结合金融自身整体和金融细分后各类型金融的内在规定性两个层面的标准对金融监管权限进行划分。首先是从金融自身整体的重要程度进行考量,应将金融监管权完全划归中央金融管理部门享有,而权力的行使则主要由中央金融管理部门及其地方派出机构共同行使,地方政府则完全被排除在金融监管享有者的范围之外;其次是从金融的深化发展与行业细分来看,应将具有高杠杆率、强外部性、信息不对称性的金融组织或者活动的监管权力交由中央金融管理部门享有,而对于那些尤其是不具有高杠杆率、强外部性的新兴准金融或类金融组织或者活动则交由地方政府设立的金融监管机构享有并行使。另外,地方政府设立的金融监管机构也可以行使中央金融管理部门委托从事的金融监管权力。

第二,主要以金融自身的影响范围作为金融监管权在纵向层面划分的实践性标准。事实上,以金融自身的影响范围作为金融监管权纵向配置的标准,主要是从金融组织或活动是否涉及社会公众、是否具有强外部性以及影响的地域范围三个方面进行考虑:一是对于那些涉及社会公众,即影响人员数量众多的金融组织或者金融活动的监管权力交由中央金融管理部门享有并行使;二是对于那些具有强外部性,即自身风险会向其他金融组织或领域传递,甚至

---

〔1〕 邢会强:《商业银行的公共性理论——兼论商业银行收费法律问题》,载《现代法学》2012 年第1期。

会导致整个金融系统产生金融风险的金融组织和活动应该交由中央金融管理部门享有,并且对于那些“大而不能倒”的系统重要性金融组织和活动的监管权力应该由宏观审慎监管机构进行监管;三是对于那些具有金融服务超越注册或备案地的辖区或者跨省,甚至是面向全国的金融组织或者活动的监管权力应该交由中央金融管理部门享有。与之相对,对于那些不涉及社会公众、外部性较弱、服务范围限于特定地域的金融组织或活动的金融监管权则应交由审核、注册或者备案地的地方政府设立的金融监管机构享有并行使。

值得注意的是,我国有关金融监管权限在中央与地方政府以及上下级政府之间的划分都不同程度地遵循了重要程度和影响范围这两项标准。值得注意的是,金融监管权纵向配置中的重要程度和影响范围标准或多或少地存在一定的交叉或者是重合。比如,依据重要程度标准所确立的具有高杠杆率、强外部性、信息不对称性的金融组织或者活动,经常与依据影响范围标准所确立的涉及社会公众的、强外部性较的金融组织或者活动存在一定范围的重合。[1]当然,金融监管权纵向配置中的重要程度和影响范围标准还是存在诸多差异的,并且会直接影响金融监管权在中央与地方以及上下级政府之间配置的实践,甚至会直接影响金融监管的有效性。譬如,如果按照影响范围标准,地方性的村镇银行或许应由地方政府金融监管机构进行监管。

(二)权力属性标准:规则制定、行政执行或司法裁判权

金融监管权虽然是现代意义行政权在金融领域的具体体现,但是现代意义的行政权已经不仅涵括纯粹性的行政执行权能,其还包括了一定的规则制定权能或司法裁判权能,因而金融监管权是集规则制定、行政执行或司法裁判权能在内的综合性权力,具象化到金融监管实践之中,既幻化为规则制定权、司法裁判权和纯粹行政执行权的结合。值得注意的是,规则制定权、司法裁判权和纯粹行政执行权的结合本质上是横向层面功能性集权的体现,这在根本上是为了满足对金融进行专业化管理的需要,而对社会经济事务进行专业化管理又是通过权力的结构化来实现的。尽管一般意义上的“权力结构化的过

[1] 参见封丽霞:《中央与地方立法权限的划分标准:“重要程度”还是“影响范围”?》,载《法制与社会发展》2008 年第 5 期。

程是职权的分化和职能的专业化过程”,[1]并且“分工原则决定了社会经济事务由不同的行政部门按专业分工实施”,[2]因而源于专业化、技术化需求而对一体化或集中性的权力进行了功能性分权,这促成了立法权及其之下行政权、司法权、监察权等权力的分散化配置。然而,专业化、技术性的诉求要求通过分析事务的内在规定性及其逻辑结构将该事务的管理权限进行合理配置,不仅体现为集权到分权的转换,还会涉及分权之后权力结构重新调整中的再次集权。因专业化分工需要而促生的独立性金融监管机构或金融监管权力又打破了既存规则制定、司法裁判、行政执行等权力相分离的局面,独立性金融监管机构本身已经成为以行政执行权能为核心,融合规则制定、司法裁判等权能的新型权力载体,体现在金融监管权力层面即是规则制定、司法裁判和行政执行等权能的再次合一。

无论是规则制定、司法裁判、行政执行等权能的分离,还是不同权能的再次合一,这都是横向层面的功能性分权或者功能性集权,并且这都是基于变化中的现实诉求而进行的权力结构化的调整。当然,权力结构化的调整决然不是仅限于横向层面的功能性分权或者功能性集权,还应包括纵向层面的结构化分权以及分权之后的结构性集权,而结构性集权主要就是通常所谓的分权之后的选择性集权。需要注意的是,金融监管权在纵向层面的结构化配置还主要体现在结构化分权层面,尚未走到结构化集权那一步,因为目前金融监管权主要集中于中央金融管理部门。既然金融监管权力是涵括准立法权、准司法权和纯粹行政权在内的综合性权力,那么金融监管权的纵向配置就需要对准立法权、准司法权和纯粹的行政权进行区别分析,厘清准立法权、准司法权和纯粹的行政权这 3 项权力究竟能否以及能够在多大程度上下放给地方政府享有并行使。

一是就金融监管权之规则制定权而言,金融监管权之规则制定权是法律制定机关的规则制定权能附加给政府及其金融管理部门的表现,即由政府及其金融管理部门享有并行使规则制定权能。对于金融监管权之规则制定权的

---

〔1〕 魏红英:《纵向权力结构合理化:中央与地方关系和谐发展的基本进路》,载《中国行政管理》2008 年第 6 期。

〔2〕 金国坤:《行政权限冲突解决机制研究:部门协调的法制化路径探索》,北京大学出版社 2010 年版,第 22 页。

纵向配置，如果属于上述所言影响范围大和重要程度强的金融组织或活动的监管权力只能划归中央政府及其所属金融管理部门享有并行使，反之，则可授予地方政府及其设立的金融监管机构享有并行使，事实上这可借鉴我国《立法法》之地方政府规章制定的规定。当然，既然可以在限度范围内将规则制定权授予地方政府及其设立的金融监管机构，那么地方人民代表大会也可以结合与规则制定权相关的金融事项制定地方性金融法规。

二是就金融监管权之纯粹行政执行权而言，金融监管权之纯粹行政执行权本质上仅是对包括地方政府规章在内法律的执行权，因而可以将其授予地方政府及其设立的金融监管机构享有并行使，退一步来讲，即使地方政府不享有相应的金融监管权之准立法权或者其他的立法权，地方政府及其设立的金融监管机构依然可以成为金融监管权力的执行者，因为“中央原则上拥有在所有领域的立法权，却并非在所有事务领域都直接行使行政管理权，中央直接管理的事务范围并不多，大部分事权都赋予了地方各级政府……即使中央享有专属立法权的事务，其行政权也可以赋予地方政府”。[1] 因而，金融监管权之纯粹行政权可以由地方政府及其设立的金融监管机构享有并行使。

三是就金融监管权之司法裁判权而言，金融监管权之司法裁判权是司法机关的司法裁判权能附加给政府及其所属金融管理部门的表现，即由政府及其所属金融管理部门享有并行使司法裁判权能。规则制定权能、行政执行权能和司法裁判权能本质上是规则制定权、行政执行权和司法裁判权的核心，并且这3项权力都是国家权力的体现，但规则制定权和行政执行权可以部分授权、部分转让，可以有地方立法、地方行政，可以有授权立法、授权行政等。唯独司法裁判权是不能转让的，是不能授予其他主体行使的，因而不能有“地方司法”，不能有“授权司法”……这就是司法裁判权同规则制定权、行政执行权相比所独具的国家专属性和专有性。[2] 既然“只有立法和行政才在中央的和地方的法律共同体之间加以划分”，[3] 而司法裁判不具有地方分权的性质，那么

---

〔1〕 朱丘祥：《从行政分权到法律分权：转型时期调整垂直管理机关与地方政府关系的法制对策研究》，中国政法大学出版社2013年版，第43页。

〔2〕 参见刘作翔：《中国司法地方保护主义之批判——兼论“司法权国家化”的司法改革思路》，载《法学研究》2003年第1期。

〔3〕 [奥]凯尔森：《法与国家的一般理论》，沈宗灵译，中国大百科全书出版社1996年版，第348页。

金融监管权之司法裁判权是否可以配置给地方政府及其设立的金融监管机构？此问题的解决或许需要从司法裁判权为什么不能实行中央与地方分权的原因的角度进行分析。司法裁判权的国家独享从理论的角度主要是为了维护国家主权和法制的统一，具体到实践角度即是为了保证相同性质的金融案件必须遵循相同的司法裁判程序，司法裁判所适用的法律除地方性法规外必须是相同的。进一步来讲，金融监管权之司法裁判权能的附加是通过本应由司法裁判机关享有并行使的司法裁判权附加给主要行使行政权的金融监管机构实现的，主要行使行政权的金融监管机构行使司法裁判权绝对不可以称为真正意义上的司法裁判权，而只能称为准司法裁判权。显见，准司法裁判权的存在只是因为司法裁判权的行使主体发生了变更，而司法裁判权的本质没有改变，所以准司法裁判权的国家专有性和专属性并没有改变，此时准司法裁判权便不得转让给地方政府及其设立的金融监管机构。

三、权限划分的方法：同权与异权分割法则的并用

中央与地方政府金融监管权限的划分即是纵向性权力结构形成的前提或者过程，而金融监管权力的结构化过程并非仅仅以对金融监管权力进行彻底性分解为前提，金融监管集权模式之下依然会有因金融监管权力内部分解而生成的金融监管权力结构，金融监管集权模式与分权模式最大的区别即在于金融监管权力分割方式的不同或者说是权限划分方式的差异。其中，金融监管集权模式之下的权力分解所遵循的是同权分割法则，而在金融监管分权模式之下所遵守的是异权分割法则。值得注意的是，“同权”与“异权”分割法则之核心差异即是，被分割的权力究竟是同质性的权力还是异质性的权力，对同质性权力进行的分割即是同权分割，而对异质性权力进行的分割即是异权分割。目前，我国中央与地方政府存在明显的“职责同构”的特征，“中央没有把权交给地方政府，具有与地方机能（事务）共有的性质”，〔1〕并未对中央与地方政府各自独立的权限范围进行明确有效的界分，这明显属于集权模式下权力分解的同权分割方式，而异权分割方式所形成的纵向权力结构即是中央与地方政府分别具有各自独立的权限范围，且中央与地方政府非依法律法规授权

---

〔1〕［日］松村岐夫：《地方自治：政治主体》，孙新译，经济日报出版社1989年版，第27页。

或法定程序不得介入彼此权力行使或者进入彼此的权力范围。

（一）中央与地方政府金融监管权限划分之同权分割法则

金融监管权纵向配置之同权分割法则实乃中央与地方政府以及地方各上下级政府间金融监管权限划分方法之一种，其强调同质性权力的可分割性，本质上是对同种性质的金融监管权力同时赋予中央和地方政府及其金融监管享有的权力分割方法。中央和地方政府及其金融管理部门所享有或行使的权力实际上是同一种性质的权力，并且存在权力分割的同时态性和权力空间的交叉性，[1]单一制国家权力的集中性决定了地方政府设立的金融监管机构的权力完全附属于中央金融管理部门的权力，并不具有相对或者绝对的独立运行空间或者时间，中央金融管理部门可以随时随地对地方政府设立的金融监管机构的金融监管权力范围进行自主性的调整或者对权力的行使进行干预。

一是中央金融管理部门所享有的金融监管权力与其在地方的派出机构的权力具有同质性的特点。譬如，原银监会的派出机构会根据其授权对有关银行业金融机构及其分支机构的设立、变更、终止和业务活动的监督管理，同时原银监会自身也会依照法律、行政法规规定的条件和程序，负责审查批准银行业金融机构的设立、变更、终止以及业务范围。原银监会与其派出机构都在负责银行业金融机构的设立、变更、终止以及业务活动的监督管理，具有金融监管权力的享有与行使的同质性特征。

二是中央金融管理部门的监管权力与其在地方的派出机构的监管权力具有同时态性。中央与地方的金融监管派出机构之金融监管权力的同时态性，决定了地方的派出机构在行使金融监管权力时，中央金融管理部门也可以对同一监管对象或监管内容的监管权力予以行使，并且中央金融管理部门对金融监管权力的行使会直接影响地方的派出机构之金融监管权力的行使。在同权分割法则之下对中央与其在地方的派出机构之金融监管权力的分割存在共时性的特点，这会导致在地方的派出机构之金融监管权力的行使得不到运行时间上的保障，或者说在地方的派出机构的监管权力的行使时间存在较大的不确定性，但从另一个角度来讲，这又有利于中央政府金融管理部门对其在地方的派出机构之金融监管权力行使的有效控制，能够做到中央金融管理部门

---

〔1〕 参见潘德冰等：《中国模式：理想形态及改革路径》，广东人民出版社 2012 年版，第 4 页。

执行监管政策或法律法规的高效、统一以及“令行禁止”。

三是中央金融管理部门的监管权力与其在地方的派出机构的监管权力具有空间上的交叉性。同权分割法则指引之下的金融监管权纵向配置,中央金融管理部门与其在地方的派出机构各自并不存在独立性权力范围或者运行空间,在单一制国家权力的中央集中享有的背景之下,则集中体现为在地方的派出机构之金融监管权力范围的划定完全是基于中央单向性的控制,中央金融管理部门享有在地方的派出机构所享有的任何类型的金融监管权力,而在地方的派出机构的监管权力范围或者运行空间完全被中央金融管理部门的金融监管权力所覆盖。质言之,中央金融管理部门的金融监管权力与在地方的派出机构的监管权力具有空间上的交叉重叠,而在地方的派出机构的金融监管权力是完全附属于中央金融管理部门的金融监管权力的,即在地方的派出机构所享有的金融监管权力,中央金融管理部门同样享有,并且中央金融管理部门的金融监管权力的运行会对在地方的派出机构之金融监管权力的范围与运行空间形成压缩或者控制。

总体而言,在同权分割法则这一权力分割方法之下进行的金融监管权力的纵向分割,中央与其在地方的派出机构之金融监管权力具有同质性特点,并且彼此没有相互独立的权力范围或者运行空间。在地方的派出机构之金融监管权力由中央金融管理部门的单向行政性授予,决定了在地方的派出机构的金融监管权力完全性地附属于中央金融管理部门的金融监管权力,同时中央金融管理部门可以随时随地地对在地方的派出机构的金融监管权力进行调整。依据同权分割法则对金融监管权力纵向划分,于制度实践层面既体现为中央垂直金融监管体制或者是省级以下垂直金融监管体制的确立。值得注意的是,省级以下垂直金融监管体制从内部看来是同权分割法则在制度实践上的应用,但是省级以下垂直金融监管体制的确立已经表明,中央与地方政府已经对金融监管权力进行了明确有效的划分,中央与地方政府已经明确有效界定了各自的金融监管权限范围,而中央与地方政府金融监管权限的明确划分则是依据异权分割法则而进行的权力分割。

(二)中央与地方政府金融监管权限划分之异权分割法则

中央与地方政府金融监管权限划分之异权分割法则是除对中央与地方政府金融监管权限划分之同权分割法则外的另一类型的权限分割划分方法。与同权分割法则相比,异权分割法则与之有明显的相对性特征,即被分割权力的异质特性、权力的异时态性和权力独立性。[1] 值得注意的是,此处所言被分割权力的异质性主要是同质性的权力被完整地赋予同一主体,不同性质的权力则被分配至不同的主体,而不是说权力本身的异质性。转换到金融监管权在中央与地方政府之间的配置则体现为,依据异权分割法则明确划分中央与地方政府金融管理部门各自独立的权力范围,彼此并不存在权力享有或者行使上的同时态性和交叉重叠的特征。在中国语境之下,地方政府设立的金融监管机构的金融监管权力还是源于中央的授予,但与同权分割法则不同的是,按照异权分割法则在中央与地方政府之间进行的金融监管权力的划分,并不是在金融监管机构的体系之内进行的,或者说不是上级金融监管机构对下级金融监管机构的权力授予或者委托,而是通过法律法规授权的方式予以进行的。显见,同权分割法则在形式上是行政委托或者依据规章进行行政授权的表现,而异权分割法在形式层面体现为依据法律法规而进行的授权。当然,并不是说明依据法律法规进行的授权一定是异权分割法则内容的体现。

第一,金融监管权纵向配置之异权分割法则的本体内容。异权分割法则是将同一种属性的金融监管权力完整地交由同一金融监管主体享有,即中央与地方政府金融管理部门均具有各自独立的金融监管内容和金融监管对象。此时,金融监管权属性的分析并不是从权力属性的角度,而是从金融监管之金融属性的角度来分析,如对从事吸收存款、发放贷款业务的银行和只从事贷款业务的小额贷款公司进行监管的金融监管权的正当性是存在差异的,因为前者具有高杠杆率、强外部性和信息不对称的特点,而后者主要体现为信息不对称的特征,并不具备高杠杆率和强外部性的特征,这决定了金融监管权力属性的差异,并且进一步决定了在中央与地方政府金融管理部门之间的划分方式和最终划分的结果。对于不同属性金融监管权力的划分将导致不同金融监管机构行使不同属性的金融监管权力,继而各个金融监管机构金融监管权力则不会存在运行上的同时态性和权力范围、运行空间上的交叉重叠。同时,中央金融管理部门也不得对地方政府设立的金融监管机构的权力范围进行随时随地的调整、对地方政府设立的金融监管机构金融监管权力的行使进行灵活性

---

〔1〕 参见潘德冰、颜鹏飞:《权力结构论》,香港:中国国际文化出版社 2010 年版,第 93 页。

的介入。当然,地方政府设立的金融监管机构也不得对中央金融管理权力的行使,尤其是对中央金融管理部门地方派出机构的金融监管权力的行使进行干预或者直接介入。

第二,金融监管权纵向配置之异权分割法则的确立方式。在明确异权分割法则的实质内容与同权分割法则的差异之后,还需要明确金融监管权纵向配置之异权分割法则与同权分割的确立方式也是存在很大差别的。异权分割法则的确立方式主要是通过法律法规进行的,非经法律法规制定机关的修改,中央与地方政府金融管理部门的权力范围是明确的,并且彼此不得干预或介入各自金融监管的权力范围和权力的行使之中,中央金融管理部门也没有权力对地方政府设立的金融监管机构的权力范围进行任何形式的调整。之所以如此,原因在于,在异权分割法则之下,地方政府设立的金融监管机构金融监管权力的享有并不是中央金融管理部门通过其颁行的部门规章、规范性法律文件或者行政命令等方式将金融监管权力授权或委托地方政府设立的金融监管机构享有并行使的,而是中央立法机构或中央政府通过法律法规的方式授予地方政府及其所属金融监管机构。[1] 当然,中央金融管理部门也可以依据法律法规的规定将其自身享有的权力授权或委托给地方政府设立的金融监管机构或者中央金融管理部门在地方的派出机构享有并行使。

四、权限划分的模式:垂直、属地或督察管理体制的选取

金融监管权是公共行政部门对金融事务进行监督管理的行政事权,[2] 并且事权的实现需要特定组织机构以及人员、财力、物力的支撑,因而金融监管权在中央与地方政府之间的配置需要细化为与金融监管相关的“事、人、财、物”权力在中央与地方政府之间的划分。依据“事、人、财、物”权在中央与地方政府及其所属金融监管机构之间配置的差异而形成了垂直管理和属地管理两种金融监管模式。在属地管理模式之下,金融监管之“事、人、财、物”权均由地方政府负责,且地方政府设立的金融监管机构在金融监管业务上并不与中央

---

〔1〕 参见耿宝建:《行政授权新论——走出理论与现实困境的一种认知尝试》,载《法学》2006 年第 4 期。

〔2〕 参见盛学军:《政府监管权的法律定位》,载《社会科学研究》2006 年第 1 期。

金融管理部门存在“领导”与“被领导”的关系，中央金融管理部门只是对地方政府设立的金融监管机构进行业务上的指导。然而，在垂直管理模式之下，中央金融管理部门“既管‘事权’，又管‘人、财、物’权，地方政府不再管理地方职能部门”，[1]其中，中央金融监管机构与地方政府设立的金融监管机构在金融监管业务上实行“领导”与“被领导”的管理方式。因而，在属地管理模式之下，中央金融管理部门仅是地方政府设立的金融监管机构“事权”行使上的业务指导部门，而在垂直管理模式之下，中央金融管理部门在金融监管“事权”之业务工作上对地方政府设立的金融监管机构具有领导权力。[2] 此外，还有一种管理模式即是中央与地方政府金融管理部门之督察管理模式，在此模式之下，地方政府设立的金融监管机构虽也与属地管理模式那样具有金融监管之“事、人、财、物”权，但此时中央金融管理部门会设立相应的督察机构对地方政府设立的金融监管机构的业务工作进行监察监督，或者处理一些中央与地方政府金融管理部门的共管事务。

（一）中央与地方政府金融监管权限划分之垂直管理模式

中央垂直金融监管模式实为一种金融监管的集权模式，并且其确立是在同权分割法则指引之下进行的。之所以采用同权分割法则来划分中央与地方政府之间的金融监管权，原因在于维护国家金融安全的目的，国家主观性地将所有类型的金融均视为具有战略重要性和影响范围大的监管事项，并主观性地认为金融监管权力只能由中央金融管理部门享有并行使。值得注意的是，集权性的中央垂直金融监管模式并不表明任何金融监管事务的执行完全由中央金融管理部门独自完成，中央金融管理部门主要通过“自上而下”建立一体化或派出式金融监管分支机构的办法，逐级将金融监管的“事”权授予下级或下一级金融监管分支机构执行，同时对地方各级金融管理派出机构的“人、财、物”权进行直接性的领导管理。具言之，中央金融管理部门对地方各级金融管理派出机构的“事、人、财、物”权进行垂直管理，其中，“事”权之决策权（规则制定权）由中央金融管理部门享有并行使，而“事”权之执行权由地方各分支机构

---

〔1〕 尹振东：《垂直管理与属地管理：行政管理体制的选择》，载《经济研究》2011 年第 4 期。

〔2〕 参见李宜春：《论分权背景下的中国垂直管理体制——概况、评价及其完善建议》，载《经济社会体制比较》2012 年第 4 期。

分级管理，譬如，从中国原银监会之监管“事权”的授予来看，省、自治区、直辖市和计划单列市银监局的监管权由原银监会授予，地方银监分局的监管权由原银监会和省、自治区、直辖市银监局授予，地方监管办事处的监管权主要由银监局或银监分局授予。就地方各级金融管理派出机构的“人、财、物”权而言，地方各级金融管理派出机构及其人员编制、财务、物资等均由中央金融管理部门统一管理，[1]但在人事管理方面实行垂直领导、分级管理的模式，如中国原银监会及其派出机构的经费预算由中国原银监会统一编制，同时地方各级金融管理派出机构的正、副职领导由上一级金融监管机构批准任命，而分支机构的其他工作人员的管理由本级机构负责。

当然，在中央垂直金融管理部门对地方各级金融管理派出机构的“事、人、财、物”权进行统一垂直管理的模式之下，又会因具体制度安排的差异而形成不同的具体管理模式，其中，中央一体化垂直监管模式和中央派出式垂直监管模式即为两种典型。中央一体化垂直监管模式主要是按照行政区划，在各个地方层级设置相应的分支机构，而中央派出式垂直监管模式并不是严格按照行政区划设立分支机构，或进行跨区设立或选择重要地区设立，同时也不是所有的行政层级都会设立分支机构。值得注意的是，上述两种垂直监管模式的选择与确立主要是根据监管对象的属性所确立的，对于金融这一监管事项来说，多采用派出式垂直监管模式，实行地方金融管理派出机构的选择性设立。[2] 之所以如此，原因在于金融监管机构主要是对金融组织或者业态进行监控，而金融组织或业态的布局又具有非均衡性的特征，即并不是所有地区都会集中性地或者相对密集地设立金融组织，如果严格按照行政区划或者层级进行设置将可能导致监管资源的浪费。相比地方金融监管分支机构的设置而言，国家税务总局分支机构的设置则会主要选择适用中央一体化的垂直管理模式，因为每一行政区划或层级都需要税务局去执行税收的专门管理职责。

（二）中央与地方政府金融监管权限划分之属地管理模式

中央与地方政府双层金融监管体制是在厘清金融监管对象和监管内容属

〔1〕 参见任进：《规范垂直管理机构与地方政府的关系》，载《国家行政学院学报》2009 年第 3 期。

〔2〕 参见朱丘祥：《从行政分权到法律分权：转型时期调整垂直管理机关与地方政府关系的法治对策研究》，中国政法大学出版社 2013 年版，第 17 页。

性的基础上,并采用异权分割法则将金融监管权限在中央与地方政府间进行明确有效划分而确立的。当然,这也是对金融安全和金融监管效率进行有效均衡的结果。具体而言,就是在对金融行业或者形态进行细分后,采用异权分割法则将那些具有高杠杆率、强外部性、信息不对称性的金融组织或者活动的监管权力交由中央金融管理部门享有,而对于那些尤其是不具有高杠杆率、强外部性的新兴准金融或类金融组织或者活动交由地方政府设立的金融监管机构享有并行使,从而形成了中央与地方政府分权治理的双层金融监管体制。在中央与地方政府双层金融监管体制之中,中央政府的金融监管主要采用中央垂直管理模式而非层级管理的模式,地方政府的金融监管则可能主要选择纯粹的属地管理模式、省级人民政府以下垂直管理模式两种类型的属地管理模式。

一是在纯粹的属地管理模式之下,各级地方政府设立的金融管理部门被纳入本级地方政府的组织序列之中,其受本级地方政府和上一级地方政府金融管理机构的双重领导,其中"人、财、物"权均由本级地方政府管理,而"事"权之行使则主要由地方政府设立的金融监管机构独立行使,所谓的上一级地方政府设立的金融监管机构的管理主要是指业务上的指导作用,并且上级地方政府设立的金融监管机构不能对下一级地方政府设立的金融监管机构金融监管权的行使进行干预,当然,处于保持金融监管独立性的考虑,本级地方政府也不得利用其对地方政府设立的金融监管机构"人、财、物"权的管理而对地方政府设立的金融监管机构地方金融监管权的行使进行干预。事实上,目前我国地方政府设立的金融监督管理机构的典型代表——"金融办"或"金管局"——所采用的管理模式即是纯粹的属地管理模式。

二是在省级政府以下垂直管理模式之下,省级人民政府设立的金融监管机构对于其在地市、区县设立的分支机构实行垂直领导,并且地市、区县设立的分支机构不列入所在辖区政府的组织序列,而是属于省级人民政府的组织范畴,并且其主要是为了执行中央和省级人民政府,尤其是省级人民政府的金融监管指令而不受所在辖区地方政府的干预或者控制。[1] 同时,省级人民政府设立的金融监管机构负责地市、区县金融监管分支机构"事、人、财、物"权的

〔1〕 参见皮建才:《垂直管理与属地管理的比较制度分析》,载《中国经济问题》2014年第7期。

直接性管理，地市、区县金融监管分支机构行使的“事”权主要是“事”权之执行权，“事”权之决策权则主要由省级人民政府及其设立的金融监管机构享有并行使。当然，省级人民政府及其设立的金融监管机构对金融监管“事”权之决策权享有并行使也必须遵循中央有关金融监管的法律法规或者政策等，并且需要接受中央金融管理部门或者相关部委的业务指导。

另外，有一点需要特别说明的是，在中国，既有与金融监管相关的法律明确金融监管权力属于中央政府金融监管的专属管理事项，地方政府并没有获得相应的金融监管权力空间，或者说地方政府根本没有自己的专属金融监管事项。既然地方政府在法律上并没有自己的专属金融监管事项，地方政府金融监管权力的享有与行使只能理解为中央政府或者中央金融管理部门对省级人民政府或者各级地方政府的特别授权或者委托，当然，还有一种可能即是地方政府事实上的自我赋权。因此，中央与地方政府金融监管权限的划分，尤其是双层金融监管体制的建立，首先必须在法律层面明确中央与地方政府各自的专属的金融监管事项，而后才能真正推动金融监管属地管理模式在实践中的实现，否则只会存在中央垂直金融监管模式或者事实上的地方政府金融监管。

（三）中央与地方政府金融监管权限划分之督察管理模式

中央与地方政府双层金融监管体制构建的前提即是在法律层面明确中央与地方政府各自的专属的金融监管事项，中央与地方政府金融监管的督察管理模式之建立亦无出其右。当然，此处所言的督察主要是指中央政府金融监管督察机构对地方政府设立的金融监管机构的监督检查。中央与地方政府金融监管的督察管理模式主要适用于中央与地方政府及其所属金融监管机构的共享性的金融监管事务，具体是中央政府金融监管督察机构在地方各行政辖区或者跨区设置垂直性的监管督察分支机构，地方各级政府分别或者选择性地设立地方政府金融监管机构，并且中央政府金融监管督察机构的分支机构主要是对地方政府设立的金融监管机构中央金融监管政策或法律的执行、落实进行监督监察，有时也会对中央金融管理部门地方派出机构与地方政府设立的金融监管机构金融监管事务的监管工作进行协调。[1] 中央督察式的地方政府金融监管模式是“按照‘中央部门决策、地方部门执行、垂直机构督办’的方式运行”,[2]同时中央政府金融监管督察机构的地方分支机构并不受地方政府的干预,其“事、人、财、物”权由中央政府或者中央政府金融监管督察机构直接管理,归属于中央政府的组织序列。

值得注意的是,中央督察式省级以下垂直金融监管模式,本质上金融监管权的执行权主要由地方政府享有,并且地方政府设立的金融监管机构的人事、财政、物资等还是按照属地管理的方式由省级地方政府负责,中央政府金融监管督察机构及其分支机构享有并行使的权力不是金融监管权而是金融监管监督检查权。具体而言:一是中央政府金融监管督察机构的地方分支机构并不具有金融监管权,金融监管监督检察权的行使只是单纯地进行监督检查,并不享有对地方政府设立的金融监管机构的问题进行处置的权力,发现问题只能向中央政府金融监管督察机构汇报,并由中央金融监管督察机构对问题进行处理。[3] 再者,中央政府金融监管督察机构还可以对中央金融管理部门之地方派出机构与地方政府设立的金融监管机构的监管冲突或“真空”进行必要的协调。二是对地方政府金融监管机构来说,省级人民政府以下的地方政府设立的金融监管机构有可能采用纯粹的属地管理模式或省级人民政府以下垂直金融监管模式,这直接会对中央督察式地方政府金融监管的具体模式的设计安排产生影响,比如,会涉及中央政府金融监管督察机构设置究竟是只对省级人民政府设立的金融监管机构进行监督监察,还是对省级人民政府以下各级地方政府设立的金融监管机构进行监督检查,并且也会对中央政府金融监管督察机构分置的层级数量产生影响,分支机构究竟是只在省级层面设置,还是需要在各级地方政府层层设立直到区县层面。

---

〔1〕 参见李瑞昌:《政府间网络治理:垂直管理部门与地方政府间关系研究》,复旦大学出版社 2012 年版,第 120 页。

〔2〕 沈荣华:《分权背景下的政府垂直管理:模式和思路》,载《中国行政管理》2009 年第 9 期。

〔3〕 参见朱丘祥:《从行政分权到法律分权:转型时期调整垂直管理机关与地方政府关系的法治对策研究》,中国政法大学出版社 2013 年版,第 18 页。

第二节　地方政府参与金融监管的法定监管对象

既往以"一行三会"为核心的中央垂直金融监管体系并没有对地方性金融组织或业态的监管作出专门性安排,究其根本在于,现行金融法律所确立的中央垂直金融监管体制,决定了原以"一行三会"为核心的中央金融管理部门对整个金融行业或领域进行监管的权力享有与行使。[1] 尤为重要的是,原以"一行三会"为核心的中央垂直金融管理部门在法律上享有所有金融组织或业态的市场准入权,并且任何类型金融组织或业态之设立、运营只要未经有关金融监管部门的依法批准或备案便被视为非法性金融组织或者业务活动。值得注意的是,金融组织或业态的类型具有法定的特征,在"机构监管"的思路之下,原银监会、证监会和原保监会分别只对金融组织或业态的法定类型进行审批与监管,而对其审批与监管范围之外的金融组织或业态不予纳入其监管范围之内。然而,随着金融行业的深化发展,小额贷款公司、融资担保公司、典当行、股权投资基金、商业保理、P2P 网络借贷、证券式众筹等新兴的地方性金融组织或业态层出不穷,并且这些准金融或类金融组织或业态并没有全部落入金融组织或业态之法定类型的范围之内。事实上,未落入金融监管法定类型范围内的新兴准金融或类金融组织或业态的发展,导致了在金融监管实践中不同监管部门之间监管权争夺、监管推诿、监管重复、监管竞次、监管套利等问题的发生。面对金融监管实践中的诸种难题,国务院或证监会、原银监会等中央金融管理职能部门开始授权或委托地方政府享有并行使部分新兴金融组织或业态的金融监管权,同时,地方政府还通过设立地方政府金融监管机构或者自我赋权的方式积极地参与到新兴金融组织或业态的监管中来。国务院或原银监会、证监会等金融监管机构对金融监管权力享有的法定性与地方政府金融监管权来源的非规范性或事实性监管参与,导致了中央与地方政府金融监管权限在监管实践中的模糊不清,具体到金融监管对象层面即表现为中央与地方

---

[1] 参见周春喜、黄星澍:《地方金融的监管逻辑及规范路径》,载《浙江工商大学学报》2014 年第 9 期。

政府金融监管对象划分的不清晰。中央与地方政府金融监管机构的各自监管对象究竟应该是什么，究竟应该采取什么样的监管权限或监管对象划分方式，金融监管权限或监管对象的划分究竟采用了什么样的分权逻辑，地方政府的金融监管对象应当涵括哪些类型的金融组织或金融业态?

一、金融监管组织或业态之“法定”与“实践”类型比照

金融组织或业态之“法定”类型通常是指银行业、证券业和保险业类的金融组织或业态，并且这3个行业的金融组织或业态都是由法律明确规定的，其设立、运营必须获得中央金融管理部门颁发的金融许可证。既然是金融组织或业态的“法定”类型，那么其必然首先源于金融行业基本法律的规定：一是银行业金融组织或业态，其主要被规定于我国《银行业监督管理法》第2条和《中国人民银行法》第52条之中，明确指出银行业金融机构仅仅是指包括商业银行、信用合作社等在内的面向社会公众吸收存款的商业性金融机构和政策性银行，而除此之外的金融资产管理公司、信托投资公司、财务公司、金融租赁公司以及国务院银行业监督管理机构批准设立的其他金融机构并不属于银行业金融机构，只是这些机构的监督管理适用银行业金融机构监督管理的相关规定。二是证券业金融组织或业态，其主要被规定于我国《证券法》之中，尽管该法并没有对其集中性地规定于同一法律条款中，但整部法律分别从不同章节对证券交易所、证券公司、证券登记结算机构以及证券服务机构(包括投资咨询机构、财务顾问机构、资信评级机构、资产评估机构、会计师事务所等)从事证券服务业务等进行了规定，同时从行为的角度对证券的发行和交易活动进行了规定。三是保险业金融组织或业态，其主要被规定于我国《保险法》之中，具体包括保险公司以及法律、行政法规规定的其他保险组织。另外，按照《中国人民银行法》第5章的规定，中国人民银行负责对与货币、外汇、黄金、国库、清算等有关的行为和银行业金融机构进行检查监督。

除金融行业基本法律已经对金融组织或业态的类型进行规定外，中国人民银行发布的《金融机构编码规范》(JR/T 0124—2014)，原国家统计局起草，原国家质量监督检验检疫总局、国家标准化管理委员会批准发布的《国民经济行业分类》(GB/T 4754－2011)中J门类(金融业)，原“一行三会”和国家统计

局联合印发的《金融业企业划型标准规定》(银发〔2015〕309 号)等规范也分别对金融组织或业态的类型进行了规定。值得注意的是,上述 3 项不具有强制性的或仅具引导作用的规范性文件与金融行业基本法律所确定的金融组织或业态的类型存在一定差异,并且三者本身之间也存在不同程度的区别。这在一定程度上形成了为不具法律强制性或仅具引导作用规范性文件所认定之金融组织或业态的"实践"类型与金融基本法律所规定之"法定"类型的不一致或非同一性。具体如表 5、表 6、表 7 所示。

表 5　《金融机构编码规范》(JR/T 0124—2014)

概括分类	具体类型
银行业存款类金融机构	(1)银行;(2)城市信用合作社(含联社);(3)农村信用合作社(含联社);(4)农村资金互助社;(5)财务公司
银行业非存款类金融机构	(1)信托公司;(2)金融资产管理公司;(3)金融租赁公司;(4)汽车金融公司;(5)贷款公司;(6)货币经纪公司
证券业金融机构	(1)证券公司;(2)证券投资基金管理公司;(3)期货公司;(4)投资咨询公司
保险业金融机构	(1)财产保险公司;(2)人身保险公司;(3)再保险公司;(4)保险资产管理公司;(5)保险经纪公司;(6)保险代理公司;(7)保险公估公司;(8)企业年金
交易及结算类金融机构	(1)交易所;(2)登记结算类机构
金融控股公司	(1)中央金融控股公司;(2)其他金融控股公司
其他	小额贷款公司

表 6 《国民经济行业分类》(GB/T 4754—2011)中 J 门类(金融业)

<table>
<tr><th>行业</th><th colspan="3">行业细分</th><th colspan="2">详细描述(选择性)</th></tr>
<tr><td rowspan="5">货币金融服务</td><td colspan="2">货币银行服务</td><td>—</td><td colspan="2">货币银行服务:指除中央银行外的各类银行所从事存款、贷款和信用卡等货币媒介活动,还包括在中国开展货币业务的外资银行及分支机构的活动</td></tr>
<tr><td rowspan="4">非货币银行服务</td><td colspan="2">金融租赁服务</td><td rowspan="4">非货币银行服务:指主要与非货币媒介机构以各种方式发放贷款有关的金融服务</td><td>金融租赁服务:指经银监会批准的以经营融资租赁业务为主的非银行金融机构的活动</td></tr>
<tr><td colspan="2">财务公司</td><td>财务公司:指经银监会批准,为企业融资提供的金融活动</td></tr>
<tr><td colspan="2">典当</td><td>—</td></tr>
<tr><td colspan="2">其他非货币银行服务</td><td>其他非货币银行服务:指上述未包括的从事融资、抵押等非货币银行的服务,包括小额贷款公司、农村合作基金会等融资活动,以及各种消费信贷、国际贸易融资、公积金房屋信贷、抵押顾问和经纪人的活动</td></tr>
</table>

续表

行业	行业细分		详细描述(选择性)
资本市场服务	证券市场服务	证券市场管理服务	—
		证券经纪交易服务	—
		基金管理服务	基金管理服务:指在收费或合同基础上为个人、企业及其他客户进行的资产组合和基金管理活动,包括证券投资基金、企业年金、社保基金、专户理财、国内资本境外投资管理(Qualified Domestic Institutional Investor,QDII)等活动
	期货市场服务	期货市场管理服务	—
		其他期货市场服务	其他期货市场服务:指投资咨询服务、财务咨询服务、资信评级服务,以及其他未列明的资本市场的服务
	资本投资服务	—	资本投资服务:指经批准的证券投资机构的自营投资、直接投资活动,以及风险投资和其他投资活动
	其他资本市场服务	—	其他资本市场服务:指投资咨询服务、财务咨询服务、资信评级服务,以及其他未列明的资本市场的服务
保险业	人身保险	健康保险	—
		人寿意外保险	—
	财产保险	—	—
	再保险	—	—
	养老金	—	—

续表

行业	行业细分		详细描述(选择性)
	保险经纪与代理	—	—
	其他保险活动	保险损失评估	—
		他未列明保险活动	其他未列明保险活动:指与保险和养老金相关或密切相关的活动(理赔和保险代理人、经纪人的活动除外),包括救助管理、保险精算等活动
其他金融业	金融信托与管理服务	—	金融信托与管理服务:指根据委托书、遗嘱或代理协议代表受益人管理的信托基金、房地产账户或代理账户等活动,还包括单位投资信托管理
	控股公司服务	—	控股公司服务:指通过一定比例股份,控制某家公司或多家公司的集团,控股公司仅控制股权,不直接参与经营管理,以及其他类似的活动
	非金融机构支付服务	—	非金融机构支付服务:指非金融机构在收付款人之间作为中介机构提供下列部分或全部货币资金转移服务,包括网络支付、预付卡的发行与受理、银行卡收单及中国人民银行确定的其他支付等服务
	金融信息服务	—	金融信息服务:指向从事金融分析、金融交易、金融决策或者其他金融活动的用户提供可能影响金融市场的信息(或者金融数据)的服务
	其他未列明金融业	—	其他未列明金融业:指主要与除提供贷款外的资金分配有关的其他金融媒介活动,包括保理活动、掉期、期权和其他套期保值安排、保单贴现公司的活动、金融资产的管理、金融交易处理与结算等活动,还包括信用卡交易的处理与结算、外币兑换等活动

表 7　《金融业企业划型标准规定》(银发〔2015〕309 号)

行业	行业细分	机构类型
货币金融服务	货币银行服务	银行业存款类金融机构
	非货币银行服务	银行业非存款类金融机构
		贷款公司、小额贷款公司及典当行
资本市场服务	—	证券业金融机构
保险业	—	保险业金融机构
其他金融业	金融信托与管理服务	信托公司
	控股公司服务	金融控股公司
	其他未包括的金融业	除贷款公司、小额贷款公司、典当行以外的其他金融机构

通过对表 5、表 6、表 7 以及既有金融基本法律对金融组织或业态的规定进行比较可知,目前,证券业、保险业金融组织或业态相对清晰,最大问题是银行业金融组织或业态的分类混乱。

第一,金融业基本法律与规范性文件对金融组织类型的规定不一致。既有金融行业基本法律并没有将包括金融资产管理公司、信托投资公司、财务公司、金融租赁公司以及国务院银行业监督管理机构批准设立的其他金融机构在内的金融机构纳入银行业金融机构的范围之内,而《金融机构编码规范》(JR/T 0124—2014)、《国民经济行业分类》(GB/T 4754—2011)中 J 门类(金融业)、《金融业企业划型标准规定》(银发〔2015〕309 号)均将其划归为银行业非存款类金融机构。从实质上讲,银行业非存款类金融机构应属于银行业金融机构的下位概念。

第二,不同类型规范性文件对贷款公司与银行业非存款类金融机构之间的关系表述不同。《金融机构编码规范》(JR/T 0124—2014)将贷款公司归为银行业非存款类金融机构,而《金融业企业划型标准规定》(银发〔2015〕309 号)则将贷款公司与银行业非存款类金融机构予以并列,前者是包含与被包含的关系,而后者的规定则体现为并列关系。

第三,“法定”类型外金融组织或业态的属性认定混乱。小额贷款公司(办理贷款业务)、融资担保公司(贷款担保业务)以及典当行(抵押、质押贷款业务)、融资租赁业务(与金融租赁几无差异)以及包括金融产权交易所在内的各类金融交易场所等,或多或少都在经营实质上的金融业务,但未在法律上划归为金融业范畴。如《国民经济行业分类》(GB/T 4754－2011)将提供贷款或借贷担保业务的融资担保公司作为服务业的一种类型,而非金融业的一种类型。

第四,金融业基本法律与规范性文件有关金融组织类型的用语表达不统一。2020年中国银保监会《非银行金融机构行政许可事项实施办法》规定,“非银行金融机构包括:经银保监会批准设立的金融资产管理公司、企业集团财务公司、金融租赁公司、汽车金融公司、货币经纪公司、消费金融公司、境外非银行金融机构驻华代表处等机构”,而既有金融基本法律并没有将金融资产管理公司、信托投资公司、财务公司、金融租赁公司以及国务院银行业监督管理机构批准设立的其他金融机构归为非银行业金融机构。其中,前者的用语是“非银行金融机构”,而后者的用语是“非银行业金融机构”。事实上,用语的不严谨和非标准性,导致了“非银行金融机构”“非银行业金融机构”“银行业存款类金融机构”“银行业非存款类金融机构”等分类的混淆。

综上,目前有关金融行业的内涵与外延均缺乏完整统一、明确具体、权威有效的界定,而这又导致了本属于同种属性的金融业务或活动,尤其是“法定”之外新兴金融所从事金融业务或活动之监管权限分属不同的金融监管部门、隶属不同的金融监管层级,甚至还存在将本应属于金融行业的金融组织或业态划归为其他行业,从而导致中央与地方以及同级政府不同监管部门在金融监管执法中的推诿、争夺、竞次、套利等问题。

二、不同类型金融组织或业态之分权监管的逻辑转换

不同类型金融组织或业态划分的完整统一性、明确具体性、权威有效性将直接对不同类型金融组织或业态之监管权限在不同金融监管部门之间的划分产生直接影响,甚至还会影响金融监管的有效性。值得注意的是,既有金融监管结构是专门针对金融组织或业态的“法定”类型而建立的,并且是主要采用“机构监管”的方式对其进行监管,但既有金融监管结构已经难以将“法定”类型之外的金融组织或业态进行有效监管。面对既有金融监管结构难以将新兴金融组织或业态的“实践”类型纳入监管范围的困境,中央政府不得不对既有金融监管结构进行调整,监管结构的调整即表现为金融监管权从中央金融管

理部门之间的横向分割和中央与地方政府设立的金融监管机构之间的纵向分割两个层面展开，而无论是中央政府金融管理部门之间的横向分权，还是中央与地方政府设立的金融监管机构之间的纵向分权，其中都暗含了各自不同的分权逻辑。在不同的分权逻辑之中，有的分权逻辑具有共时性的合理性而缺乏历时性的合理性，有的分权逻辑历时性上存在一定的合理性却在共时性上存在缺陷；有的分权逻辑更侧重金融安全而影响了金融监管效率，有的分权逻辑更侧重金融监管效率而影响了金融安全维护，也有的分权逻辑实现了金融安全与金融监管效率的有效衡平；有的分权逻辑外生于他国经验的借鉴或制度的移植，有的分权逻辑内生于中国的金融监管实践，当然也有的分权逻辑是实践经验与制度借鉴的融合。无论如何，由于对不同类型金融组织或业态属性认知的不清或者类型划分标准的非统一性等，导致了中国对不同类型金融组织或业态进行分权监管的逻辑还存在诸多缺陷，并且需要对监管分权的逻辑进行进一步调整，而监管分权逻辑的调整具体又体现为在金融监管权限横向划分逻辑转换的基础上或者同时，实现金融监管权限纵向划分逻辑的转变。

（一）不同类型金融组织或业态之监管权限横向划分的逻辑转换

金融监管最初起源于对货币的监管或者称为调控更准确，而后从货币调控拓展到对金融市场的分割监管，再拓展到对金融机构谨慎经营的监管，最后到对金融产品或者业务的监管，俨然形成了“沿着货币管制、市场管制、机构管制和产品工具管制而不断深入”[1]的历史线条。其中，在金融监管的逻辑上则基本形成了“机构监管”和“功能监管”两种模式，[2]前者所遵循的是“机构属性”的监管权分割进路，而后者所依照的是“产品或工具属性”的监管权分割逻辑。然而值得注意的是，在金融市场尚未细分、金融产品或工具单一的情形下，“机构监管”与“功能监管”并没有本质上的区别，本质上都是在金融产品或工具属性的基础上进行的金融监管权分割配置。就此而言，“我国金融市场以‘机构监管’为主导的模式并非出于某种刻意的设计的，而是由中国金融市场的演化历程以及当下中国金融市场的诸多特质所决定的，因而具有了某种历

---

〔1〕 周虎：《金融监管的核心和内容》，载《银行家》2003 年第 3 期。

〔2〕 通常而言，“机构监管”强调按照金融机构的类型进行监管，同一类型的金融机构由同种金融监管机构予以监管；“功能监管”则主要按照金融机构所从事的活动、金融产品或工具的本质属性而将监管权力分配到不同的金融监管部门。

史和现实的合理性”。[1] 然而,随着既行的“机构监管”逻辑并不能适应金融深化发展中金融经营混业化、金融产品或工具多元化、非正规金融发展等的监管需要,这在很大程度上使诸多金融业务、金融活动或多或少地游离于金融监管的范围之外,或者是因监管规则的“政出多门”而导致金融监管实践上的重叠、“真空”或不协调。事实上,“功能监管”的分权逻辑则可以弥补“机构监管”的缺陷,能够对各类型金融机构所开展的具有同种属性的金融活动、金融产品或工具进行同质性监管,并保证金融监管政策或规则、监管权配置的实践适应性。因此,金融监管的分权逻辑需要从“机构监管”向“功能监管”的转换。

值得注意的是,无论是“机构监管”,还是“功能监管”,其在更大程度上是从宏观层面对金融安全和金融监管效率进行的类型划分,所体现的是一种更具整体性的金融监管理念的转换。从微观或者细节的角度进行考量,金融监管分权的逻辑即体现为“机构监管”所统摄的对金融机构审慎经营之微观审慎风险的监管和“功能监管”视角下对金融机构微观审慎监管、金融体系宏观审慎监管以及以金融消费者权利保护为重的行为监管。质言之,尽管风险性监管是现代金融监管的核心,并贯穿于整个金融监管过程之中,[2]但风险监管的内容已从危机前单纯性的微观审慎监管向危机后兼顾宏观审慎监管转变,同时对金融消费者合法权益的保护也日渐成为世界各国金融监管改革中的重要内容之一。[3] 显见,金融监管的分权已经从单纯的风险监管向兼顾金融消费者保护转变,并且风险监管也已经由单纯注重单个机构风险防控的微观审慎监管向兼顾系统性风险的宏观审慎监管转变。

如上所述,中央金融管理部门横向层面的监管权分割配置主要由分业经营模式下按不同金融机构属性而建立的分业监管模式,向混业经营模式下按金融机构业务或行为属性混业监管模式转变,所谓的混业监管实质上就是按照金融机构业务或行为属性以及金融监管的风险控制和金融消费者保护的目标而建立的功能监管模式,且功能监管模式又具体体现为宏观审慎监管、微观

---

[1] 冯辉:《我国金融市场从“机构监管”到“功能监管”的法律路径——以金融理财产品监管规则的改进为中心》,载《法学》2010 年第 7 期。

[2] 参见冬晓:《风险监管是金融监管的核心》,载《中国金融家》2011 年第 2 期。

[3] 参见中国金融四十人论坛课题组:《金融消费者保护是金融监管的核心》,载《今日财富(金融发展与监管)》2011 年第 3 期。

审慎监管和行为监管3种具体的监管模式。审慎监管与行为监管已然成为金融监管的两大支柱,宏观审慎监管旨在“通过对风险相关性的分析,对系统重要性机构重要性金融机构的监管来防范和化解系统性风险,它是保障整个金融体系良好运作、避免经济经历重大损失的一种审慎监管模式”,而微观“审慎监管以保证金融机构稳健运行、关注金融机构的安全和健康发展为目标,重点在金融机构、在金融市场的供给方。行为监管以确保市场公正透明、监督金融机构对待金融消费者的行为、维护金融消费者信心为目标,重点在金融市场的需求方”,[1]从整体上形成了金融服务供给者稳健运营、金融服务需求者权益保护以及金融服务市场整体稳定协调均衡的金融监管格局。

(二)不同类型金融组织或业态之监管权限纵向划分的逻辑转换

如果说金融监管权限横向划分的逻辑所完成的是从“机构监管”向“功能监管”、从微观审慎监管向兼顾宏观审慎监管和行为监管的转变,并且单纯注重维系金融机构稳健运营向兼顾整个金融体系的系统安全和金融消费者权益的维护转变,那么金融监管权限纵向划分的逻辑则主要是从单纯注重金融安全向兼顾金融监管效率转变,其具体涉及中央垂直金融监管模式、属地监管模式、省级人民政府以下垂直监管模式或者中央督察式省级人民政府以下垂直监管模式等中央与地方政府金融监管权限划分模式选择的问题。值得注意的是,中央与地方政府金融监管权限划分模式的选择深深地植根于中国金融的深化发展逐渐从政府主导推动向市场内生推动转换的背景之中,金融深化中地方性新兴金融组织或业态的多元发展促使地方性金融组织或业态监管权力在中央与地方政府金融监管结构中的重新调整。地方性新兴金融组织或业态的多样化发展对专门针对法定金融组织或业态而建立的中央垂直金融监管结构形成了冲击,而这又必然要求新兴金融监管权纵向配置模式的确立。是故,中央与地方政府金融监管权限的重新划分根源于中国金融深化发展的推动力量由单一性的政府向多元化的市场主体转变,形成了金融组织或业态多元发展决策的多中心化。

面对金融组织或业态的多元化发展之监管诉求,中央政府出于对金融秩序维护、金融监管效率提升的考虑,而逐步将部分地方性金融组织或业态的金

[1] 王华庆:《论行为监管与审慎监管的关系》,载《中国银行业》2014年第5期。

融监管权力下放至地方政府及其设立的金融监管机构享有并行使。值得注意的是，尽管中央已将部分地方性金融的监管权授予或委托地方政府及其所属金融机构享有并行使，但并没有对地方政府的金融监管模式、监管主体、职能定位等作出明确具体的规定，[1]此举导致了地方性金融组织或业态监管规范“政出多门”、地方政府金融监管权配置与行使的碎片化以及金融监管部门的分散多元。换言之，地方政府金融监管权源于中央政府及其所属金融管理部门的授予或者委托，但中央是采用具体性或零散性方式将部分地方性金融组织或业态的金融监管权力授权或者委托地方政府及其所属金融监管机构享有并行使，事实上此种权限划分方式所遵循的逻辑是“打补丁”式的分权路径，并且此种权限划分方式并不能对未来新兴金融组织或业态的监管进行预测性安排，甚至极易导致中央与地方政府金融监管权限划分的前后矛盾、权力配置与行使的不协调以及监管“真空”或冲突等问题的发生。

进一步来讲，在“机构监管”的逻辑指引下，一是地方政府对地方性新兴金融组织或者业态监管权力的获得也都是中央不同金融行业监管机构针对自己所监管金融机构或组织类型，分别制定相应的金融监管规范并进行权力的授予或委托，并且中央政府各金融监管机构之间就地方性金融或者或业态监管权力的下放缺乏事前的沟通或者协调，这在一定程度上导致了地方政府金融监管权力授权或委托行使在实践中是彼此割裂的；二是地方政府设立的金融监管机构存在多元分散的特征，即地方政府设立的金融监管机构存在多种多样的类型，如地方政府“金融办”、地方政府“金管局”、地方政府商务厅、地方政府中小企业局等分别对不同的地方性金融组织或业态进行监管，[2]同时，除中央政府及其所属金融管理部门授予或委托行使的金融监管权力外，地方政府及其职能部门还通过自我赋权的方式对新型的地方性金融组织或者业态进行监管，形成了地方政府金融监管政策或规范的“政出多门”，以及金融监管权力享有与行使的分散化。显见，中央与地方政府的现行金融监管分权方案实乃一种消极应对的“打补丁”式的权限划分逻辑，缺乏系统性、体系化监管权限划

---

〔1〕 参见张雪兰、何德旭：《关于完善我国地方政府金融管理体制的思考》，载《财贸经济》2011 年第 7 期。

〔2〕 参见陆岷峰、王虹：《加强地方政府金融监管责任的研究》，载《金融理论与教学》2014 年第 8 期。

分的逻辑思路,因而中央与地方政府金融监管权限的划分必须从既有的“打补丁”式逻辑向系统化的“顶层设计”逻辑转变。

三、地方政府参与金融监管之监管对象的“三圈层”递进

既然中央与地方政府金融监管权限(监管对象)的划分必须从既有的“打补丁”式逻辑向系统化的“顶层设计”逻辑转变,因而中央与地方政府金融监管之监管对象的划分首先必须站在理性立场上,系统而全面地勾勒出地方政府参与金融监管的理想模式,而理想模式走向实践推行则需要采用层层递进的方式予以展开。进一步来讲,中央与地方政府金融监管之监管对象因划分标准的差异而形成了地方政府参与金融监管之监管对象的3个圈层,其具体体现为:地方政府参与金融监管之监管对象的“第一圈层”,即是在中央金融管理部门之法定监管范围不变的情形下,地方政府及其所属监管机构对“法定”类型之外的新兴金融组织或业态的“实践”类型进行监管;地方政府参与金融监管之监管对象的“第二圈层”,即按照“重要程度”或“影响公众范围”标准将中央金融管理部门既有法定监管范围之内的非存款类、不涉及社会公众的金融组织或业态之监管权力转交地方政府及其设立的金融监管机构享有并行使;地方政府参与金融监管之监管对象的“第三圈层”,即是按照“重要程度”或“影响地域范围”标准将中央金融管理部门既有法定监管范围之内,仅在地方政府辖区内经营的涉及社会公众的中小型金融组织或业态交由地方政府监督管理。值得注意的是,地方政府参与金融监管之监管对象的3个圈层具有逻辑上的递进特征,即形成了地方政府参与金融监管之监管对象的“三圈层”递进理论。之所以说地方政府参与金融监管之监管对象的3个圈层具有逻辑上的递进特征,原因在于,地方政府参与金融监管的深度由浅及深、广度由窄变宽以及金融的完全性由表及里。是故,地方政府参与金融监管之金融监管对象的初级目标应该是“第一圈层”、中级目标应该是“‘第一圈层’+‘第二圈层’”、终极目标应该是“‘第一圈层’+‘第二圈层’+‘第三圈层’”,形成地方政府参与金融监管之监管对象的范围由小变大、由浅及深、由窄变宽以及由表及里的递进性转换。从整体上来讲,地方性金融组织或业态应该主要是指那些“在一定行政区域内设立的,并主要为当地居民或企业提供服务的金融机构和金融市场”

(见图4)。[1]

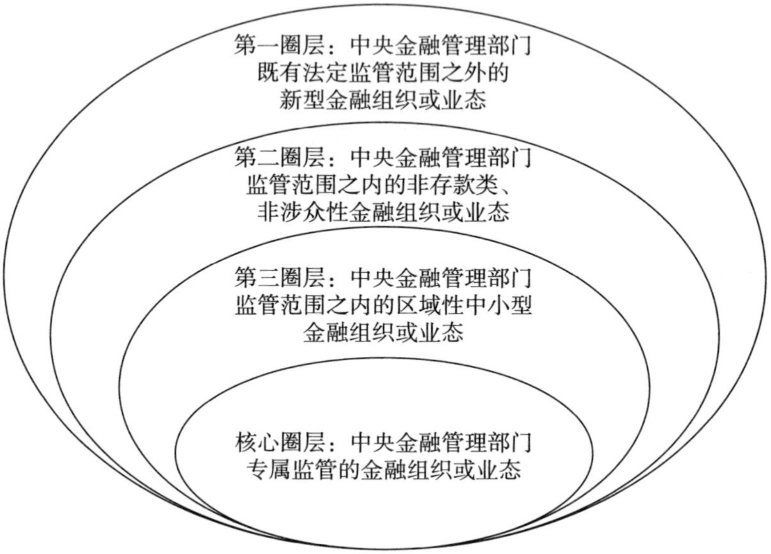

图4　地方政府参与金融监管之监管对象的"三圈层"

(一)地方政府参与金融监管之监管对象的"第一圈层"

既有金融监管基本法律明确规定中央金融管理部门对整个金融行业实施全面监管,而地方政府基本被排斥于金融监管权享有与行使的范围之外。即使地方政府获得了参与金融监管的权力,基本上也是在金融监管中扮演协助或配合的法律角色。值得注意的是,尽管金融监管的对象——金融组织或业态——具有类型法定的特征,即任何金融组织或业态未经金融监管部门的依法批准或备案均不得开展金融业务或活动。然而,随着金融的深化发展,金融组织或业态呈现多元化的发展态势,并且诸多新型的金融组织或业态,更准确地说,应该是类金融组织或业态并不属于金融组织或业态的"法定"类型。事实上,既有金融监管法律并没有对这些新型的金融组织或业态之监管进行规定,并且也未明确其是否应落入金融监管机构的监管范围之内。在金融监管法律规范未作明确规定,以及未获金融监管机构依法批准或备案的新型金融

[1] 刘新荣、陈波、陶钧:《对建立完善地方金融监管工作协调机制的思考》,载《西南金融》2016年第4期。

组织或业态，其监管职责究竟应该由谁承担？面对金融监管“真空”问题的存在，中央政府及其所属金融管理部门已采用“国发”、部门规章以及其他规范性法律文件的形式，将部分新型金融组织或业态的监管权力交由地方政府及其指定的金融监管机构享有并行使。尤为需要说明的是，在2017年第五次全国金融会议所确定的“7+4”类地方性金融组织或业态交由地方政府监管之前除小额贷款公司、商业保理企业、典当行、融资担保公司、P2P网络借贷平台这5种类型的新型金融组织或业态已经明确由地方政府及其指定的金融监管机构进行监督管理外，其他在实践中的金融组织或业态基本上没有被纳入地方政府的监管范围之内。当然，对于除上述5种类型外的金融组织或业态事实上还是或多或少受到了一定的监管，如农委或经信委等对农村资金互助社的监管、“金融办”或“金管局”对包括地方金融资产交易所、区域性股权转让中心在内的创新型金融交易平台进行监管等，甚至有的省级“金融办”概括性地负责“由地方政府管理的各类新兴金融行业的日常监督和管理”。[1] 总而言之，中央金融管理部门对“法定”类型的金融组织或业态进行管理，而除小额贷款公司、融资担保公司、典当行、商业保理企业、P2P网络借贷平台外的金融组织或业态的“实践”类型基本上都是通过地方政府及其职能部门通过自我赋权或者地方政府成立地方金融监管机构的方式对其进行监管。是故，地方政府参与金融监管之监管对象之“第一圈层”，即中央金融管理部门监管范围之外的新型金融组织或业态。在实践中，中国首部有关地方金融监管的地方性法规——《山东省地方金融条例》以及其他15个省、市自治区制定的地方金融条例或地方金融监管条例，甚至是2021年12月31日发布的《地方金融监督管理条例》（征求意见稿）所规定的，监管对象，就是此处所言“第一圈层”的内容，具体是指那些在本行政辖区内从事小额贷款、融资担保、权益交易、大宗商品非标准化衍生品交易、信用互助、民间融资、典当、融资租赁等金融组织或业态，并且明确规定法律、行政法规对地方金融活动和监管另有规定的，从其规定。质言之，凡是中央金融管理部门管辖范围内的金融组织或业态，地方政府设立的金融监管机构一概不予监管，只对中央政府金融管理部门监管范围之外的地方性金融组织或业态进行监管。

---

〔1〕 杨子强：《完善地方金融监管体制》，载《中国金融》2014年第5期。

（二）地方政府参与金融监管之监管对象的“第二圈层”

在中央金融管理部门的法定监管范围内存在一些非存款类、非涉众性金融组织或业态。对于非存款类金融组织或业态来说，其主要被规定于我国《银行业监督管理法》第2条和《中国人民银行法》第52条之中，即包括金融租赁公司、信托投资公司、金融资产管理公司、财务公司以及经国务院银行业监督管理机构批准设立的其他非存款类金融机构等。同时，中国人民银行发布的《金融机构编码规范》（GR/T 0124—2014）也列明了一些银行业非存款类金融机构，即信托投资公司、金融资产管理公司、金融租赁公司、汽车金融公司、贷款公司、货币经纪公司6种类型。此外，还包括新兴的消费金融公司。当然，需要特别说明的是，汽车金融公司、消费金融股公司、财务公司以及金融租赁公司具有限定范围内的吸收存款的业务能力。同时，非存款类的金融组织或业态主要由银保监会进行监督管理。对于非涉众性的金融组织或业态来说，主要是指证券行业内的私募投资基金，其包括投资买卖股票、股权、债券、期货、期权、基金份额及投资合同约定的其他投资标的，以非公开方式向投资者募集资金设立的投资基金，并且其由中国证监会进行监管。值得注意的是，中央金融管理部门的法定监管范围内的非存款类、非涉众性金融组织或业态与存款类的、涉及社会公众的金融组织或业态存在明显区别，而其根本区别在于非存款类、非涉众性金融组织或业态并不完全具备高杠杆率、强外部性和明显的信息不对称的金融属性。尤其是中央金融管理部门法定监管范围内的非存款类、非涉众性金融组织或业态并不具有金融典型属性中的高杠杆率和明显的负外部性特征，[1]这具体表现为非存款类、非涉众性金融组织或业态并不面向公众吸收公众存款或者面向社会公众融资，并且此类金融组织或业态的同业拆借比率相对较低。因此，中央金融管理部门的法定监管范围内的非存款类、非涉众性金融组织或业态并不属于具有重要影响的金融组织或业态，也不会对社会公众和整个金融系统产生明显的负面影响，可以将其交由地方政府及其指定的金融监管机构进行监督管理。

第一，对中央金融管理部门的法定监管范围内的非存款类金融组织或业

〔1〕参见王胜春：《地方政府金融监管边界在哪》，载和讯网，http://bank.hexun.com/2012-09-13/145801938.html，最后访问日期：2016年8月25日。

态金融属性的分析。在既有金融监管法律规定的非存款类金融组织或业态中，其杠杆率都相对较低，如消费金融公司的同业拆入资金余额不高于资本净额的100%、金融租赁公司同业拆入资金余额不得超过资本净额的100%、财务公司拆入或拆出资金余额均不得超过实收资本金的100%等。再者，非存款类金融机构又不得向社会公众进行融资或者吸收公众存款，即使汽车金融公司、消费金融公司、财务公司以及金融租赁公司具有限定范围内的吸收存款的业务能力，其存款的来源也是限定于特定对象，如消费金融公司可接受境内子公司及其境内股东的存款，汽车金融公司可接受境外股东及其所在集团在华全资子公司和境内3个月(含)以上的定期存款，财务公司可吸收成员单位的存款，金融租赁公司可吸收非银行股东3个月(含)以上的定期存款。总体来看，非存款类金融组织或业态因同业拆借比率较低，且吸收存款的对象仅为特定的对象或成员，而使其具有较低的杠杆率和较弱的外部性，这进一步使非存款类金融组织或业态具有较低的系统风险。此外，国务院于2015年8月发布《非存款类放贷组织条例(征求意见稿)》规定，各省级人民政府对辖区内非存款类放贷组织实行属地化监管，而非存款类放贷组织监管权的具体享有和行使部门由省级人民政府制定。是故，中央金融管理部门的法定监管范围内的非存款类金融组织或业态可逐步交由地方政府及其指定的金融监管机构予以监管。

第二，对中央金融管理部门的法定监管范围内的非涉众性金融组织或业态金融属性的分析。在既有金融监管法律规定的非涉众性金融组织或业态中，最典型的私募投资基金首先不面向社会公众募集资金，并且向特定投资者募集资金也是采用非公开方式进行募集，其本身并不具有明显的负外部性。退一步来讲，即使投资失败也不会对整个金融系统产生明显的风险传递效应，引发大规模的金融波动或者危机。事实上，对于私募投资基金来说，最大的问题即是可能存在信息不对称性。显见，保证信息准确、及时、完整、有效的披露，以保护合格投资者的合法权益，实为私募基金监管的核心指向，而单纯的信息披露监管可以交由地方政府及其指定的金融监管机构进行监督管理。

(三)地方政府参与金融监管之监管对象的“第三圈层”

中央金融管理部门法定监管范围内区域性的中小型金融组织或业态，比较明显的7种类型是农村(合作)信用社、农村商业(合作)银行、村镇银行、城市信用(合作)社、城市商业银行、民营银行以及农村资金互助社。事实上，上述7种类型的中央金融管理部门法定监管范围内区域性的中小型金融组织或业态具有的明显特征是,基本上都将经营地域限定于特定的行政辖区或具有明显的"三农"服务面向。当然,部分区域性的中小型金融组织或业态,主要是指城市商业银行的经营地域、服务对象已经超越特定的行政辖区或者已经跨省设立分支机构,甚至面向全国进行服务。值得注意的是,此处所谓的地方政府参与金融监管之监管对象的"第三圈层",主要是指那些将经营限定于特定的地域范围,以及尚未进行跨省经营的城市商业银行,有一部分民营银行也对其经营地域进行了自我限定。

一是中央金融管理部门法定监管范围内区域性的中小型金融组织或业态之村镇银行。村镇银行之设立根本目的在于为"三农"金融服务,为防止其依旧扮演农村地区[1]资金"抽水机"的角色,形成农村地区资金的"虹吸效应",因而既有有关规范村镇银行的法律规范,要求村镇银行除不能跨区域吸收存款、发放贷款外,其"在设立区域、经营区域上亦严格受限,最初只能在县、镇设立,后允许升级到市",[2]同时其主要为当地农民、农业和农村经济发展提供金融服务。显见,村镇银行在业务范围、业务对象上都受到了严格限定,因而具有明显的属地属性,将其监督管理权力交由地方政府及其设立的金融监管机构行使,有助于缓解中央金融管理部门监管能力不足的问题,以及提升村镇银行监管的有效性(包括金融安全的维护和金融监管效率的提升)。

二是中央金融管理部门法定监管范围内区域性的中小型金融组织或业态之民营银行。2014年3月中国银监会正式启动民营银行的试点,第一批试点对象有5家,其中,深圳前海微众银行和浙江网商银行属于互联网民营银行。"相比两家互联网民营银行的服务不受地域限制,另外3家民营银行服务对象有着特定区域范围。"[3]同时,从民营银行的经营模式来看,第一批试点5家民营银行之经营模式主要有4种形式,其分别是"小存小贷"、"大存小贷"、"公存公贷"以及"特定区域存贷款"模式。具体来看,浙江网商银行实行"小存小贷"的模式,对存款、贷款数额的上限进行限定;深圳前海微众银行实行"大存小

---

[1] 《村镇银行管理暂行规定》第59条规定:"本规定所称农村地区,是指中西部、东北和海南省县(市)及县(市)以下地区,以及其他省(区、市)的国定贫困县和省定贫困县及县以下地区。"

[2] 柴瑞娟:《民间资本控股村镇银行:逻辑证成与法律规制》,载《法学评论》2012年第6期。

[3] 刘小旭:《筹建满一年 民营银行离我们到底有多近》,载《中国商报》2015年8月18日。

贷”的模式，对存款额的下限、贷款额的上限进行限定；天津金城银行实行“公存公贷”的模式，即仅为法人提供存、贷款服务；上海华瑞银行和温州民商银行采用“特定区域存贷款”模式，明确限定了经营业务的地域范围。[1] 自2015年6月银监会发布《关于促进民营银行发展指导意见的通知》后，民营银行进入第二批试点进程，2016年批准筹建12家，2019年批准筹建2家。总体来看，民营银行的试点要么对存、贷款数额的上下限进行限定，要么服务对象限定于法人机构，要么限定了业务经营的地域范围，这些限定条件使民营银行的外部性较弱、风险较小。以此类推，从民营银行的既有试点经验来看，未来仍然会对民营银行的业务经营模式、业务经营范围进行差异化设定，因而可以将对民营银行进行的权力划归地方政府及其设立的金融监管机构享有并行使。

三是中央金融管理部门法定监管范围内区域性的中小型金融组织或业态之农村信用社、农村商业（合作）银行、城市商业银行、城市信用社。农村商业（合作）银行和城市商业银行基本上都是由以往的农村信用社和城市信用社改制而来，其本身的定位即是服务于其所在的行政辖区，当然，现在也有部分城市商业银行开始跨省设立分支机构，或许也会成为未来的发展趋势。然而，现实中仍然有不少的城市商业银行将其业务经营限定于特定的行政区域，或者其根本没有能力参与跨省经营或跨省设立分支机构，同时，农村信用社、农村商业（合作）银行、城市信用社不得跨省设立分支机构。事实上，尚未跨省设立分支机构或经营的城市商业银行其业务经营范围仅限于其所在的省级行政辖区，具有明显的地域性或区域性，其由地方政府及其设立的金融监管机构进行监管或许更有利于省级地方政府依据本省情况制定相应的金融监管规范，继而有助于实时有效地进行金融监管。此外，农村信用社、农村商业（合作）银行监管权划归地方政府将保证了地方政府及其设立的金融监管机构权责的对等性，因为依据既有金融监管法律法规等的规定，地方政府要对农村信用社负有最后的市场退出和风险处置责任，而真正的监管权力则由中国人民银行和银保监会享有。与之相类似，村镇银行、城市商业银行等地方性法人金融机构也存在权责不对等的问题，即市场准入、业务经营等这些真正性的金融监管权力

[1] 参见戴小平、王玉兴：《我国民营银行的市场定位及经营模式研究》，载《上海金融学院学报》2015年第1期。

归中央金融管理部门享有，而最后的风险处置责任则由地方政府承担。

四是中央金融管理部门法定监管范围内区域性的中小型金融组织或业态之农村资金互助社。原银监会《农村资金互助社管理暂行规定》明确，农村资金互助社的设立运营由原银监会地方银监局进行审批监管，并由原银监会颁发金融许可证。值得注意的是，根据《中国银行业监督管理委员会 2015 年报》的数据显示，获得原银监会金融许可证的农村资金互助社数量仅有 48 家，但未获得金融许可证的有 20,000 多家，并且这些未获得金融许可证的“农村资金互助组织的监督管理分别散落在当地金融办、农村改革实验办、民政局、工商行政管理局、税务局、财政局、扶贫办、农业局、审计局、乡镇政府等多个部门”。[1] 值得注意的是，虽然这些未获得金融许可证的农村资金互助社的设立与运营存在违法违规的问题，但地方政府及其职能部门对其进行监管反映了现实的需要。究其根本原因在于，农村资金互助社主要集中于村、镇和区县地方，并且主要面向特定辖区的农民提供资金互助服务。因此，农村资金互助社并不具有高杠杆率、负外部性和强信息不对称等明显的金融属性。退一步来讲，即使农村资金互助社从事了吸收公众存款的业务也只是限于特定对象或特定区域的对象，其不仅成员封闭，而且业务也封闭，同时还不承诺给出固定回报，加之地方政府因地缘原因还具有监管上的信息优势，因而可以将其监管权交由地方政府及其设立的金融监管机构享有并行使，此举实然有助于提升农村资金互助社监管的有效性。

第三节　地方政府参与金融监管的法定监管内容

一、地方政府参与金融监管之金融自由边界厘定

金融自由主义的破产将金融监管的地位推向了前所未有的高度，甚至还提出要或已经以金融产权国有化的方式直接参与到金融发展经营中来，但将视角转移到中国语境之下，金融改革或者金融监管改革则具体体现为从金融

---

〔1〕 高玉成、郑伟、刘俊峰：《农村资金互助社发展与监管问题探析》，载《金融理论与实践》2015 年第 6 期。

抑制向金融深化的转换、金融市场化程度不断加深的逆向过程。中国金融市场化的层层递进主要是由政府主导或推动的,并且其功能主要是促进市场机制的形成,但金融改革或金融监管实践并不是制度安排的直接导出,其运行过程中掺杂了多种多样的约束因素,包括计划经济体制的惯性、以 GDP 增长为中心的政绩考核机制等,这直接导致了金融改革中政府发展职能与监管职能的混淆或者冲突,并且政府经济(金融)发展职能与监管职能的混淆与冲突正在以中央政府为中心向以地方政府为中心转变。经济管理权的下放使地方政府成为中国经济发展的“第一行动集团”力量,而这又促使其通过对金融资源的控制来为经济发展获取资金。从金融自由与监管的边界划定来看,地方政府对金融资源的控制即表现为其超越了金融监管的边界而跨入本应属于金融自由的范围之内。金融监管的理论边界是由金融市场的失灵或不健全、监管成本收益比、监管失灵、自律或社会监管能力以及投资者或金融消费者的保护度等多重因素共同决定的,“金融市场自由的相对性隐含了金融监管相对性的结论”,[1]那么金融自由边界的厘定必然也脱离不了上述因素的影响。值得注意的是,上述影响因素在更大程度上是从外部视角来考虑金融监管的必要性与限度,此外,还需要从金融自身的特质谈起,尤其是需要从行业细分后不同形态金融组织或业态属性角度来分析金融自由的限度与边界,具体表现为对新型金融组织或业态之“合法”与否的判定,以及金融行业细分后不同形态金融组织或业态之监管强度的设定。

(一)新型金融组织或业态之“合法”与否的判定

中央金融管理部门监管范围以外的新型金融组织或业态虽在政策上获得了些许发展空间,但在法律层面仍旧未获得其应有的地位,[2]甚至还“被冠以‘扰乱金融秩序’的罪名或被施以不恰当的限制措施”。[3] 因此,在中央与地方政府有效划分金融监管权限,并明确将中央金融管理部门监管范围以外新型金融组织或业态交由地方政府监管之后,地方政府首先需要解决的问题应该是判断中央金融管理部门监管范围以外新型金融组织或业态的“合法”与

---

〔1〕 王怀勇:《金融监管边界的经济学与法学分析》,载《政法论坛》2013 年第 9 期。

〔2〕 参见刘志伟:《非法集资行为的法律规制:理念检视与路径转换》,载《江西财经大学学报》2016 年第 1 期。

〔3〕 高晋康:《民间金融法制化的界限与路径选择》,载《中国法学》2008 年第 4 期。

否,这是地方政府设立的金融监管机构真正行使金融监管权力的前提。其中,所谓的“合法”主要是明确中央政府金融监管范围以外新型金融组织或业态是否违反了中央既行金融监管法律规范的基本规定、是否存在未经依法批准而从事金融活动或者存在违反有关金融管理秩序规定的情形,具体就是判定中央授权给地方政府监管的新兴金融组织或业态是否存在非法集资、高利放贷等违反既有金融监管法律规定的情形。如果存在未经依法批准而从事金融活动或者违反有关金融管理秩序规定的行为,地方政府则应将涉案金融组织或业态交由中央金融管理部门予以处置;如果不存在,此时地方政府则可依据与金融监管相关的地方性法规、地方政府规章等法律规范对中央金融管理部门监管范围以外金融组织或业态“合法”与否进行具体性判定。

值得注意的是,金融组织或业态的实践发展经常会超越既有金融监管法律法规的规定,或者是既有金融监管法律法规之规定背离了金融行业自身的内在规定性,并且单纯地进行法律条文的机械适用容易导致金融组织或业态“合法”与否判定的错误。因此,在对中央金融管理部门监管范围以外新型金融组织或业态之“合法”与否进行判定的过程中,还需要采用法律解释学的方法对不同类型金融组织或业态自身金融属性的强弱程度进行评估,具体就是解析不同类型金融组织或业态是否具有高负债性、是否具有风险易扩散性这些金融行业自身最本质的特征。究其根本原因在于,“高负债性从根本上决定了金融业的高风险性,也先天决定了金融业的脆弱性”,[1]而风险的易扩散性将会导致包括信用风险、市场风险、流动性风险在内的金融风险从单一金融机构向整个金融系统的传递,继而威胁整个金融市场的秩序与稳定。直言之,中央金融管理部门监管范围以外的属于地方政府监管的金融组织或业态之“合法”与否,首先需要依据既有金融基本法律、行政法规、地方性法规、地方政府规章等规范对其进行判定,同时为避免相关法律规范适用的错误,而需要从法律解释学的立场来分析中央政府金融监管机构监管范围以外不同类型金融组织或业态自身金融属性的强弱。因而,唯有结合新型金融组织或业态自身金融属性的强弱来适用法律,才能真正实现中央金融管理部门监管范围以外新型金融组织或业态的“合法”与否进行有效判定。

---

〔1〕 刘维林:《激励相容与金融监管的边界》,载《经济纵横》2009 年第 11 期。

(二)不同形态金融组织或业态之监管强度的设定

在对新型金融组织或业态进行“合法”与否的判定之后,关键是要结合不同形态金融组织或业态的内在规定性来进行差异化的监管强度设定,具体而言,就是需要结合地方政府参与金融监管之监管对象的“三圈层”递进理论,对“第一圈层”“第二圈层”“第三圈层”进行差异化的监管。值得注意的是,金融监管对象之“三圈层”的划分是从中央金融管理部门既有监管范围之内和之外两个层面进行划分,而后是结合金融组织或业态的内在规定性对中央金融管理部门既有监管范围之内的不同形态金融组织或业态又具体细分为两个不同的金融圈层。事实上,地方政府参与金融监管之监管对象的“三圈层”递进理论是为了实现中央与地方政府金融监管权限的合理有效划分,如果从地方政府金融监管与地方性新型金融组织或业态之边界的厘定,以及从不同形态金融组织或形态的内在规定性来看,地方政府参与金融监管之监管对象的“第一圈层”与“第二圈层”存在超强的重叠性,或者说“第一圈层”与“第二圈层”的金融组织或形态在金融属性上具有同质性。因此,地方政府参与金融监管之监管对象的“第一圈层”与“第二圈层”应采用相同的金融监管强度,地方政府参与金融监管之监管对象的“第三圈层”则应采用独立的金融监管强度,具体幻化到金融监管方式的选择上,即体现为采用审批性的金融监管还是备案式的金融监管,抑或是其他。当然,无论是金融监管审批模式,还是金融监管备案模式,这都是从事前监管的角度进行切入。从事中与事后监管的角度进行分析,“第一圈层”、“第二圈层”和“第三圈层”的监管方式也会存在不同程度的差异,这主要体现在对不同类型的金融组织或业态究竟是采用资本监管、信息披露监管,抑或是其他金融监管方式。

进一步来讲,地方政府参与金融监管之监管对象的“第一圈层”与“第二圈层”的金融组织或业态主要是非存款类、非涉众性的不面向公众吸收公众存款或者社会公众融资,并且同业拆借比率相对较低的金融组织或业态,这就使“第一圈层”与“第二圈层”的金融组织或业态具有杠杆率较低、外部性较弱以及信息相对对称的特点。值得注意的是,尽管“第一圈层”与“第二圈层”的金融组织或业态不具备强金融特性,但毕竟都在或多或少地从事金融业务、提供金融服务,所以可以采用备案管理的市场准入模式。相较地方政府参与金融监管之监管对象的“第一圈层”与“第二圈层”的金融组织或业态而言,“第三圈层”的金融组织或者业态之所以划归地方政府监管，根本原因是其经营地域范围主要限定于特定的行政辖区之内，不会超越省级行政辖区或者跨省进行经营，而不是因为“第三圈层”的金融组织或者业态高负债比率、风险易传递性等金融内在规定性的减弱。当然，“第三圈层”金融组织或者业态之经营地域范围的限制也会在一定程度上减弱其风险传递能力、限定其吸收存款或融资所涉及的公众人数，但其高杠杆率或者高负债比率并没有因此而降低，依然会因为经营不善而具有较强的负外部性，甚至会引发区域性金融风险。是故，对于地方政府金融监管对象之“第三圈层”之市场准入监管应继续采用审批管理模式。当然，地方政府参与金融监管之监管对象的“第一圈层”、“第二圈层”与“第三圈层”的金融组织或者业态之金融内在规定性的差异，也会导致其事中、事后监管方式的不同，其中，“第三圈层”金融组织或者业态之事中、事后监管重在维护金融安全，依然需要严格遵循资本充足率、杠杆率以及流动性风险等微观审慎监管的硬性标准，同时利用逆周期监管工具来防止系统性风险的发生；“第一圈层”“第二圈层”金融组织或者业态之事中、事后监管重在维护金融公平，更加注重持续性的信息披露，以缓解信息不对称的问题，而不是对其所从事的准金融或类金融业务进行实质性的审查监管。

二、地方政府参与金融监管之金融风险教育普及

金融风险认知能力是金融业者参与金融活动的必要前提，而金融风险认知能力的取得或是提升必须以接受特定的金融风险知识教育为前提，其中，金融风险知识教育最重要的目的就是让金融市场参与者或从事者认识到金融本身的高风险特性，认识到自身的风险承担能力以及充分认识到投、融资活动之失败“风险自担”的市场精神。之所以要强化金融市场活动参与或从事者，尤其是处于弱势地位的金融产品的购买者、金融项目的投资者以及金融服务提供者的金融风险认知能力和实现金融风险教育的普及，根本原因在于，“金融专业技术不断向高端发展而公众基础金融知识匮乏；金融投资理财功能被广泛宣传而风险控制和规避功能总是轻轻带过”，[1]以及有效的金融风险教育可

〔1〕 李哲：《金融教育结构性缺失：对金融危机的一个反思》，载《江西财经大学学报》2011年第5期。

以提高金融市场参与或从事者的行为理性,降低其系统性行为偏差,增强其对金融市场的信心。[1] 显见,当下中国新兴金融组织或业态的违法违规运营、高利贷和非法集资案件的层出不穷,除金融活动经营者的欺诈行为、金融监管规范滞后,以及金融监管执法"缺位"等因素的共同作用外,还在于金融活动的参与或从事者对金融产品或服务的风险性、自身的风险承受能力以及金融"风险自担"原则的认知不清而盲目参与金融市场活动存在极大的关联。同时,由于地方政府参与金融监管之监管对象,尤其是"第一圈层"金融组织或业态中包含了诸多由于金融活动参与或从事者金融风险认知不足而导致的金融欺诈、高利贷、非法集资等事件,因而地方政府参与金融监管的内容之一即是进行金融风险教育的普及,以实现金融市场活动参与或从事者之风险认知能力、风险防范能力的提升。

(一)金融有风险:从事或参与金融市场活动存在风险

金融监管放松过程中新兴金融组织或业态的多元化发展已然突破了传统金融组织或业态的类型,诸多新兴金融组织或业态究竟是否应该被纳入监管的范围,以及应该采用何种方式对其进行监管,无论在理论层面还是实践层面都遇到了不少困难和"瓶颈"。恰巧在是否应对新兴金融组织或业态进行监管以及如何对其进行监管的争论或者分析之际,利益的驱使促使诸多不具备基本金融知识、金融风险认知或自身风险承受能力不足的市场群体开始从事具有金融属性的业务或者组织设立类金融组织或机构,甚至还盲目地扩大金融业务规模,最终因金融知识或金融风险控制能力的不足导致经营失败。事实上,一些不具备金融基本知识或风险认知能力的金融组织或业态的经营者本身开展经营活动之初,并不具有违法开展金融业务或者从事金融欺诈的恶意,关键是由于其不具备必要的金融或金融法律知识,也认识不到金融行业存在如此高的风险性以及必要的风险控制能力,才导致金融业务活动的开展违背既有金融监管法律的规定[2]或者因资金链的断裂而导致经营的失败,继而承担从事或参与金融市场活动而带来的风险。

---

〔1〕 参见王华庆:《有效开展金融消费者教育》,载《中国金融》2013 年第 22 期。

〔2〕 参见刘志伟:《民间借贷风险的法律规制——以风险的类型化为视角》,载《四川师范大学学报(社会科学版)》2014 年第 1 期。

除从事新兴金融组织或业态的经营者不具备金融风险认知外，诸多金融产品或服务的购买者、金融项目的投资者等金融市场的参与主体，事实上也不具备金融风险认知能力。在新兴金融组织或业态的市场经营中，尤其是“在影子银行领域里，我们发现很少有投资者真正关心金融产品可能面临的风险，真正去关注金融产品所对接项目运行的盈利前景。这与投资于股市的个人投资者具备明显的金融风险意识存在明显反差”，[1]因而大部分新兴金融组织或业态的参与者，尤其是处于弱势地位的金融产品的购买者、金融项目的投资者并不具备基本的风险意识和风险认知能力。事实上，在新兴金融领域，金融活动的参与者更应该具有基本的金融知识、风险识别能力，原因在于新兴金融组织或业态不仅缺乏有效的金融监管，而且其募集资金的投向相对隐蔽、项目收益率难以或者根本未获得准确有效的评估，从而导致投资风险更大。

在金融深化发展中，不仅新兴金融组织或业态的组织者、经营者缺乏必要的金融风险认知能力，而且金融产品或服务的购买者、金融项目的投资者也缺乏基本的金融风险认知能力，此举导致了具有高风险属性的金融行业的混乱或金融风险的发生。因此，地方政府设立的金融监管机构作为除中央金融管理部门及其地方派出机构外的新兴金融组织或业态的法定监管者，其有必要通过开展金融风险教育来促使新兴金融组织或业态的组织者、经营者、金融产品购买者、金融项目投资者具备基本的金融知识和风险认知或者判断能力。值得注意的是，金融风险教育的普及或者开展的具体落实任务并非单纯由地方设立的政府金融监管机构独自承担，地方政府设立的金融监管机构不仅自己需要承担此项任务，并且其还可以要求金融组织或业态的经营者开展金融风险认知教育，以及在金融产品或服务的提供过程中及时、准确、完整地向金融产品或服务的购买者披露信息、进行风险提示以及限制其所购买金融产品类型或数量[2]等。

（二）风险须自担：投资或融资失败的风险要由自己承担

除要强化从事或参与金融市场活动行为人的风险认知能力外，还需要明

[1] 项峥：《金融风险意识需要健全制度引导》，载《证券时报》2014 年 4 月 1 日，A3 版。

[2] 参见杨峻：《投资者教育是互联网金融风险防范的重要一环》，载中国新闻网，http://www.chinanews.com/fortune/2016/08-12/7970301.shtml，最后访问日期：2016 年 8 月 26 日。

确金融市场中投资或融资失败的风险要遵循“风险自担”的市场精神。在实践中,新兴金融组织或业态的组织者或经营者虽缺乏一定的风险认知或识别能力,但其非常清楚如果产生风险将由其自身予以承担,这也是当下诸多P2P网络借贷平台组织者或经营者“跑路”或者进行“刚性兑付”的主要原因。最关键的是,金融产品或服务的购买者、金融项目的投资者不仅不具备基本的风险识别能力,还经常将自己投资遭受的损失归咎于金融监管机构的失职,或者无端地要求金融产品或服务的经营者或提供者承担“刚性兑付”的义务。

金融市场中的投融资交易行为属于典型的市场行为,金融交易中产生的风险应该由交易双方按各自的责任分别承担,并且金融交易中“买者自负”原则是传统民法中的“自己责任”原则在金融服务法律领域的拓展适用。[1] 值得注意的是,金融交易中投资者的“买者自负”是存在限度的,而限度的边界则在于金融产品或服务的提供者是否真实、准确、完整地披露了与产品或服务有关的信息,以及是否按照“投资者适当”规则对投资者的产品或服务购买行为进行了必要的风险提示和匹配。如果金融产品或服务的提供者没有依照金融监管规则履行必要的信息披露和风险义务,其将要遵循“卖者有责”的原则,在现实中即表现为向金融产品或服务的购买者提供损害赔偿,甚至还要承担惩罚性赔偿责任,以及与之相对应的行政或刑事法律责任。若金融服务或产品提供者需要投资者提供其自身必要的信息以判断其是否适合购买何种类型的金融产品或服务,而其“不提供或故意、过失提供虚假信息,投资者将被拒绝提供服务或出现损失时将遵循‘买者自负’原则”,[2] 即由金融产品或服务的购买者自己承担风险责任。

金融行业高杠杆率、强外部性以及信息不对称等内在规定性决定了国家需要将其纳入监管的范围之内并承担相应的监管责任,但并不是所有因金融活动或者业务造成的问题都要承担金融监管机构监管责任。具体而言,在金融监管放松的背景之下,多元化的金融组织或业态层出不穷,甚至诸多金融组织或业态已经违反了既有金融监管法律的规定,对于金融监管机构监管范围

---

〔1〕 参见徐明、卢文道:《证券交易“买者自负”原则的司法适用及其法制化》,载张育年、徐明主编:《证券法苑》第4卷,法律出版社2011年版。

〔2〕 刘志伟:《金融创新中证券投资者知情权的法律保护》,载《西南金融》2014年第3期。

之外的新兴金融组织或业态,尤其是已经违反既有金融监管法律的金融组织或者业态,金融监管机构负有依法取缔、清理整顿的监管责任。然而,对于因参与非法金融活动而受到财产等损失的金融产品购买者或服务接受者,金融监管者并不负有赔偿或者补偿的责任,而由金融产品购买者或服务接受者自行承担,或者是由金融产品或服务的提供者承担。[1] 质言之,金融监管机构并不对参与非法金融组织或业态之金融产品购买者或服务接受者的财产损失承担补偿或者赔偿责任,而应由金融活动或业务的组织者或参与者,包括金融产品或服务的提供者和服务接受者自行承担。

三、地方政府参与金融监管之金融欺诈行为整治

金融欺诈行为的整治必须从金融欺诈发生的原因入手,厘清金融欺诈为什么会层出不穷。从表面上来看,金融欺诈行为的发生导源于金融组织或业态组织者或经营者非法获取利益和规避风险的初衷,但这只是主观层面上的原因,并且单纯的“内心观念、想法却不会导致法律后果的发生”,[2]因为法律所调整的不是人内心的主观想法而是其所实施的会产生法律后果的行为。除主观层面上的原因外,金融欺诈行为的发生还源于金融参与者之间的利益冲突、信息的不对称等客观因素。[3] 当然,对金融欺诈行为发生主客观因素的考察只是找到了金融欺诈行为发生的内外部约束条件,如果金融欺诈行为的实施并不会对任何主体、任何秩序产生不良影响,那么便没有必要对其进行监管或者整治。因而,金融欺诈行为的整治还必须要明晰其会对谁的利益产生影响,事实上这也是对金融欺诈行为进行监管或者整治的根本缘由。从金融监管的逻辑变迁来看,“早期金融监管的本质只是在于金融交易履约的保障,是金融交易履约的一种需求,而现代金融监管则体现为公共利益维护、金融安全的保障等”,[4]而这又具体表现为对投资者或金融消费者财产权利和国家金融

---

〔1〕《非法金融机构和非法金融业务活动取缔办法》(国务院第 588 号令,已失效)第 18 条规定:“因参与非法金融活动受到的损失,由参与者自行承担。”

〔2〕刘志伟:《民间借贷风险的法律规制——以风险的类型化为视角》,载《四川师范大学学报(社会科学版)》2014 年第 1 期。

〔3〕参见黄爱学:《金融商品交易反欺诈制度研究》,法律出版社 2012 年版,第 83 页。

〔4〕杨松、郭金良:《多层次民间金融监管的法律治理路径——基于民间金融交易特殊性的分析》,载《沈阳师范大学学报(社会科学版)》2014 年第 3 期。

(管理)秩序的维护。总体而言,对金融欺诈行为的有效整治必须从金融欺诈行为发生的诱因和金融欺诈行为所侵害的“法益”两个维度进行考量。

(一)金融欺诈行为发生诱因的消除或者弱化

金融欺诈行为的发生根源于金融组织或业态组织者或经营者非法获取利益和规避风险的主观目的,以及金融参与者之间的利益冲突、信息的不对称等客观性约束因素。值得注意的是,法律并不对也不能够对行为人内心的主观想法或利益诉求进行调整,而只是通过对外部环境或客观存在因素的改变来影响行为人行为的实施,因而金融欺诈行为发生之“原因”的消除并不是要消除金融组织或业态组织者或经营者非法获取利益和规避风险的诉求,而是通过对金融参与者之间利益冲突的调整,以及通过降低信息不对称性的不对称程度来防止金融组织或业态的组织者或经营者非法获取利益和采用非法的方式来规避或者转嫁自身可能承担的风险。

一是对金融组织或业态经营者、组织者与金融产品或服务的购买者、投资者之间利益冲突的制度衡平。金融组织或业态经营者、组织者与金融产品或服务的购买者、投资者之间的利益冲突会因金融组织或业态之具体类型的不同而存在差异。譬如,以 P2P 网络借贷平台为例,本质上“P2P 网络借贷平台是纯粹作为网络借贷信息平台使用,平台自身不会介入点对点网络借贷交易及其风险控制,并对借贷双方的网络借贷行为提供担保服务”。[1] 然而,中国“现在很多网络贷款平台已经开始直接介入借款人和贷款人之间的交易,超出了 P2P 网络贷款平台的服务范围,使平台的性质发生根本性变化”,[2] 这导致了平台居间人角色与行纪人角色职能的冲突,在利益方面即表现为 P2P 网络借贷平台经营者与投资者、借款者之间的利益冲突。此外,金融组织或业态的经营者可能实施客户资金挪用、不当劝诱、过度交易等与客户利益相冲突的行为。为解决金融组织或业态经营者、组织者与金融产品或服务的购买者、投资者之间的利益冲突,必须对金融组织或业态经营者、组织者的角色、功能、行为等进行限制,其中,最明显的就是要求在金融组织或业态经营者、组织者内部

---

〔1〕 刘志伟:《论 P2P 网络借贷平台业务发展的合法模式选择——从〈关于促进互联网金融健康发展的指导意见〉谈起》,载《中南大学学报(社会科学版)》2015 年第 6 期。

〔2〕 冯果、蒋莎莎:《论我国 P2P 网络贷款平台的异化及其监管》,载《法商研究》2013 年第 5 期。

建立必要的“防火墙”制度，促使其自营业务、经纪业务、投资咨询业务等的分离，同时自有资金和客户资金的管理、存放也实行账户的分离设置的制度等。

二是对金融组织或业态经营者、组织者与金融产品或服务的购买者、投资者以及金融产品或服务的购买者、投资者之间的信息不对称进行弱化处理。事实上，金融欺诈行为的发生都或多或少地利用金融参与者之间信息的不对称性而进行的，“金融机构在宽松的环境下，设计对自己有利的产品或者从事对己有利的业务，使‘无知’的人们陷入欺诈的圈套，或者成为道德风险的受害者”，[1]甚至有些金融组织或业态的经营者或组织者以“高额回报”为诱饵，直接违反既有法律规定实施非法集资行为。对于前者来说，金融机构或组织只是利用法律的模糊性或漏洞实施欺诈行为，并且这些行为的实施主体主要是合法性金融组织或业态，而后者即是纯粹地以集资诈骗为目的，金融诈骗主体直接通过注册空壳项目公司、虚构投资项目或借款需求，并且对借款抵押物的价值评估明显高于市场价值，而后打包成各种各样的理财产品从社会公众手中进行募集资金。[2] 不同类型金融欺诈行为整治将采用不同的监管方式，对于前者来说，主要是要求金融组织或业态的组织者与经营者进行及时、有效、准确、完整的信息披露或者进行必要的风险提示，而对于后一种类型的信息不对称的处理，则只能通过金融消费者或投资者的金融风险教育进行预防，通过金融监管机构与政府相关职能部门加强检查监督和加大惩罚力度来完成。

（二）金融欺诈行为所侵害“法益”的厘清

金融欺诈行为的整治不仅需要考虑金融欺诈行为的诱因，更要考虑金融欺诈行为对不同“法益”的侵害。之所以如此，原因在于金融欺诈行为的发生必然会对特定的“法益”形成侵害，这事实上是对金融欺诈行为进行整治或进行反欺诈监管的根本原因。是故，金融欺诈行为的整治必须要明确金融欺诈行为究竟侵害了何种“法益”，损害了哪些主体的合法权益。值得注意的是，有关对金融欺诈行为整治进行系统全面的规定，主要在我国《刑法》第三章第四节、第五节之中，其中，第四节是有关“破坏金融管理秩序罪”的规定，而第五节

[1] 周玲玲：《美国金融欺诈频发的原因与启示》，载《学术交流》2010 年第 12 期。

[2] 参见《盘点 2015 年典型的金融诈骗案例》，载网贷天眼网，http://news.p2peye.com/article-476566-1.html，最后访问日期：2016 年 8 月 27 日。

是有关“金融诈骗罪”的规定。具体而言,我国《刑法》第二编第三章之第四节“破坏金融管理秩序罪”显然所维护的“法益”主要是金融管理秩序,而第五节“金融诈骗罪”不仅要对金融管理秩序进行维护,而且也将金融财产权益纳入所保护的“法益”范围之内。第二编第三章之第五节“金融诈骗罪”之所以将对金融财产权益纳入所保护的“法益”范围之内,原因在于金融诈骗罪所要求的主观要件即是“非法占有”他人财产的目的。[1] 值得注意的是,非法吸收公众存款罪[2]规定于我国《刑法》第二编第三章第四节之中,而集资诈骗罪规定于该法第三章第五节之中,因而金融欺诈行为所侵害的“法益”不仅包括对金融(管理)秩序,还包括他人的金融资金和财产权益,并且是否涵括他人的金融资金和财产权益,则主要判断金融欺诈行为人是否存在“非法占有”的主观恶意。

进一步来讲,在金融欺诈的现实与既有法律规定来看,金融欺诈行为所侵害“法益”一定会涵括对金融(管理)秩序的破坏,而是否会对国家、私人的金融资金或财产权益造成侵害则视情形而论,并且即使会发生侵害也会存在主观上的占有目的和客观上的不能归还两种情形。就金融欺诈的具体行为类型而言,如若金融欺诈行为仅对金融(管理)秩序形成破坏,或者是既破坏了金融(管理)秩序,又因为客观上的归还不能而侵害他人的金融资金或财产权益,则可称为骗取型金融欺诈;如果金融欺诈行为不仅侵害了金融(管理)秩序,而且从主观上具有非法占有他人金融资金或财产的目的,则可称为侵占型金融欺诈。[3] 是故,金融欺诈行为的整治需要明确金融欺诈行为究竟是单纯侵犯了金融组织或业态的参与人,尤其是金融产品或服务购买者、金融项目投资者的金融资金或财产权益,还是也对金融市场(管理)秩序造成了破坏,抑或是同时对金融资金或财产权益和金融市场(管理)秩序都造成侵害。同时,需要结合金融欺诈行为所侵害“法益”的情形,明确金融欺诈行为的类型究竟属于侵占型金融欺诈,还是属于骗取型欺诈。唯有明确金融欺诈行为所侵害的“法益”

---

〔1〕 参见刘宪权:《刑法严惩非法集资行为之反思》,载《法商研究》2012 年第 4 期。

〔2〕 或许有人认为,非法吸收公众存款罪并不涉及金融诈骗的问题,但值得注意的是,此处的“存款”已经不是传统意义上的以未来还本付息为内容的银行信用工具,在更大程度上是“借贷”的代名词;即使退一步来讲,对“存款”进行经典的狭义理解,然而非法吸收公众存款罪不仅涵括非法吸收公众存款的行为,还包括变相吸收公众存款的行为,主要是通过借项目开发、生态投资、种植、养殖等名义非法吸收公众资金,并且在现实中这些非法吸收公众资金的名头都是虚构或夸大的。

〔3〕 参见徐澜波:《我国刑法应以金融欺诈罪代替金融诈骗罪》,载《政治与法律》2007 年第 2 期。

形态，以及金融欺诈行为的类型，才能更富有针对性地制定整治金融欺诈行为监管规则与实施举措，同时根据金融监管欺诈行为侵害的“法益”形态和金融欺诈行为的类型，给予行为人不同程度的行政处罚、定罪量刑以及所应承担的民事损害赔偿责任份额，以保证法律责任承担的公平与公正。

四、地方政府参与金融监管之区域金融稳定维护

区域金融稳定是中央与地方政府积极履行金融（监管）职能的重要目标，当然也是评估区域性金融体系在金融资源配置效率、金融服务水平、金融供给能力等方面实际效果或功能的重要考量标准。具言之，金融稳定就是中央与地方政府及其职能部门通过政府经济或金融（监管）职能的行使来保证区域性金融机构、金融市场功能的有效发挥，同时要保证区域性金融体系在受到国内外不同形式经济或社会事件影响时依然能够发挥其应有功能或作用的状态。[1] 将视角转换到中国语境之下，在我国系统性或区域性金融稳定维护的实践中，以“一行一总局一会”为核心的中央金融管理部门、中央与地方政府各级财政部门和以地方“金管局”为代表的地方政府设立的金融监管机构等，与金融监管相关的政府职能部门在维护系统性或区域性金融稳定时各自均具有自己的优势或者是功能，并且离不开彼此之间的有效协同，[2] 因而中国金融稳定维护制度或机制的构建是有关中央与地方政府及其所属职能部门就金融稳定维护进行职能划分以及相互协作的制度性安排。其中，中央政府金融管理部门，特别是原“三会”主要负责金融组织或业态的日常的金融稳定维护，财政部主要负责风险发生后的风险救助或处置，而“一行”既要履行日常的金融稳定维护，同时也负责事后的风险救助或处置。值得注意的是，在对中央与地方政府金融监管权责进行重新配置的背景下，包括区域性金融稳定的维护或许应当由地方政府、地方政府财政部门以及地方政府设立的金融监管机构来发挥主要作用，并且从金融地理学的角度上来讲，区域性金融稳定工作的开展由地方政府、地方政府财政部门以及地方政府设立的金融监管机构来共同主导、

---

〔1〕 参见中国人民银行金融稳定分析小组编：《中国金融稳定报告（2005）》，中国金融出版社 2005 年版，第 8 页。

〔2〕 参见应寅锋：《金融稳定视角下的政府职能及行为研究》，载《财贸经济》2009 年第 7 期。

协同运行或许能够产生更良好的实践效果。地方政府、地方政府财政部门以及地方政府设立的金融监管机构共同参与到区域性金融体系稳定的维护之中,地方政府设立的金融监管机构则主要负责日常的金融稳定维护,地方政府财政部门主要负责事后的风险救助或处置,而地方政府则在其中扮演统领性的总协调角色。当然,在区域性金融稳定维护中,地方政府及其相关职能部门只是起主导作用,"一行一总局一会"和财政部在一定层面上仍然需要参与其中。

(一)区域金融稳定维护要求地方政府负总责

金融深化中新型金融组织或业态的多元化发展,虽在一定程度上缓解了民间资本投资与融资困难的问题,并促进了经济的发展,但也因新型的地方性金融组织或业态的违法违规经营而对既有金融秩序和金融稳定形成了一定的冲击与挑战。[1] 值得注意的是,诸多地方政府经常既是地方性金融组织或业态的主要或者是控股股东,同时还是小额贷款公司、农村资金互助社、融资担保公司等地方性金融组织或业态的监督管理机构,这导致了地方政府同时扮演了"监管者"与"被监管者"的双重角色。同时,也正是"一行一总局一会"监管之外的由地方政府进行监管或出资的地方性金融组织或业态成为中国金融风险爆发最集中、最经常的领域,甚至包括银行、证券等在内的正规金融市场的诸多金融风险都是由这些地方性金融组织或业态所触发,[2]或者说地方性金融组织或业态是影响区域或系统性金融稳定最直接的金融组织或业态。具体而言:一是地方政府(财政)是农村信用社、城市商业银行以及新型的融资担保公司、消费金融公司等金融组织或业态的出资人,甚至是控股股东,这就要求地方政府(财政)履行出资人的职责,强化对地方金融国有资产的监督管理,并积极对地方性金融组织或业态的财务状况、资产状况等进行摸底、检查,以保证地方政府国有金融资产的保值增值,同时防止地方政府国有资产的投资损失或流失。二是地方政府及其设立的金融监管机构是地方金融组织,尤其是新型金融组织或业态的审批监管者,其负有对其监督管理的地方性金融组织或业态的日常、内部控制以及市场退出等进行监督监察的职责,同时对在本

〔1〕 参见张红力:《制定金融稳定法》,载《中国金融》2013 年第 7 期。
〔2〕 参见杨子强:《制定金融稳定法》,载《中国金融》2013 年第 6 期。

辖区发生的金融风险负有有效处置的责任。三是积极地发展地方性金融组织或业态,并且人为地降低金融市场的准入标准或对地方性金融组织或业态的违法违规行为视而不见,甚至直接要求地方性金融组织或业态或地方性国有企业提供融资或贷款,扭曲了金融资源的配置,甚至会引发区域性金融风险、影响区域金融稳定。

如上所述,地方政府要么是地方性金融组织或业态的出资人,要么是地方性金融组织或业态的审批监管者,甚至还可能对地方性金融组织或业态的资金流向或配置进行直接性的行政控制,因而“按照‘谁审批谁负责、谁监管谁负责、谁主管谁负责’的原则,也应由地方政府在区域性金融风险处置中发挥主导作用”,〔1〕并对地方或区域性金融风险承担最终的救助或处置责任。然而,值得注意的是,地方政府的确负有维护其行政辖区内金融稳定的职责,但地方政府及其监管机构、财政部门仅对其所监管,或者由其出资的地方性金融组织或业态,或者是因为地方政府过度干预金融资源配置而导致的金融风险承担最后的救助或处置责任;而对于中央金融管理部门监管范围内的金融组织或业态之风险,并不承担最后的风险救助或处置,而只是因维护其行政辖区金融稳定的需要来协助“一行一总局一会”、财政部对这些金融组织或业态的风险进行有效的处置,地方政府及其监管机构、财政部门在其中所扮演的只是辅助性角色。

(二)区域金融稳定维护的二元维度:日常维护与风险处置

如上所述,在对中央与地方政府金融监管权责重新划分,并向地方政府赋予金融监管职能和风险处置责任的背景下,地方政府不应当仅仅承担对地方性金融组织或业态进行监管的职责,同时还必须负担起防范本辖区区域性金融风险的发生、区域性金融风险发生后对金融风险进行救助和处置则责任,〔2〕因而区域金融稳定的维护必然需要从日常金融稳定的维护和事后风险的救助或处置两个维度进行剖析。

第一,区域金融稳定维护之日常金融稳定的维护。对区域性金融稳定进

---

〔1〕 杨子强:《制定金融稳定法》,载《中国金融》2013年第6期。

〔2〕 参见常健:《论金融稳定的含义、法律特征与法律限度》,载《安徽大学学报(哲学社会科学版)》2011年第5期。

行日常维护的核心就是要避免或者是防范微观层面单一金融组织和宏观层面区域性金融风险的发生或蔓延,关键就是要在区域性金融风险尚未发生之时,对隐藏在地方性金融组织或业态之内的风险进行提早预警或隔断,以此来减少单一金融组织或区域性金融风险发生的可能性,而不能仅仅在金融风险事件发生或者蔓延之后进行包括财政注资等手段在内的事后处置与救助,[1]因而区域性金融稳定的日常维护之核心就是建立必要的金融风险预警机制,同时也要建立常态化的区域性金融风险或稳定评估机制。值得注意的是,区域金融风险的预警或金融稳定状态的评估,不仅需要地方政府设立的金融监管机构来亲自实行,而且要求地方性金融组织要在机构内部也建立必要风险预警或风险评估机制,此举既可保证微观层面金融风险的提早发现,也可从宏观层面保证行政辖区内整体金融秩序的稳定,实现了宏观与微观金融风险预警与防控的有机结合,继而保证区域金融稳定的日常维护。

第二,区域金融稳定维护之事后风险的救助或处置。尽管有效的金融风险预警和风险评估机制对于区域金融稳定的维护具有至关重要的作用,但毕竟会因新兴金融组织或业态的发展、金融监管规范的滞后以及金融组织或业态的顺周期性等而可能导致金融风险的发生,继而对区域金融稳定形成威胁与挑战。是故,除建立必要的风险预警和风险评估机制外,还应当建立风险发生之后的风险救助或处置机制,以防止单一性或区域性金融风险的传播和扩散。值得注意的是,区域金融稳定维护之事后风险的救助或处置会因风险严重程度的差异而采取不同措施,而这又具体体现为:一是对于那些金融风险程度较低的风险事件,可以采用财政注资、债转股、打包出售、设立资产管理公司以及资产置换等方式[2]以维持发生金融风险的金融组织或机构的持续运营,并逐步将金融风险化解;二是对于那些发生风险程度严重、风险救助或处置成本高以及即使通过财政注资、债转股、打包出售、设立资产管理公司以及资产置换等方式依然难以持续经营的金融组织或业态,则依据包括破产法在内的有关破产法律的规定对其进行托管、清算和破产处置,最后完成金融组织或业

---

[1] 参见陈锐:《中国区域金融稳定评估问题研究》,武汉大学 2010 年博士学位论文,第 109 页。

[2] 参见马雪彬、赵晶晶:《论地方政府对地方性金融机构的风险管理责任》,载《山东工商学院学报》2011 年第 6 期。

态合法有序的市场退出。

无论是日常金融稳定的维护,还是事后金融风险的救助或处置都需要依托以地方政府为主导的金融稳定协调机制的有效构建,即建立以地方政府为主导的,包括地方政府设立的金融监管机构、"一行一总局一会"在地方的派出机构,以及工商局、公安局等地方政府职能部门在内的金融稳定协调机制,以保证与金融稳定相关的政府职能部门之间的信息共享、沟通协调、联合行动以及突发事件和危机协调等,[1]最终实现区域金融稳定的有效维护。

〔1〕 参见高秦伟:《论首都金融稳定协调机制的构建》,载《法学杂志》2011年第2期。

第五章　地方政府参与金融监管的法律构造

第一节　地方政府参与金融监管的职能定位转换

地方政府参与金融监管之职能定位转换最重要的就是要重新厘定政府干预与市场调节各自边界的合理所在，即在金融资源市场化配置的基础上，结合金融自身的属性来确定政府金融监管的力度与限度。置于中国语境之下，中央政治与财政的双重激励约束使地方政府经济职能的行使始终是以经济增长为核心，并且极易将地方政府自身所应承担的公共产品或服务提供职能置于次要位置。映射到金融领域，地方政府的经济行为即体现为地方政府对金融资源进行控制和发展的主观意愿与行为实践，而对金融秩序、金融安全的维护则缺乏应有的关注，此举导致了地方政府为发展而进行“融资”的职能与为保障金融安全而应承担的“金融监管”“金融调控”职能等政府金融管理职能发生冲突。质言之，地方政府及其所属金融管理职能部门同时承担为地方政府或辖区经济发展而融资的职能与为维护区域金融安全、金融稳定或者是区域性金融风险防治而承担的金融管理职能，此情此景容易导致地方政府及其所属金融管理职能部门利益导向、角色定位的差异与冲突，继而影响地方政府参与金融监管的实际效果，[1]同时其对地方辖区经济金融发展的过度关注也会导致中央宏观金融调控效果的减损，因而有必要对地方政府参与金融监管之职能定位进行重新调整与转换。

---

〔1〕 参见潘宏晶、吕庆明：《地方政府金融办职能定位问题研究》，载《西部金融》2014 年第 1 期。

一、地方政府金融管理职能转变

政府金融管理职能的定位与转换始终是在政府管制与市场调节中间左右摇摆，并且金融管理职能所处的位置直接决定了政府所属的经验类型，究竟是属于自由放任型政府、积极型政府、发展型政府、指令型政府、监管型政府，[1]抑或是其他类型。中国政府的转型经历了从指令性政府到发展型政府，再到监管型政府转变的转变，并且当下正处于从发展型政府向监管型政府的转变过程之中。同时，政府经济管理职能的行使也从传统的直接控制向间接管理、从单纯的行政命令向兼顾经济手段与法律手段、从政企不分向政企分离转变等。在政府经济职能转变过程中，作为政府经济管理职能重要子集的金融管理职能也正在发生深刻的转变，在宏观层面体现为一般意义上的金融管理逐步向风险性的金融监管转变，而在微观层面则体现为金融管理职能的细分——宏观性金融调控、微观性金融监管和国有金融资产管理职能的分离。事实上，政府金融管理职能的转变，并不在于政府是否有必要介入金融市场管理之中，关键是政府以何种方式介入以及出于何种目的介入金融市场，究竟是为了维护国家金融安全、促进金融发展，还是维护金融消费者（包括存款人、投资者、投保人等）的合法权益，抑或是其他利益。当然，政府金融管理职能的转变还会受到经济发展程度、国家权力结构、经济体制选择、社会发展与公共需求、意识形态等多重因素的影响。[2]

改革之后，中央与地方政府间的分权改革、从计划经济体制向市场经济体制的转型，地方政府开始参与到金融行业的管理中来，但随着原以“一行三会”为核心的中央垂直性金融监管体制的逐步构建，地方政府也渐渐地完全被排斥于金融监管权享有者的范围之外。质言之，中央政府及其所属的金融监管部门基本上将对整个金融行业进行监管的权力置于自己的垄断性控制之下，而此时的地方政府仅仅是负责履行或者是承担地方性国有金融资产的出资人职能、对地方性国有金融资产及其出资代表人进行监督的职能，同时也负有协

---

〔1〕 参见刘鹏：《比较公共行政视野下的监管型国家建设》，载《中国人民大学学报》2009 年第 5 期。

〔2〕 参见刘义胜：《地方政府职能转变的影响因素分析》，载《内蒙古社会科学（汉文版）》2009 年第 1 期。

助与配合原“一行三会”履行金融监管的职能，此外还承担了为辖区经济发展积极寻找或获取金融资源、处置辖区内金融风险的部分职责。当然，地方政府还借助其所享有的与金融事务相关的经济管理职能，以“隐形”的方式对辖区内的地方性金融组织或业态行使所谓的金融监管权。进一步来讲，随着“央地”金融监管权力结构关系的调整，即使国务院、原“一行三会”以及商务部等中央部门通过行政授权或委托的方式将部分地方性金融组织或业态的监管权力交由地方政府指定的与金融监管相关的职能部门，或地方政府设置的与中央相对口的职能部门行使，甚至是地方政府通过自我赋权的方式来行使部分地方性金融组织或业态的监管职能，但这都有违权力授予法定的原则和与金融监管相关的组织法或管理法的规定。总而言之，地方政府并不享有法定性的金融监管权力，其所享有的只是事实性的金融监管权或者与金融事务相关的一般性经济管理职能。值得注意的是，在中央政治与财政的双重激励约束下，地方政府因过于追求 GDP 增长所形成的地方政府“公司化”倾向被或多或少忽视，但此举极易或者已经导致在实践中地方政府金融管理职能的行使存在明显的越位、错位和缺位问题，[1]并且也在微观层面影响金融资源配置的使用率或者是对区域性金融稳定的维护形成威胁。是故，有必要且必须实现中国地方政府所承担的包括金融监管职能在内的金融管理职能的重新定位与转变。

中国地方政府的金融管理职能需要重新定位与转变，在很大程度上来讲已然不是一个纯粹意义上的理论认知问题，当下最重要的是地方政府的主观偏好、行为选择以及管理措施采取的问题，[2]而这主要受中央与地方政府金融职权划分、金融发展程度以及与之相关的经济发展或管理权力、财政的激励等现实因素或制度的约束。改革初期，地方政府金融管理职能的定位在于对辖区内国有专业银行分支机构的干涉性控制、积极支持或引导地方性金融组织或业态的发展，而这都归结于地方政府推动经济发展的主观偏好，而其背后又是财政剩余索取权获得与中央考核下的晋升激励在发挥关键作用。值得注意的是，中央与地方基本权力结构在尚未发生实质变动的情形下，财政与金融这

---

〔1〕 参见宋晓梧：《“三维市场经济”与地方政府职能界定》，载《人民论坛 · 学术前沿》2013 年第 12 期。

〔2〕 参见何显明：《地方政府研究：从职能界定到行为过程分析》，载《江苏行政学院学报》2006 年第 5 期。

两项重要经济制度的调整则使地方政府的行为模式产生了变动,具体就是"分税制"改革导致地方政府财权收缩而事权却在扩大,这加剧了地方政府财政收支的不平衡;同时,中央为了强化对宏观经济秩序的调控,防止金融风险的集聚以及保证金融秩序的安定,中央政府将包括金融监管权力在内的金融权力予以收紧,最明显的就是将国有金融机构人事、组织管理权力予以上收和原以"一行三会"为核心的中央垂直金融监管体制的确立。质言之,尽管财政与金融权力的中央集中可以防止地方政府对中央宏观经济调控造成直接冲击与挑战,但在中央与地方基本权力结构尚未发生改变的情况下,地方政府间以经济增长为中心的竞争和对金融资本进行获取的动力则亦不会发生实质性的改变,此时单纯地对财政与金融这两项重要经济制度进行调整必然会将地方政府获取经济发展资金的视角引向金融或者其他领域。中央财政与金融权力的上收便使地方政府对金融资源控制的重心放置在正规金融以外地方性金融组织或业态的发展,以及隶属于地方政府的金融管理服务机构的创新性设置上。其中,相较既往地方政府金融管理职能的行使,最大的转变则是隶属于地方政府之金融服务或管理机构的创新性设置。中国各级地方政府都普遍设置了隶属于政府或政府办公室的金融管理服务机构——金融服务办公室或金融工作办公室("金融办"),并由其负责地方政府主要金融管理职能的行使,当然,为地方政府所属的商务局、财政局、中小企业局以及经信局等政府职能部门也在承担部分对地方性金融组织或业态进行监督管理的职能。值得注意的是,随着金融监管纵向分权改革举措的推进与实施,地方政府将享有金融发展、金融监管、地方性国有金融资产管理、一定程度的金融调控等职能。如欲实现上述各项金融管理职能的有效行使,必须实现地方政府金融监管,更准确地说是,地方政府金融管理职能的重新定位与转变,促使地方政府向服务型、监管型政府的转变。见之于中央与地方政府的金融监管分权,即体现为在中央金融监管、金融调控与国有金融资产管理职能已经基本厘清的情形下,地方政府金融管理职能的转变便成为整个国家金融管理职能调整或转变真正落到实处的关键步骤,并且其转变是否到位会在一个侧面直接体现政府金融管理职能转变的终极效果或者是否真正到位。[1] 是故,随着金融监管权在中央与地方政府

〔1〕 参见石亚军:《地方政府职能转变重在接准、放实、管好》,载《中共中央党校学报》2014年第2期。

间的重新配置与调整,地方政府金融管理职能必须予以重新定位与转变,重要的是完成政府介入金融行业发展与金融市场自我调节之边界的有效厘定,具体即是将地方政府金融监管职能与地方性国有金融资产出资人职能、地方性国有金融资产或出资代表人监督职能以及一定范围内金融调控职能的有效区分,并进行科学、合理地分配。

二、地方政府金融管理职能与“为发展而融资”职能的廓清

政府金融管理职能作为政府经济管理职能的下位概念,其必然也主要涵括宏观性金融调控、微观性金融监管两个方面的内容。当然,处于经济转轨期的中国,其政府还要履行金融发展规划、金融制度创新、金融市场培育、金融产业政策和金融发展战略制定,以及国有金融资产或企业管理等金融管理职能。经典性宏观金融调控政策的实现主要是通过货币、信贷、利率、汇率以及外汇储备等宏观调控职能的行使来完成的,但与货币、利率、汇率等紧密相关的宏观性金融管理职能攸关国家货币主权的独立性、统一性,甚至还直接关系整个国家金融、经济乃至政治上的安全与否,[1]因而与货币、利率、汇率等金融宏观调控有关的金融管理职能,尤其是宏观性金融调控的决策职能应属于中央政府的专有职能。值得注意的是,中国语境下的宏观性金融调控还涵括了国家金融行业发展战略的编制、金融产业和竞争政策的制定以及金融发展的市场化培植等内容,并且地方政府在地方性或区域性金融资源开发、金融行业发展与政策制定等方面也扮演了至关重要的角色,因而金融监管职能与包括金融行业发展战略的编制、金融产业和竞争政策的制定、金融发展的市场化培植以及国有金融资产或企业管理等在内的金融管理职能,可以在中央与地方政府之间进行重新配置,并且还要重点性地对政府介入金融行业发展与金融市场自我调节之边界予以有效厘清,以防止地方政府在行使金融管理职能时过度介入市场,继而避免地方政府的微观性金融监管职能与包括金融行业发展战略编制、金融产业和竞争政策制定、金融发展的市场化培植以及国有金融资产或企业管理等在内的金融管理职能,地方政府整体性金融管理职能与地方政府“为发展而融资”职能间冲突的发生。

---

〔1〕 参见汤柳:《当前制度条件下中央与地方金融管理权的边界确定》,载《上海金融》2011 年第 7 期。

第一,金融调控者与资金需求者:地方政府宏观性金融调控与为辖区经济发展融资职能的厘清。谈及宏观性金融调控必然首先要明白宏观调控的内涵之所在。对于中央与地方政府的关系来说,中央政府既要负责与货币有关的所有宏观调整职责,并且要制定整个国家的金融发展战略、金融产业政策,以逐步推进国家金融行业从金融抑制向金融市场深化转变,此时地方政府则主要是在中央宏观金融调控的框架之下,主要负责与货币有关的宏观金融政策的执行,以及制定与实施辖区金融行业发展战略的编制、金融产业和竞争政策的制定,以促进地方性金融组织或业态自身的有序发展和保证金融借助自身的发展来服务于辖区实体经济的发展。是故,地方政府需要承担除货币、利率、汇率等金融宏观调控政策制定或者是决策外的宏观性金融调控职能,即部分宏观性金融调控职能的具体落实职能。

中央以"财政分权"为突破口的包括财税、金融、外贸等领域在内的系列性"放权让利"改革使地方政府逐步实现了从无独立自主利益向具有独立自主利益的个体的转变,[1]此举为地方政府促进经济发展提供了必要的动力和手段,但这也为地方政府在促进经济发展和自我利益实现的过程中与中央或者是同级其他地方政府存在利益上的冲突提供了可能并且已经变为现实。在金融调控的具体实践与落实中,地方政府宏观性金融调控职能的行使,虽在一定层面上促进了金融抑制向金融深化的市场化发展,但其更大程度上是为了达到为地区经济发展而融资的目标,并且地方政府或明确包含或实际上承担了为地方经济发展而融资的职能。[2] 质言之,地方政府通过地方性金融组织或业态发展战略、规划以及政策的制定与实施来为地方政府或者是辖区企业融资的目的,使其已经背离了政府公共管理者的角色,俨然成为地方性金融组织或业态发展的直接市场参与者,而这具体表现为地方政府直接性地参与地方性重大项目融资方案制定,对地方性金融组织的信贷决策或经营行为采取行政性的干预、控制、考核、劝诱措施,以及自主建立地方政府融资平台等。

进一步来讲,在国家宏观性金融调控政策地方政府执行方面,地方政府对

---

〔1〕 参见韩亚锋、任宗哲:《地方政府经济职能和经济行为的思考》,载《西北大学学报(哲学社会科学版)》2011 年第 4 期。

〔2〕 参见张雪兰、何德旭:《关于完善我国地方政府金融管理体制的思考》,载《财贸经济》2011 年第 7 期。

国家宏观性的金融调控政策采用或合作或博弈的执行策略。当国家采取宽松性的货币政策或金融发展战略时,地方政府会积极响应国家的宏观性金融调控政策;而中央政府采取紧缩性的货币政策或金融行业发展政策时,地方政府则对国家整体性的宏观性金融调控政策进行规避或扭曲执行,即地方政府对国家的宏观性金融调控政策进行"选择性执行"。值得注意的是,无论是地方政府对国家宏观性金融调控政策采用合作还是博弈的策略,这都会对国家宏观性的金融调控政策造成效果性减损,原因在于宽松性金融调控策略使中央与地方利益具有同向特性,此时地方政府为了促使横向层面的自我利益最大化,习惯性地超越国家宏观金融政策的限度"加足马力"发展,产生"顺周期"的问题;紧缩性的金融调控政策则因为与地方政府的(短期)利益发生错位,此时地方政府则对国家金融宏观调控政策进行规避或者抵制,继而使国家宏观金融政策在地方的执行受挫,产生金融调控"逆周期"的问题。

经济领域的行政性分权改革给予地方政府较大的自主权,外加财政与晋升的双重激励,地方政府成为中国经济快速发展的强大动力或者是直接行动力量。[1] 一国经济的快速发展势必要依赖作为现代市场经济核心的金融,因而中国地方政府会积极参与到地方性金融组织或业态的发展之中,并对其金融直接或间接地管理性控制。其中,地方政府行使宏观金融调控职能的权力则成为其为地方辖区经济发展获取资金来源,抑或是介入地方性金融组织或业态发展的重要方式或手段。质言之,地方政府享有从经济管理权引申出来的地方金融规划、协调、服务、引导等宏观性金融调控职能,并且运用其享有的宏观性金融调控职能来为辖区经济发展进行融资。事实上,地方政府通过宏观调控职能的行使来为辖区经济发展获取资金的行为,俨然违背了政府介入金融发展和培育市场的目的。地方政府既扮演地方金融行业发展规划者、金融生态环境建设者等公共管理的角色,同时还经常性地参与到金融行业的运营之中,成为地方性金融组织或业态发展的参与者,形成了"自我裁判"的角色冲突。因此,为保证地方性金融组织或业态的有序发展,地方政府必须从金融市场的直接参与者向金融市场发展的公共服务提供者转变,从为辖区经济发展获取金融资源向纯粹的规划、服务、协调转变——保证金融资源以市场化的

---

〔1〕 参见胡家勇等:《政府职能转变与政府治理转型》,广东经济出版社 2015 年版,第 12 页。

方式进行自由配置为主导性的机制,不对金融资源的具体投向、流向进行直接干预或控制,地方政府行为的重点即是间接性地引导地方性金融组织或业态的发展、打造地方性金融组织或业态发展的良好生态和完善社会信用体系建设,整体上为地方性金融组织或业态自身的发展和地方性金融组织或业态服务于辖区实体经济发展提供良好的经济社会环境。[1]

第二,金融监管者与资金需求者:地方政府微观性金融监管与为辖区经济发展融资职能的厘清。在地方政府微观性金融管监管职能的分配与行使中,微观层面的风险性金融监管并没有与一般意义上的宏观性金融管理进行严格而有效的区分。具体而言,相对于微观性的金融监管,宏观性的金融管理并不单纯以风险性金融监管为唯一内容,此外,其还包括金融组织或业态的规划与发展、金融风险的防控与处置,或者是金融稳定的整体性维护、金融发展或监管事务的协调与合作以及以组织或人事管理权为核心的金融机构管理等,所以与金融相关的所有政府管理职能均可称为宏观性的金融管理职能,[2]并且在很大程度上与上文所言的政府的宏观性金融调控职能存在交叉重合。当然,宏观金融管理与宏观性的金融调控还是存在一定差异的,宏观性的金融调控实乃宏观金融管理的下位概念或者子概念,而属于宏观金融管理内容子集的区域性金融风险处置并不属于宏观性金融调控内容的一部分。总而言之,宏观性的金融管理包含了宏观性金融调控、微观性金融监管、国有金融资产管理以及金融风险的防范与处置等内容。值得注意的是,此处将重点对地方政府的微观性金融监管职能给予详细而周全的分析。通常而言,相较一般性的宏观金融管理,微观层面的风险性金融监管职能的内涵与外延则狭窄得多,其仅仅涵括了金融组织或业态的市场准入、日常运营以及市场退出监管这三个方面的内容,并且其目的则是对金融市场安全、金融市场竞争以及金融消费者利益给予最恰当程度的维护。

原以"一行三会"为核心的中央金融监管机构对国家金融监管权的垄断性控制决定了地方政府金融监管职能享有与行使的法律依据缺失,但地方政府

---

[1] 参见马雪彬、赵晶晶:《出资人、需求者:地方政府之于地方性金融机构监管职责的角色诉求矛盾》,载《云南财经大学学报(社会科学版)》2012 年第 1 期。

[2] 参见周春喜、黄星澍:《地方金融的监管逻辑及规范路径》,载《浙江工商大学学报》2014 年第 5 期。

的金融管理职能正在随着地方性金融组织或业态的发展而从单纯的宏观性金融调控职能向兼具微观性风险金融监管职能转换，并且在实践中地方政府也在事实层面已经开始履行部分地方性金融组织或业态的监管职能。值得注意的是，金融监管职能在“央地”政府及其所属各职能部门间的结构性、功能性配置与行使中，不仅地方政府及其所属职能部门的金融监管职能与地方政府所承担或行使的金融调控职能并没有进行严格而有效的区分，而且地方政府的金融调控职能与金融监管职能一并成为地方政府为辖区经济发展获取资金的手段。具体而言，地方政府享有从一般性的经济管理权而引申出来的地方性金融组织或业态发展的规划、协调、服务、引导等宏观性调控职能，并且运用其已经享有的宏观性金融调控职能来为辖区经济发展进行融资。值得注意的是，独具特色的中国宏观性金融调控与地方性金融组织或业态的发展存在直接性的关联，并且本质上是为了推动地方性金融组织或业态的市场化发展，但地方政府所享有的宏观性金融调控职能已经在一定程度上异化为地方辖区经济发展融资的手段，此举不仅没有起到培育地方性金融组织或业态市场化发展的目的，而且还会直接对地方性金融组织或业态的市场化发展造成扭曲。在促进经济发展为主导型地方政府语境下，地方政府宏观性金融调控职能已经异化为获取经济发展资金的工具，如果在此时来推动中央与地方政府金融监管分权，这将导致地方政府宏观性金融调控、微观性金融监管与为发展而融资职能混为一体，并且将进一步引发地方政府各项金融管理职能行使的冲突、不协调及其行使效果的减损。

一是地方政府宏观性金融调控职能与为辖区经济发展而融资职能之间的关系已经得以厘清，地方政府微观性金融监管职能与为辖区经济发展而融资职能之间究竟存在何种关系？从中央向地方政府分权或放权的角度来看，中央向地方政府下放地方性金融组织或业态监管权的初衷之一，即是为规范地方政府为辖区经济发展而融资的经济行为，力图避免出现地方性金融组织或业态遭受地方政府压迫的问题，而这又具体体现为将市场化的竞争机制引入地方政府间的竞争序列之中，让各个地方政府就金融监管展开良性竞争，以为区域性或地方性金融组织或业态的发展营造良好的市场、制度等金融生态环境，同时让各个地方政府根据自有特点在不同省、市、自治区之间展开差异化的竞争策略，促使不同区域同级政府间各自优势策略的形成与实践。其中，预期目标实现之手段即是让地方性金融组织或业态具备采用“用脚投票”的策略来监督或促使地方政府有效行使地方性金融组织或业态监管权的能力。当然,在设定此一目标之时,中央会对地方政府间的无序竞争或“朝底竞争”存在忧虑。中央担心地方政府为留住本辖区金融资源,并争夺其他区域的金融资源,而在地方性金融组织或业态的监管中人为地降低地方性金融组织或业态的监管标准,继而影响地方辖区金融秩序的稳定和为区域性金融危机的爆发埋下隐患。在实践中,地方政府不仅没有利用金融监管权来营造良好的金融生态环境,反而还利用其所享有的金融监管权来诱使或压迫辖区内地方性金融组织或业态为政府、政府融资平台或辖区企业提供金融服务或者是发展资金。因而,地方政府参与到金融监管中来,并保证金融监管分权配置的合理有效必须是以地方政府经济职能的根本性调整与转变为前提,具体即是禁止地方政府随意或者是违法违规干涉金融资源的投向、流向,让地方性或区域性金融资源以最合理、有效的方式得以利用或者是以市场化的方式予以有效配置,[1]同时积极促进地方政府从地方经济发展的主导者向地方经济发展的公共产品或服务提供者转变,从直接参与地方经济金融发展向为经济金融提供良好的生态环境转变,让地方政府成为地方性金融市场规则的制定者、秩序的维护者,而不是地方性金融市场活动的直接参与者。

二是地方政府宏观性金融调控职能与微观性金融监管职能究竟存在何种关系?如上所述,在中国语境之下,地方政府的宏观性金融调控职能在更大程度上是为地方性金融组织或业态的发展提供科学合理的发展战略、规划以及产业政策,以促进地方性金融市场的培育与地方性金融组织或业态的深化发展,即地方政府宏观性金融调控职能行使的本质是主导地方性金融组织或业态的合理有序发展。值得注意的是,在中央与地方政府金融监管分权的背景之下,地方政府从单纯的宏观性调控职能向兼具地方金融监管两项职能转变,此时地方政府便同时要承担两项金融管理职能,[2]一方面是地方性金融组织或业态发展的推动者,旨在促进地方性金融组织或业态的做大做强;另一方面

---

〔1〕 参见余霞民:《政府行为差异下的最优金融分权:论地方金融管理体制改革》,载《浙江金融》2016年第5期。

〔2〕 参见陆岷峰、王虹:《加强地方政府金融监管责任的研究》,载《金融理论与教学》2014年第8期。

是地方性金融组织或业态的监管者，旨在维护地方性金融组织或业态的稳定有序，目标的相异性与职能配置的合一将导致地方政府行为角色的矛盾或者是冲突，继而会影响宏观性金融调控职能与微观性金融监管职能的具体实施效果。是故，地方政府宏观性金融调控职能与微观性金融监管职能应由不同的地方政府职能部门或直属机构予以承担，同时出于"调控中立"和"监管独立"的要求，还要求地方政府宏观性金融调控职能与微观性金融监管职能行使部门保持必要的独立与协调。

第三，国资出资者与资金需求者：地方政府国有金融资产管理与为辖区经济发展融资职能的厘清。在对地方政府国有金融资产管理与为辖区经济发展融资职能进行厘清之前，首先必须明确地方政府国有金融资产管理职能的内涵及其包含的具体职能类型。地方政府代表国家行使国有金融资产的管理职能，其中包括国有金融资产出资代表人职能和国有金融资产出资代表人监管职能，但既有的与国有资产管理相关的法律法规并"没有对国有金融资本的出资人以及监管问题等做出直接回应"，[1]并且存在地方性国有金融资产出资人或出资代表人与对地方性国有资产出资代表人进行监督职能的合一。在地方性金融国有资产的管理实践中，不同省份、地市或区县的地方性国有金融资产监督管理分别由不同的政府职能部门进行承担，即使是在同一省份、地市或区县也存在不同的地方性国有金融资产监督管理部门，这些部门主要包括财政部门、地方性金融组织或业态的管理服务部门、地方性国有金融资产管理部门等。[2] 譬如，北京、江苏、浙江、山东、江西等省份将地方性国有金融资产出资代表人职能赋予地方"国资委"，广东、福建等省份将地方性国有金融资产出资代表人职能赋予地方财政部门，而上海市、成都市则将地方性国有金融资产出资人、代表人职能赋予地方政府创新设置的"金融办"，[3]并且各地方性金融国有资产出资代表人同时也是地方性国有金融资产出资代表人的监管者，此举

[1] 刘如翔：《反思与重构：论我国国有金融资本出资人代表制度的完善》，载《中国证券期货》2010年第4期。

[2] 参见文申：《地方政府金融办职能该如何定位》，载《金融博览》2010年第10期。

[3] 参见赵昌文等：《关于完善地方国有金融资产管理体制的建议——基于成都市的调查分析》，载国务院发展研究中心网，http://www.drc.gov.cn/xscg/20130319/182-224-2874383.htm，最后访问日期：2016年9月18日。

实然有违政企分离、政资分离的市场化原则。

值得注意的是,地方性国有金融资产出资代表人职能在更大程度上体现的是私权主体的属性,地方性国有金融资产出自代表人仅仅属于私法上的市场主体,其应当与民间投资主体具有同等的法律权利、法律地位,并且都是以实现自身利益的最大化核心目标,[1]而不能因为属于政府出资而比民间投资主体高出一筹或者占据市场优势地位。事实上,地方性国有金融资产经常借助其是政府出资而享有优胜地位,抑或是过多地遭受政府的干预而导致金融资源配置并非以利润最大化为根本旨趣。另外,地方性国有金融资产的出资代表人还经常借助信息不对称而在实践中采取机会主义行为来侵吞国有金融资产或者是损害国家利益,为此有必要对地方性国有金融资产出资代表人进行必要的监督管理。对地方性国有金融资产出资代表人进行监督管理职能在更大程度上体现的是公共行政权力属性,旨在对地方性国有金融资产出资代表人进行监督管理,以防止地方性国有金融资产出资代表人对国有金融资产造成侵损或剥夺,最终实现地方性国有金融资产的保值增值。如果将地方性国有金融资产出资代表人及其监管职能同时分配给同一主体,这将导致地方性国有金融资产出资代表人职能与对地方性国有金融资产进行监督管理职能的合一,形成地方性国有金融资产出资代表人自己监管自己的问题,[2]而这必然会因为违反现代管理原则并在实践中导致"监守自盗"现象层出不穷。是故,地方性国有金融资产管理职能所包含的具体职能样态,即国有金融资产出资代表人职能和国有金融资产出资代表人监管职能应当分配给不同的主体享有并行使。

地方性国有金融资产出资代表人职能与地方性国有金融资产出资代表人监管职能的合一,除可能导致一体化的"监管者"与"被监管者"的"自我合谋"外,还可能产生一种情形即地方政府利用对地方性国有金融资产监督管理的公共行政权力来直接干涉地方性国有金融企业或国有控股金融企业的市场化运营,以此来为辖区经济发展获取金融资源。具言之,一是作为地方性国有金

〔1〕 参见胡国梁:《国资委法律性质研究》,载《湖南科技大学学报(社会科学版)》2015 年第 3 期。

〔2〕 参见年志远、王相东:《国资委权益监管与政府行政监管——兼论国资委监管职能定位》,载《社会科学战线》2013 年第 11 期。

融资产的出资人,地方政府必然希望自己的投资获得最大化的收益和利润[1]或者是寻求对地方性金融市场的垄断性控制,而这就会导致地方政府利用行政权力尽可能地扩大地方性国有金融组织或业态的市场规模、推进地方性国有金融机构挂牌或上市以及积极介入地方性国有金融组织或业态的改革重组等;二是地方政府为了获取辖区经济发展资金而力图对各种类型的地方性金融组织或业态进行控制,其突出表现就是对地方性金融机构控股权或控制权的维持,以期通过少量的地方性国有金融资产来获取更多的民间资金;三是地方政府通过对地方性金融资源的控制来维持辖区经济发展政策或产业政策的具体落实与实践推进,而此举必然会扭曲金融资源的配置、影响金融资源配置的效率或是威胁区域性金融市场的稳定。

地方性国有金融资产出资代表人职能与对地方性国有金融资产出资代表人进行监管职能,以及地方性国有金融资产管理职能与为辖区经济发展而融资职能的合一,导致了政企不分、政资不分问题的发生,继而影响了地方性金融组织或业态深化发展的市场化进程。同时,地方政府还因过于注重辖区经济发展效果而非效率、注重规模而非质量,从而导致了地方性金融资源配置的扭曲或者是金融资源配置效率的降低,继而加剧了地方或区域性金融风险的集聚或者是爆发后的快速蔓延。更重要的是,地方性国有金融资产出资人与资金需求者身份的重合还会导致地方性金融组织或业态监管权沦落为地方政府实现地方性国有金融资产扩张与为辖区经济发展而融资的工具。是故,地方政府参与到金融监管中来并有效行使金融监管权力,必须以地方性国有金融资产出资人职能、为辖区经济发展获取金融资源职能的市场化转变为基本前提,同时具有公共行政属性的对地方性国有金融资产出资代表人进行监管的职能也必须与地方政府享有的金融监管职能进行有效的制度性协调。就地方政府金融管理职能之定位转变与调整的具体策略而言,即首先要实现地方性国有金融资产出资代表人职能与地方性国有金融资产出资代表人监管职能的分离,以防止国有金融资产的流失和保证金融资源的市场化配置;其次是有效处理好地方性国有金融资产出资代表人监管职能与地方政府金融监管职能

---

[1] 参见马雪彬、赵晶晶:《地方政府之于地方性金融机构监管职责的角色》,载《哈尔滨商业大学学报(社会科学版)》2012 年第 3 期。

的关系，明晰地方性国有金融资产出资代表人监管职能是为了实现国有金融资产的保证增值，而地方政府金融监管职能更多是为了保护金融消费者合法权益、维护金融市场秩序等。

三、地方政府金融管理职能的调整——以地方“金融办”为例

除地方政府商务部门、财政部门、中小企业管理部门以及经信部门等在行使部分地方政府所享有的金融管理职能外，各级地方政府都普遍设置了隶属于政府或政府办公室的金融管理服务机构——金融服务办公室或金融工作办公室（“金融办”），并主要由其来享有并行使地方性金融组织或业态的监督管理职能。通过对目前我国除港、澳、台地区外的31个省、市、自治区“金融办”的“三定”方案进行梳理可知，地方政府“金融办”的金融管理职能具体包括服务、规划（引导）、协调和监管4项内容。其中，“金融办”的服务职能、协调职能、规划（引导）职能属于“金融办”的固有职能，而其金融监管职能是随着地方性金融组织或业态发展及其风险暴露而被新赋予的职能，[1]尽管地方政府“金融办”的监管职能在逐步扩充，但地方政府金融监管权在实践中经常沦落为地方政府要求地方性金融组织或业态为其提供金融服务或掩饰其违法干涉地方金融市场行为的政策性工具。当然，也不能因为对“金融办”之服务职能、协调职能、规划（引导）职能等固有职能进行维护的需要而对其具有监管属性的扩充职能造成“侵蚀”。地方政府“金融办”的固有职能在一定程度上对培育地方金融市场、建立良好的地方金融生态以及促进辖区金融发展起到了良好的作用，而扩充职能则对金融市场秩序的安定、金融风险的防控起到了维护功能。然而，在金融管理职能行使的实践中，地方政府“金融办”的固有职能与扩充职能却与理论预设存在明显冲突，其中，固有职能的行使集中呈现为为地方经济发展获取金融资源的动机，扩充职能的行使也演变为金融监管职能的滥用，即为了获取经济发展所需的金融资源，或放松监管，或利用金融监管权力随意干预金融组织或业态的发展。同时，地方政府“金融办”的固有职能与扩充职能也存在一定冲突，具体即体现为辖区经济发展而融资与为地方金融秩序稳定而进行金融监管、金融调控3项金融管理职能之间的矛盾。

---

〔1〕 参见潘宏晶、吕庆明：《地方政府金融办职能定位问题研究》，载《西部金融》2014年第1期。

地方政府“金融办”除同时扮演了“融资者”“调控者”“监管者”的角色外,[1]还在履行地方性国有金融资产“出资人”及其地方性国有金融资产出资人“监管者”的职能,由此导致“金融办”成为不同角色之多元利益、多元价值倾向的矛盾集合体,继而影响“金融办”之“金融调控”“金融监管”,以及地方性国有金融资产管理等各项职能行使的效果与制度设计的初衷产生背离。是故,对金融管理绩效进行提升的现实诉求,要求对地方政府“金融办”的所承担金融管理职能的目标定位进行功能性的转换,即主要对地方政府的金融调控职能、金融监管职能与地方性国有金融资产管理职能等给予功能性调整或者是剥离。

第一,地方政府“金融办”金融调控职能的维持与转换。通过对全国除我国港、澳、台地区之外的31个省级人民政府“金融办”之“三定”规定对其具体职能的配置来看,各省级人民政府“金融办”的金融调控职能主要涵括两个方面的职能:一是配合国家宏观金融政策,尤其是货币政策的执行与落实;二是为地方性金融组织或业态的发展提供规划、协调、引导以及产业政策制定等服务,以推进地方金融市场的合理、有序发展。其中,第二种类型的宏观性金融调控职能是地方政府宏观性金融调控职能维持与转换的重中之重。究其根本原因在于,作为后发型传统国家的中国在向现代发达国家转变的过程中,具有竞争属性的地方政府不可能也没有现实条件从主导辖区经济发展的事务中迅速抽身,[2]并且地方政府对辖区经济发展控制能力的享有或者存在也有助于保持经济改革在可控的范围内发生而不至于偏离过多。转换到地方性金融组织或业态领域则体现为,一方面,地方政府通过地方金融产业政策的制定、地方金融机构的改革重组等宏观性金融调控职能的行使来规劝、诱导、诱使金融机构服务于辖区企业和经济的增长,甚至还以强制性行政命令的方式要求辖区金融机构为地方政府重点支持的项目提供金融服务。显见,“金融办”所享有或承担的金融调控职能已经沦落为地方政府获取金融资源的手段,通过地方性金融发展规划、政府重大项目融资方案制定等的方式,强制性地向辖区内

---

〔1〕 参见杨子强:《完善地方金融监管体制》,载《中国金融》2014年第5期。

〔2〕 参见汤柳:《当前制度条件下中央与地方金融管理权的边界确定》,载《上海金融》2011年第7期。

的金融机构摊派贷款任务，以金融单位表彰奖励、财政存款存放等方式来诱使金融机构为政府所属的融资平台或辖区内国有企业、重点扶持的民营企业等提供贷款服务。[1] 另一方面，地方政府对中央宏观性金融调控政策，尤其是对货币政策进行或合作或博弈的“选择性执行”的态度。地方政府“金融办”为了满足地区经济发展对金融资源的诉求而对中央紧缩性的货币政策进行规避，而对中央宽松性的货币政策进行“放大”执行，此举会直接降低中央货币政策的实施效果。

地方政府为辖区经济社会发展获取金融资源的“金融办”的金融调控职能，已经与制度设计初衷或中央的目标产生背离，而从背离向常规的转变最直接的方式就是将地方政府“金融办”宏观性金融调控职能行使的重点转向间接性的鼓励、引导，或者是支持地方性金融组织或业态的发展、打造地方性金融组织或业态发展的良好生态和完善社会信用体系建设，整体上为地方性金融组织或业态自身的发展和地方性金融组织或业态服务于辖区实体经济发展提供良好的经济社会环境。[2] 具体而言，一是处于转轨期的中国，地方政府“金融办”依然需要承担辖区金融行业发展战略的编制、金融产业和竞争政策的制定以及金融发展的市场化培植，以引导地方性金融组织或业态的发展向市场化的方向迈进，事实上这是地方政府“金融办”的过渡性宏观金融调控职能，待市场机制得以健全、市场精神得以培育、市场体系得以完善，地方政府“金融办”此种类型的宏观性金融调控职能将退出历史的舞台；二是地方政府“金融办”执行或落实中央货币政策的宏观性调控职能应属于地方政府常规性的金融调控职能，但地方政府“金融办”这一项宏观调控职能的行使应以“货币中立”为基本原则，并且其最大目标就是要维护辖区金融秩序的稳定，以及防止地方政府为发展而融资职能对“金融办”宏观调控职能行使效果的“侵蚀”。

第二，地方政府“金融办”金融监管职能的剥离与调整。地方政府“金融办”金融调控职能的维持即是让其继续承担“金融办”现有的金融调控职能，而转变的重点就是实现地方政府“金融办”为发展而融资职能与宏观调控职能的

---

〔1〕 参见王自力：《地方政府隐性金融干预行为及福利损失分析》，载《河南金融管理干部学院学报》2007 年第 2 期。

〔2〕 参见张雪兰、何德旭：《关于完善我国地方政府金融管理体制的思考》，载《财贸经济》2011 年第 7 期。

分离,让其成为“干净”的地方金融调控职能行使者。抛开地方政府“金融办”为发展而融资职能不谈,或者是在对地方政府“金融办”为发展而融资职能进行剥离的基础上,地方政府“金融办”的金融调控职能与金融监管职能是否存在冲突,两项职能是否需要分离开来?

事实上,对上述问题的回答,需要从地方政府“金融办”的金融调控职能与金融监管职能存在的目的进行探讨。就地方政府“金融办”的金融调控职能而言,其目的是通过地方金融产业政策、发展规划的制定与实施来为地方性金融组织或业态的发展提供指引,以及合理有序地为辖区经济社会发展寻求金融资源。质言之,“金融办”的金融调控职能就是在承认市场机制发挥决定性作用的基础上,地方政府以“发展”为基调并通过地方金融产业政策、发展规划的制定与实施等宏观性金融调控职能来引导地方性金融组织或业态发展。值得注意的是,地方政府“金融办”的金融监管职能在更大程度上是为了保护金融消费者的合法权益、防范金融风险以及维护金融市场稳定。其中,前者主要是以“发展”为基本导向,后者是以“规范”为基本目标。尽管地方性金融组织或业态发展必须以规范为前提,规范的目的是促进地方性金融组织或业态的发展,但如果地方政府“金融办”同时享有并行使地方性金融组织或业态的宏观调控和金融监管两项职能,其便会同时扮演“运动员”与“裁判员”这两个角色,形成“自己监管自己”的悖论。在实践中,地方政府“金融办”出于经济发展的目的,便会利用以发展为主导的宏观调控职能来对以规范为主导的金融监管职能进行“侵蚀”,并将以货币政策为核心的宏观性金融调控职能彻底地抛给中央政府,地方政府发展上的短视极易导致区域性或系统性风险的集聚与爆发。

地方政府“金融办”同时享有并行使地方性金融组织或业态的宏观调控和金融监管两项职能,必然会影响这两项职能行使的实践效果,因而有必要将地方政府的宏观性金融调控职能与微观性金融监管职能分别交由地方政府不同的与金融管理相关的职能部门享有并行使。具体而言就是在对地方政府“金融办”为地方经济发展而直接融资的职能进行剥离的基础上,有效处理好以发展为重的宏观性金融调控职能和以安全为重的微观性金融监管职能的关系,将促进地方性金融组织或业态发展的宏观性金融调控职能和维护地方性金融组织或业态安全的微观性金融监管职能分别交由地方金融发展职能部门——

“金融办”,和地方政府设立的金融监管机构——金融监督管理局——行使,当然,为了防止区域性金融风险集聚或者爆发,以及有效地处置好区域性金融风险,地方政府宏观性金融调控职能的行使部门与微观性金融监管职能的行使部门必须要建立合理的、常态化的、制度化的协调和沟通机制。

第三,地方政府“金融办”国有金融资产管理职能的剥离与转化。地方性国有金融资产管理职能可谓是地方政府所承担金融管理职能行使的核心内容之一。基于对地方性国有与非国有金融资产公平竞争、地方性国有金融资产保值增值、地方性金融组织或业态发展等因素的考量,地方政府国有金融资产管理职能之内部各项职能的性质及其关系有必要得到澄清,并且必须明确国有金融资产管理私权与公权属性兼具的特征,因而有必要重点对履行地方性国有金融资产出资代表人职能的具有私权属性的市场主体,与履行对地方性国有金融资产出资代表人进行监管职能的具有公权属性的国有金融资产监督管理主体予以明确而有效的分离,既不能让地方性国有金融资产出资代表人因为是国家资金或政府资金的出资代表人而获得优胜地位,也必须防止地方性国有金融资产出资代表人侵夺国有金融资产问题的发生。

如上所述,地方政府的国有金融资产管理职能涵括了地方性国有金融资产出资代表人和对地方性国有金融资产出资代表人进行监管两项职能。其中,地方性国有金融资产出资人,更准确地说是地方性国有金融资产出资代表人行使的是私权属性“管人、管事、管资产”的股东权利,具体体现为出资人资产受益权、选择管理者权和重大事项决策权3项内容;地方性国有金融资产出资代表人监管职能则是包括地方性国有金融发展规划制定、地方性国有金融机构改革重组、监管政策制定与执行等金融管理职能。值得注意的是,上海“金融办”不仅要履行地方性国有金融资产出资代表人的职责,意味着“金融办”要像其他股东一样从事金融资产的经营行为,同时还要以地方性国有金融资产出资代表人监管者的公权身份履行地方性国有金融资产出资代表人监管职责,[1]形成了“金融办”“自己监管自己”的逻辑悖论。是故,地方性国有金融资产出资代表人应以单纯的市场主体身份参与到金融行业的竞争中来,以实现地方性国有金融资产的保值增值;地方性国有金融资产出资代表人的监

---

〔1〕 参见晋入勤:《应重新定位国资委并更新其职权》,载《法学》2008年第6期。

管者则由地方性国有金融资产监督管理部门承担，其功能是对地方性国有金融资产出资代表人经营金融资产的行为进行监管，以防止地方性国有金融资产的流失或被侵夺。

从地方性国有金融资产管理职能与地方政府宏观性金融调控职能、微观性金融监管职能的关系来看，地方性国有金融资产管理职能、地方政府宏观性金融调控职能、地方政府微观性金融监管职能各有自己的职能侧重点与利益指向，这就决定了他们不能由相同的政府职能部门或直属机构共同享有并行使，以防止一项职能的行使而影响其他职能行使的效果。地方政府宏观性金融调控职能与微观性金融监管职能间的关系已经得以厘清，现主要就地方性国有金融资产管理职能与地方政府宏观性金融调控职能、微观性金融监管职能的关系进行分析：一是地方性国有金融资产管理职能与地方政府宏观性金融调控职能的关系，地方性国有金融资产管理职能本质上是为了实现地方性国有金融资产的“做大做强”与保值增值，当然，国有金融资产在必要情况下可以用以抵御区域性金融风险、维护区域金融秩序的稳定；地方政府宏观性金融调控职能主要是以辖区金融发展规划、金融产业政策制定与实施、金融环境的净化等方式来推动地方性金融组织或业态的市场化发展，中央货币政策等宏观性金融政策的执行则是为了维护地区经济金融的稳定发展。尽管在某一层面上地方性国有金融资产管理职能与地方政府宏观性金融调控职能均有维护区域金融稳定的功能或作用，但地方政府在行使宏观性金融调控职能时或许会为了地方性国有金融资产的“做大做强”而对与国有金融资产合作的民间资本进行控制或者直接进行“侵蚀”，以强化国有金融资产的竞争优势或市场份额；或者是地方性国有金融资产管理职能的行使会影响地方政府宏观性金融调控职能行使的具体效果。二是地方性国有金融资产管理职能与地方政府微观性金融监管职能的关系，地方性国有金融资产管理职能本质上是为了实现地方性国有金融资产的“做大做强”与保值增值，而地方政府微观性金融监管职能则主要是为了维护金融消费者的合法权益、防范区域性金融风险的爆发以及维护行政辖区金融秩序的稳定。在实践中，如同地方性国有金融资产管理职能与地方政府宏观性金融调控职能那样，地方性国有金融资产管理职能亦会对地方政府的微观性金融监管职能的行使形成冲击或者是“侵蚀”。总而言之，为了保证地方政府一般意义上宏观性金融管理职能的合理行使与管理有效性的提升,地方性国有金融资产管理职能必须与地方政府宏观性金融调控职能、微观性金融监管职能予以分离,具体到制度安排中,即将“金融办”的地方性国有金融资产管理职能予以剥离。事实上,尽管上海首先于2009年将地方性国有金融资产的管理交由“金融办”享有并行使,但“上海市国资委网站显示,(2016年)6月2日举行的市属金融企业统一监管工作会议明确,企业国有资产监管关系从上海市金融办调整至上海市国资委,这标志着上海市对市属金融企业正式实施统一监管”,此乃未来地方金融监管改革中地方国有金融资产管理机制逐步理顺并回归本位的关键一步。[1]

第二节 地方政府参与金融监管的组织结构优化

在明确要对地方政府的国有金融资产管理、宏观性金融调控、微观性金融监管等金融管理职能进行重新定位与调整之后,将地方政府所享有的各项金融管理职能分配给不同的金融管理部门行使,必然会涉及地方政府各项金融管理职能的载体,即地方政府金融管理组织的结构性优化设置。[2] 转换到地方政府的金融管理实践中,即是将集中统一于地方政府“金融办”的地方性国有金融资产管理职能、宏观性金融调控职能、微观性金融监管职能等各项金融管理职能分别配置给地方性国有金融资产管理机构、金融宏观调控机构与金融监管机构等。值得注意的是,无论地方性国有金融资产管理职能、宏观性金融调控职能、微观性金融监管职能等金融管理职能如何定位、如何转换以及最终由哪一个地方政府金融管理机构行使,有一点是统一的,即地方政府金融管理机构的设置必须获得明确的法律授权,当然,本书所重点关注的是,为地方政府金融监管机构法律地位的获得寻找改革进路。此外,为提升对地方性金融组织或业态监管的有效性,地方政府参与金融监管之监管组织结构的优化,

---

〔1〕 彭苏平:《上海国资委收回市属金融企业监管权 地方国资统一监管在沪确立》,载新浪财经网,http://finance.sina.com.cn/money/bank/bank_hydt/2016-06-08/doc-ifxsvenv6969837.shtml,最后访问日期:2016年9月20日。

〔2〕 参见石佑启、杨治坤、黄新波:《论行政体制改革与行政法治》,北京大学出版社2009年版,第171页。

不仅需要单独从地方政府金融监管机构的设置、撤销、变更等进行单一性考虑,还要从整体上对省以下各级地方政府专门设立的金融监管机构,以及原以“一行三会”为核心的中央金融管理部门与地方政府设立的金融监管机构的主体间关系予以厘清,即明确不同层级金融监管机构之间究竟属于领导关系、指导关系,抑或是其他性质的组织法律关系。

一、地方政府金融监督管理机构之主体资格的法律确认

全国人民代表大会及其常务委员会所制定法律可将地方金融监管权配置给任意一个公共部门,全国人民代表大会及其常务委员会可授权国务院以行政法规的方式对地方金融监管权进行配置,无论是配置国务院各部委还是其直属事业单位,抑或是其他公共部门。至于地方性法规、规章则只能为执行上位法有关地方金融监管权配置而进行细化性规定。是故,地方各级政府组成部门、直属机构等其他工作部门的设立,须具有上位法和上位阶规范性法律文件作为授权依据,其具体涵括一般性授权和具体性授权两个层面的内容:一般性授权,是指行政组织法律的授权,目前我国有关地方政府行政组织法律的授权规范主要由《地方各级人民代表大会和地方各级人民政府组织法》《地方各级人民政府机构设置和编制管理条例》等法律法规组成。正如我国《地方各级人民代表大会和地方各级人民政府组织法》、《地方各级人民政府机构设置和编制管理条例》规定的地方各级人民政府在自我行政机构设立中仅有方案提出权,最终决定权则由上一级人民政府享有。对于具体性授权来说,地方各级政府组成部门、直属机构等其他工作部门设立的具体性授权则主要是以中共中央、国务院通过批准的××市人民政府机构改革方案和××市人民政府关于机构设置通知或其他方式予以体现。譬如,目前我国除港、澳、台地区外的31个省、市、自治区人民政府均已通过“根据《中共中央办公厅国务院办公厅关于印发××省人民政府机构改革方案的通知》(厅字〔20××〕××号)和《中共××省委××省人民政府关于印发××省人民政府机构改革实施意见的通知》(省委发〔20××〕×号)精神”,或“根据《中共××省委、××省人民政府关于印发〈××省人民政府机构改革方案〉的通知》(省发〔20××〕×号)”,或“根据中央机构编制委员会办公室《关于设立××省金融工作办公室的批复》(中央编办复字〔20××〕××号)”等文件,设立金融工作(服务)办公室或金

融工作局,作为省、市、自治区人民政府直属机构、组成部门或议事协调机构。同时,以"《××省、市、自治区金融工作(服务)办公室或金融工作局主要职责内设机构和人员编制规定》经省、市、自治区机构编制委员会审核,已经省、市、自治区政府批准,现予印发"的方式予以公布,并对金融工作(服务)办公室或金融工作局的主要职权、内设机构、编制作出规定。

值得注意的是,尽管中央政府及其所属金融管理部门已经以具体性、行政性分权的方式,零散地将部分地方性金融组织或业态的监管职责与风险处置责任让渡给地方政府及其指定的金融监管机构或相关职能部门行使,并促成地方政府金融监督管理格局基本形成。然而,各省、市、自治区人民政府有关机构改革的通知不能单独作为金融工作(服务)办公室或金融工作局设立依据,还需以与有关地方政府所属行政机构设置之行政组织法律法规的一般性授权依据为支撑。换言之,目前我国各省、市、自治区人民政府金融工作(服务)办公室或金融工作局的设置均在一般性授权层面存在不足。

地方政府设立的金融监管机构无论属于地方政府工作部门、议事协调机构性质,抑或是其他,其设立、合并或撤销须遵从两个层面的授权,两者缺一不可。任何层面机构设立授权的法律依据缺失都会导致其对组织法定原则的违反,进而影响地方政府设立的金融监管机构金融监管权行使的合法性与权威。是故,金融工作(服务)办公室或金融工作管理局主体地位合法性与权威的确立,除具体性授权外,还须在一般性法律授权层面给予补正:一是作为政府组成部门或直属机构属性的金融工作(服务)办公室或金融工作局的设置,须由本级人民政府报请国务院或上一级人民政府批准,并报本级人民代表大会常务委员会备案,具体是由本级人民政府提出方案,经中央或上一级政府机构编制管理机关审核后,国务院或上一级人民政府批准,而后依法报本级人民代表大会常务委员会备案。二是作为政府议事协调机构属性的金融工作(服务)办公室或金融工作局的设立应严格控制,如果可以交由既有的行政机构履行与金融事务协调相关的职能,或者是既有的行政机构能够以协调的方式解决的,坚决不另行设立金融工作(服务)办公室或金融工作局。退一步讲,即使设立了具有议事协调机构属性的金融工作(服务)办公室或金融工作局也不得专门设立办事机构,与金融事务协调相关的工作应当交由原本已经设立的与金融事务有关的政府职能部门或者是直属机构予以承担。

除地方政府设立的金融监管机构赋权设立依据须具备合法支撑外，未来还须通过对如下内容的进一步明确来提升地方政府金融监管权被授予主体地位的合法性与权威性：一是为保证地方政府金融监督管理的统一与协调，应在法律法规层面明确将对小额贷款组织、融资租赁组织、农村资金互助组织等新兴地方性金融组织或业态进行监管的权力集中于地方政府设立的金融监管机构；二是对分别承担或履行地方性金融组织或业态之监管、调控以及地方性国有金融资产管理职能的金融工作（服务）办公室和金融监督管理机构，以及地方性国有金融资产管理机构进行差别化、分散化设置，重点突出地方政府设立的金融监管机构的监督管理职能，并对其法律性质、法律地位等在法律层面予以明确、具体、统一的规定，并且可顺应当下行政体制改革的发展趋势将其定性为地方政府直属事业单位或者是组成部门。

二、金融监管与金融调控、国有金融资产管理机构的分离

地方政府参与金融监管之组织结构的优化不能简单地只对金融监管机构的组织结构进行优化，而且还要对包括宏观性金融调控机构、地方性国有金融资产管理机构等在内的整个金融管理组织机构的结构予以重新安排。之所以如此，原因在于，在既有的地方性金融组织或业态的监管实践中，金融监管机构并没有与宏观性金融调控机构、地方性国有金融资产管理机构等金融管理机构进行严格而有效的区分，往往混为一体或根本未作具体性细分。退一步来讲，即使已经对金融监管机构与宏观性金融调控机构、地方性国有金融资产管理机构等金融管理机构进行了区分，也只是"一套人马、两块牌子"的形式性区分。并且从理论上来讲，政府"职能与机构相依为命，机构为职能而设，职能为机构而生"[1]的关系特征，决定了地方政府宏观性金融调控机构、地方性国有金融资产管理机构以及地方政府金融监管机构的区分与否，最终还是与地方性国有金融资产管理职能与宏观性金融调控职能、微观性金融监管职能等地方政府金融管理职能的分配与调整紧密相连。换言之，地方性国有金融资产管理职能与宏观性金融调控职能、微观性金融监管职能等地方政府金融管理职能的定位与转换则又会影响地方性国有金融资产管理机构、宏观性金融

〔1〕 金太军等：《政府职能梳理与重构》，广东人民出版社 2002 年版，第 182 页。

调控机构以及金融监管机构组织结构的优化调整。

在地方政府金融管理机构组织结构的优化设置中，金融监管机构与宏观性金融调控机构、地方性国有金融资产管理机构等地方政府金融管理机构未作区分之最典型的情形是，集宏观性金融调控职能、微观性金融监管职能和地方性国有金融资产管理职能于一体的地方政府“金融办”这一组织机构的创新性确立。地方政府“金融办”自成立之初单纯性的议事协调机构向地方政府金融管理机构转变，成为普遍集规划、服务、协调和监管等金融管理职能于一身的地方政府金融管理机构，甚至还在一定层面上承担地方性国有金融资产出资人的职责。具言之，地方政府“金融办”从最初的代表地方政府与原“一行三会”在辖区内的分支机构和辖区内银行、证券、保险等金融机构或其分支机构进行联系、协调的金融服务机构，逐渐转变为制定地方性金融组织或业态的发展规划、培育地方金融产业的市场化发展、推进地方性法人金融机构改革重组以及管理原以“一行三会”为核心的中央金融监管机构监管管辖范围之外的新兴地方性金融组织或业态的监管或调控，乃至地方性国有金融资产管理等金融管理职能的综合性金融管理机构。[1] 值得注意的是，既要负责制定地方金融发展政策，又要对地方金融进行监管，甚至还要对地方金融国有资产进行统管的职能定位，导致了地方政府“金融办”自身角色定位的冲突，乃至悖论的发生。因此，在对宏观性金融调控职能、微观性金融监管职能和地方性国有金融资产管理职能予以厘清及其职能定位获得转换的背景下，地方政府“金融办”的组织结构也应当被给予相应的优化，具体而言就是地方政府“金融办”专职行使或者是执行宏观性金融调控职能，金融监管职责则交由创新性设置的地方政府金融监管机构统一、独立、专门行使，地方性国有金融资产出资人或出资代表人职能应交由市场主体（地方国有资产管理公司）行使股东权利，而对地方性国有金融资产出资人或出资代表人进行监管的职责则可交由地方政府或者“国资委”下属的职能部门或机构专门行使。

第一，地方政府之宏观性金融调控机构，由地方政府“金融办”专职行使宏观性金融调控职能。金融自身的虚拟性、脆弱性、高风险性特质决定了地方性金融组织或业态的深化发展离不开中央与地方政府的干预或介入。地方性金

---

〔1〕 参见刘锷：《金融办现状及其未来发展的相关思考》，载《甘肃金融》2013 年第 1 期。

融组织或业态深化发展之市场机制健全、市场精神培育、市场体系完善等均离不开地方政府的宏观性金融调控。如上所述,地方政府的宏观性金融调控职能涵括了包括货币政策在内的宏观性金融调控政策的执行,以及地方性金融组织或业态的发展规划、地方性金融产业政策的制定与实施等内容,并且后者是地方政府宏观性金融调控职能的重要着力点。同时,地方政府的宏观性金融调控职能应由地方政府"金融办"专门享有并行使。值得注意的是,地方政府"金融办"的金融管理职能,从初设时的金融服务、协调、规划(引导)等一般性的金融管理职能,拓展到现有的对小额贷款公司、融资担保公司等新兴金融组织或业态予以监管,甚至还要承担对地方性国有金融资产进行监督管理的职能。然而,地方政府"金融办"各项金融管理职能的"多元归一"导致了其多项金融管理的行使在实践中的冲突与不协调,而这又决定了地方政府金融管理职能的定位转变与组织结构的优化设置存在现实必要性。

在地方政府金融管理职能定位得以调整的前提下,地方政府"金融办"应当还原为地方性金融组织或业态发展的宏观性金融调控或管理部门,即主要是承担其初创之时所享有的金融服务、协调、规划(引导)等金融管理职能,[1]同时也有必要将对地方性金融组织或业态、地方性国有资产出资代表人进行监管的职能予以剥离。具体而言,地方政府"金融办"的未来职能应当如下:一是协助和配合中国人民银行货币政策的执行和落实,避免因地方经济发展的短期需要而对中央银行的货币政策进行或合作或博弈的选择性执行;二是根据地方行政辖区的实际情况和经济发展的内在规律来制定地方性金融组织或业态发展的战略规划和政策,促进地方性金融组织或业态之功能分区的建设、地方性金融组织或业态后台服务支持系统的搭建等;三是为化解区域性或地方性金融风险、维护地方行政辖区金融秩序的稳定,积极协调中央"一行一总局一会"在地方的派出机构与地方政府设立的金融监管机构以及地方政府其他职能部门或直属机构之间的金融管理工作;四是积极推进地方性金融组织或业态的发展,为地方性法人金融组织的改革重组、挂牌上市以及区域性多层

〔1〕 参见周春喜、黄星澍:《地方金融的监管逻辑及规范路径》,载《浙江工商大学学报》2014 年第 5 期。

次投、融资市场的发展等提供优质服务。[1] 总体而言,“金融办”未来应主要负责行使地方性金融组织或业态发展的宏观性金融调控职能,目的在于为地方性金融组织或业态的发展提供规划、引导和服务职能,成为地方政府宏观性金融调控职能行使的专门机构。

第二,地方政府之微观性金融监管机构,专门设置独立的金融监管机构来统一行使对地方性金融组织或业态进行监管的职能。基于一般性或混合性金融管理中各金融管理职能所维护利益的差异、对金融监管独立性与专业性等因素的综合考虑,需要将地方政府的金融监管职能从地方政府“金融办”中剥离出来,并将其交由专门性的地方政府设立的金融监管机构行使。与地方政府“金融办”相分离的,地方性金融组织或业态之监管机构的专门性创设,决定了地方政府金融监管机构要对小额贷款公司、融资担保公司等地方性的新型金融组织或业态进行监管。值得注意的是,目前我国对地方性金融组织或业态进行监管的权力散落于政府的不同部门或者是内设机构,最典型的金融监管部门就是地方“金融办”、财政部门、中小企业局、商务部门、经信部门等,并且有些地方的农业行政部门、民政部门等也已经参与到地方性金融组织或业态的监管中来,由此极易导致金融监管力量的分散、金融监管套利或者是金融监管重叠或“真空”等问题的发生。[2] 是故,为了提升对地方性金融组织或业态监管的有效性、减少地方性金融风险发生的可能性等,现在有必要将已经分散到地方政府各个职能部门的金融监管权合而为一,并交由专门设置的金融监管机构独立、统一行使。事实上,专职性金融监管机构的独立统一设置,就是将微观性的金融监管机构与宏观性的金融调控机构、地方性国有金融资产出资代表人监管机构进行适当分离,以保持其金融监管的独立性、专业性与权威性,同时还要将分散于地方政府不同职能部门的对地方性金融组织或业态进行监管的职能统一划归专门设立的地方政府金融监管机构单独享有并行使。

将地方政府所享有的金融监管职能从地方政府“金融办”剥离出来,并把

---

〔1〕 参见张雪兰、何德旭:《关于完善我国地方政府金融管理体制的思考》,载《财贸经济》2011 年第 7 期;刘锷:《金融办现状及其未来发展的相关思考》,载《甘肃金融》2013 年第 1 期;蓝虹、穆争社:《论完善地方金融管理的边界、组织架构及权责制衡机制》,载《上海金融》2014 年第 2 期;等等。

〔2〕 参见陆岷峰、王虹:《加强地方政府金融监管责任的研究》,载《金融理论与教学》2014 年第 8 期。

散落于商务、发展改革等部门的金融监管职能合并到专职设立的金融监管机构由其独立、统一享有并行使，将有助于金融监管能力的提升、监管水平的增强、监管力量的集中，[1]继而使对地方性金融组织或业态之监管有效性的提高。具体而言，一是地方政府设立的金融监管机构与地方政府宏观性金融调控机构、地方性国有金融资产出资代表人监管机构的分离设置，将有助于地方政府设立的金融监管机构集中于地方金融风险的防控和地方金融安全的维护，避免以发展为重的地方政府金融调控机构和以推进地方性国有金融资产"做大做强"为任务的地方性国有金融资产管理机构对地方金融监管职能形成"侵蚀"，以及防止"重发展、轻监管，重审批、轻监控"金融管理局面的形成；二是将多元分散的对地方性金融组织或业态进行监管的职能交由专职设立金融监管机构独立、统一享有并行使，此举可促使专职性金融监管机构的管理幅度扩大，并且在一定程度上可避免或减少金融监管重叠、监管"真空"、监管竞次、监管套利等问题的发生，以及金融监管手段、监管方式、监管力度的相对统一。总体来说，地方政府设立的金融监管机构的独立、统一、专门设置，不仅保证了地方政府金融"发展"与"监管"职能的有效均衡，实现了地方政府设立的金融监管的组织独立；也解决了地方政府金融监管规则政出多门、监管权行使因"九龙治水"而导致的市场准入、市场退出不统一的问题，同时还可产生监管成本降低和监管有效性提升的"帕累托改进"效应。

第三，地方政府国有金融资产管理机构，即地方性国有金融资产管理之出资人职能与出资人监管职能分别交由市场主体（地方国有资产管理公司）和地方政府或者"国资委"下属的机构或部门行使。"地方政府将地方金融国资的监管权以托管的方式交给了金融办，由金融办对辖区内的金融国资进行全面监管，使得金融办演变为地方版的'金融国资委'"，[2]显然，这并不符合现代管理学的基本原则，具体而言，即是违背了具有私权属性的国有金融资产出资职能与具有公权属性的监督管理职能相分离的要求。值得注意的是，针对国有金融资产而言，社会公共职能涵括了以风险防控为重的金融监管职能和以维护国有金融资产保值增值为侧重的对国有金融资产出资代表人给予监管的

---

〔1〕 参见钱水土：《进一步完善地方政府金融管理体制的探讨》，载《清华金融评论》2014 年第 7 期。
〔2〕 马向荣：《地方"金融办"职能定位与金融分层监管体系催生》，载《改革》2014 年第 2 期。

行政性职能,国有金融资产出资人或者是出资代表人职能则是国有金融资产出资人或出资代表人"股东权利"的行使职能。在既有的对地方性金融组织或业态的管理中,"金融办"混合性地享有了微观金融监管、宏观金融调控职能以及包括地方性国有资产出资(代表)人和地方性国有资产出资(代表)人监管在内的两项国有资产管理职能,这导致了地方性金融组织或业态之发展、稳定维护和地方性国有金融资产保值增值等利益的多元混合与冲突的发生。是故,有必要将包括地方性国有资产出资(代表)人和地方性国有资产出资(代表)人监管在内的地方性国有金融资产管理职能予以剥离,并根据地方性国有资产出资(代表)人的私权利属性和地方性国有资产出资(代表)人监管的公权力属性分别交由市场化的私权利主体(地方国有金融资产管理公司)和地方政府或者"国资委"下属的金融国有金融资产监督管理机构或部门分别行使。具体而言,地方性国有金融资产出资人,更准确地说,是出资代表人应当采用公司化的方式予以设立,实现地方性国有金融资产从"管资产"向"管资本"的转变,彻底完成地方性国有金融资产管理的政企和政资分开。一是包括"金融办"、财政部门或国有金融资产管理部门在内的与金融管理相关的地方政府职能部门统一将其通过购买股权或剥离不良资产进行注资而持有的地方性国有金融资产,完全交由市场化、专业化运营的地方性国有金融资产管理公司专职行使地方性国有金融资产出资人的股权管理职责;[1]二是为了防止地方性国有金融资产出资代表人违反地方性国有金融资产出资人有关实现地方性国有金融资产保值增值的意愿,必须对地方性国有金融资产出资代表人进行监督管理。[2]地方性国有金融资产本身的公共财产属性决定了对地方性国有金融资产出资代表人的监督管理不能完全按照私人间的"委托—代理"关系进行处理,必须由地方政府职能部门或直属机构专门负责对地方性国有金融资产出资代表人的股权管理行为进行监督管理,而这一监督管理职责则可交由地方政府"国资委"或者"国资委"下属的金融国有金融资产监督管理机构或部门享有并行使。

---

〔1〕 参见袁安照:《金融办监管金融国资利弊互现》,载《上海国资》2010年第5期。
〔2〕 参见李曙光:《国有资产法律保护机制研究》,经济科学出版社2015年版,第151~156页。

三、中央督察式省级以下垂直性金融监管体制的确立

在中央与地方政府金融监管的分权设计中,首先需要论证的是,金融行业垄断性与金融监管垄断性是否存在相关性,是呈正相关,还是负相关,抑或是其他,因为这直接关系地方金融监管权在中央与地方政府之间能否科学合理配置。目前,我国建立了以国有银行为主导的垄断性金融体制,并且建立了与之相适应的原以"一行二会"为核心的中央垄断性监管体制,从而形成了传统金融市场的垄断性与中央垄断性金融监管的实质正对应。中央金融监管机构对银行、证券、保险以及信托等金融行业之监管的垄断保证或者是维护了金融市场的国家垄断性。如果对金融行业的监管实行地方政府属地管理的方式,地方政府为保证自己在地方政府间竞争的优势,必然会采取"朝底竞争"的经营策略,放宽金融行业的准入、运营以及退出标准,此举必然会打破国家对金融行业的垄断性控制,反之亦然。

金融因自身所具有的高杠杆性、强外部性、信息不对称性等特质而导致金融行业或金融市场呈现非完全竞争性的市场特质,但随着经济社会的发展、技术的进步等,其决然不属于完全意义上的垄断市场或行业,[1]这为新兴的金融发展和扩张提供了现实上的可能。紧随其后的是,中国所采用的具有垄断特征的国家金融供给与服务体制是否允许新兴的地方性金融组织或业态的存在并将其纳入法治化的发展轨道,或者是能否为其发展提供法律上的足够空间。在现实实践中非法集资的大量存在、地方金融风险事件的层出不穷以及包括互联网金融在内的新兴金融组织或业态的发展,决定了国家现在已经不能无视正规金融体系之外的新兴金融组织或者业态的存在,并且也需要国家在法律层面对新兴金融组织或业态的发展与监管给予制度上的回应,[2]以强化金融服务实体经济发展的能力和维持金融体系自身的安全与稳定。事实上,国家也已经在一定层面对包括地方性金融组织或业态在内的新兴金融组织或业态的发展与监管给予了一定的回应,但存在监管权力配置的行政性、碎片化、

---

〔1〕 参见曹源芳:《我国各省市金融垄断程度判断——基于金融勒纳指数的分析》,载《财经科学》2009年第4期。

〔2〕 参见高晋康:《民间金融法制化的界限与路径选择》,载《中国法学》2008年第4期。

零散性等问题,而这正是源于金融监管模式选择的不确定性或者是根本未对包括地方性金融组织或业态在内的新兴金融组织或业态的监管模式进行科学系统的考量。是故,包括地方性金融组织或业态在内的新兴金融组织或业态的扩张发展决定了国家有必要并且有可能展开金融监管的地方性分权实践,而地方政府参与金融监管的核心内容之一即在于地方政府金融监管模式的选择与确立。

(一)选择省级以下垂直金融监管模式的原因[1]

国家业已通过具体性授权或委托的方式向地方政府下放了部分地方性金融组织或业态的监管权力,并提出建立健全地方政府金融管理体制。同时,中共中央还以政策性宣誓的方式提出,要实现"央地"政府间金融监管权责配置的合理安排。决定或者已经将金融监管权在"央地"之间进行纵向结构化配置之后所面临的问题是,如何将对地方性金融组织或业态的监管权进行科学合理的配置,应当采用何种类型的金融监管体制,究竟是采用传统的垂直管理模式,还是采用属地管理的模式,抑或是其他。无论是垂直管理模式,还是属地管理模式,他们都是对中央与地方政府进行分权制衡的策略性选择,既要防止中央权力的过分垄断,又要避免地方权力的滥用。对于地方政府金融监管体制的选择来说,亦是如此。

地方金融监管可采用垂直管理模式,抑或是属地管理模式,而地方金融管理模式的选择是由地方金融本身的种属所决定的,具体原因如下:一是"地方金融"的"属"为"金融",仍具有金融的内在脆弱性、社会公共性等特征。同时,正是金融内在脆弱性和社会公共性的结合才导致金融风险的传染性与不可控性。是故,有必要对地方金融进行垂直式监管,如若采用单纯的地方政府属地管理将会导致"朝底竞争"的弊病,从而可能引发区域性或系统性风险。二是地方金融"种"的"民间性"和"地方性"特征决定了建立在正规金融体系基础上的原"一行三会"式中央垂直管理体制难以将地方金融置于其监管范围之列,并且"国家整体主义法治观所内含的一体化和无差异化的法治建构论,忽略了法治实践场域的多样性和不均衡性,使得法治的地方实践貌合神离"。[2]

---

〔1〕 参见刘志伟:《地方金融监管权的理性归位》,载《法律科学(西北政法大学学报)》2016 年第 5 期。

〔2〕 付子堂、张善根:《地方法治建设及其评估机制探析》,载《中国社会科学》2014 年第 11 期。

是故,有必要结合地方金融的内生性来创新地方政府金融管理体制,明确中央与地方政府在金融监管中权力的界分,实现地方金融的地方政府属地监管。值得注意的是,地方性金融组织或业态的内在脆弱性与社会公共性又决定了地方金融的监管不能适用纯粹的属地管理模式,或许可选择“省直接管理地方职能部门,既管‘事权’,又管‘人、财、物’权,地方政府不再管理地方职能部门”,[1]即所谓的省级以下垂直金融监管模式。换言之,地方性金融组织或业态的省级以下垂直金融监管模式是由其“民间性”“地方性”“金融性”共同决定的,“民间性”“地方性”决定了地方政府管理的可能性,而“金融性”决定了地方性金融组织或业态不能完全由地方政府进行掌控和管理,而必须采用一定程度上的集权,即可采用省、自治区、直辖市人民政府的垂直管理作为地方政府金融监管体制的具体模式选择之一。

(二)选择省级以下垂直金融监管模式的进一步论证

前述有关地方性金融组织或业态的监管要采用省级以下垂直金融监管模式结论的得出基本上是建立在定性研究的基础上。为证成上述定性研究结论的合理性,现借鉴经济学领域定量研究方法对“垂直管理”与“属地管理”适用情形分析得出的结论[2]对地方金融省级以下垂直金融监管模式的科学性进行剖析。该研究结论归结起来就是,通过对任务的合并与分开执行中“难度”和“风险”两个系数的考量来决定究竟适用垂直管理或属地管理的情形,旨在平衡管理效果与成本之间的关系。在地方金融监管领域来验证该理论,或将该理论运用于地方金融监管,其前提预设是地方金融的本质依旧是“金融”,并具有“民间性”“地方性”特征。地方政府发展地方金融是常量(任务1);地方金融监管权的归属是变量(任务2)。

一是将地方金融监管权交给地方各级人民政府(任务2)。一般而言,地方各级人民政府会在本区域内正确处理好地方金融发展与地方金融监管的关系,但如果地方各同级人民政府间展开恶性竞争,必然会导致彼此忽视“风险”与“监管”。同时,地方政府金融监管机构因在人事、财政方面受地方各级人民政府的领导,必然会听从所属政府的行政命令而从事“重金融发展,轻金融监

[1] 尹振东:《垂直管理与属地管理:行政管理体制的选择》,载《经济研究》2011年第4期。
[2] 参见皮建才:《垂直管理与属地管理的比较制度分析》,载《中国经济问题》2014年第4期。

管”的行为，继而导致区域性或系统性金融风险的集聚与爆发。因此，若将地方金融的发展与监管职责均交由地方各级人民政府负责，则会存在地方金融“发展”与“监管”相斥的悖论，进而加大地方金融监管的难度与风险的集聚。

二是中央垂直监管机构负责地方金融监管(任务2)。目前，中央对地方政府进行评估的核心要素即是GDP的增长，此举必将导致地方各级人民政府忽视地方金融发展中的“风险”，或有意对中央政府的金融政策进行选择性配合，同时，这又加大了中央金融管理部门对地方金融监管的“难度”。为此，中央金融管理部门必然会在更大程度上通过强化对地方金融进行监管的力度来防范地方金融“风险”的集聚与爆发，而这又加大了地方金融发展的“难度”，影响地方金融市场发展的深度与广度。在金融发展与金融监管任务分置的情况下，存在地方性政府选择性配合中央政策与中央政府忽视地方金融发展的“两难”，故不适宜由中央金融管理部门承担起地方金融监管的任务。

显而易见，金融监管和金融监管任务之性质的差异会对中央与地方政府之任务分配关系的平衡产生不同程度的影响，而这就要求“垂直管理”抑或是“属地管理”之监管体制的选择需要对金融监管和金融监管任务的性质进行合理评估，即应在制度化和规范化的基础上推进金融管理体制的改革，而不是采取临时性的和应急性的“一垂到底”或者纯粹的“属地管理”模式，[1]或许可将省级以下垂直金融监管作为地方金融监管模式确定的制度良选。对地方金融实施省级以下垂直金融监管模式，地方各级人民政府承担地方金融发展的任务不变，其监管任务则统一由各省、市、自治区人民政府金融监管部门及其派出机构对地方金融进行监管，此举在一定程度上可强化地方金融监管的权威，以及省以下各级人民政府对金融监管抵触的可能性。

(三)中央督察制:省级以下垂直金融监管的异体监督模式

地方金融的省级以下垂直金融监管模式虽可在一定程度上缓解“监管”与“融资”任务合于一体的矛盾，但并不能从根本上予以解决，究其根本原因在于，毕竟省级以下地方各级人民政府依然会对省、市、自治区人民政府设立的金融监管机构派出机构的监管予以抵触或者省、市、自治区人民政府为保证辖区金融竞争力而选择“重金融发展、轻金融监管”的策略。为保证省以下垂直

〔1〕 参见皮建才:《垂直管理与属地管理的比较制度分析》，载《中国经济问题》2014年第4期。

金融监管体制的有效性，防止省、市、自治区之间出现地方性金融组织或业态监管的“朝底竞争”问题，国务院可授权国家金融监管管理总局等其他主体代表国务院对各省、市、自治区地方性金融组织或业态的监管情况进行监督检查，并在其下设立国家金融监管总督察及常设办公室，国家金融监管总督察、副总督察负责组织实施国家金融监管督察之规章制度，向地方派驻国家金融监管督察的分支机构。[1] 同时，为保证金融监管督察所预设功能的有效发挥，必须赋予国家金融监管督察分支机构相应的职权，如检查权、调查权、处分建议权、政策建议权以及限期改正权等。当然，要严格国家金融监管督察总局、分支机构及其工作人员的监督管理，认真建立健全各项金融监管督察规章制度，防止金融监管督察执法中失职、渎职和其他违法违纪行为的发生。国家金融监管督察制度的创立与省级以下垂直金融监管模式的确立，不仅可将地方金融发展纳入法治化轨道，而且可提升地方金融监管的效率与有效性，继而有助于促进地方金融的合理、有序发展。

第三节　地方政府参与金融监管的权力配置调整

“权力法定”是有关公权力配置的一项核心原则，从规范形态上来讲，即任何公权力的设定必须源于法律的赋予，当然，地方政府金融监管权亦概莫能外。值得注意的是，中央政府及其所属金融监管部门是通过“国发”、部门规章或其他方式将部分地方金融监管权授权或委托地方政府及其指定的金融监管部门享有并行使，此举显然有违与权力授予或转授相关的限制性法律规定。因而，地方政府金融监管权合法性与权威的确立，尚需借助中央与地方政府金融监管从行政型分权向法律型分权的转化予以实现。需要说明的是，在推进中央与地方政府金融监管分权从行政性向法律性转变的过程中，不能仅仅考虑中央与地方政府之间的金融监管权力关系，而且要对地方政府金融监管权在纵向与横向层面的结构化配置给予必要关注，具体即表现为纵向层面上，上级地方政府与下级地方政府间的金融监管权配置和横向层面同一地方政府各

---

〔1〕 参见国务院办公厅《关于建立国家土地督察制度有关问题的通知》（国办发〔2006〕50号）。

金融监管职能部门间的金融监管权配置。

一、地方政府参与金融监管之监管权力的法治化配置

在既有的金融监管体系之下,中央政府金融监管权的授予或行使业已被现行金融监管组织与行为法律所框定,而地方政府金融监管权的配置与行使则不尽然。中央对地方政府金融监管权的行政性授予、具体性委托已然影响地方政府在金融监管权行使过程中的合法性与权威,同时还可能导致地方政府对地方性金融组织或业态是否进行监管之态度的模棱两可性,这具体体现为地方政府对地方性金融组织或业态的监管进行选择性执法,或对国家金融监管政策进行选择性配合的问题。当国家实行严格的金融监管政策时,地方政府便形式性地强化对地方性金融组织或业态的监管,而当国家采取较宽松的金融监管时,地方政府则放松对地方性金融组织或业态的监管,进而形成地方政府金融监管的"顺周期"效应,此举实然不利于引导、推进地方性金融组织或业态的健康有序发展。具言之,地方政府参与金融监管的执法依据缺漏、过强的政策性影响,以及地方政府金融监管权配置在"事实"与"规范"之间的矛盾,极易导致地方性金融组织或业态市场秩序的混乱不堪,因而有必要以法治化的方式来解决中央与地方政府金融监管权划分的问题,以提升地方政府金融监管权行使的合法性与权威,进而实现地方性金融组织或业态的合理有序发展与整个国家金融秩序的稳定。

值得注意的是,地方性金融组织或业态的监管权只能通过国家法律的直接配置、全国人民代表大会及其常务委员会决定授权国务院制定行政法规,抑或是国务院依据职权或以上位法为依据制定行政法规的方式进行配置,而地方性法规、规章(地方性规章、部门规章)只能是为执行地方金融监管权而作出具体规定。具体而言:一是国家法律的直接性授权或者全国人民代表大会及其常务委员会的决定性授权,其中,前者如我国金融行业基本法律一般都会规定国务院银行业、证券、保险监管管理机构对银行、证券、保险行业实施统一监管,后者则如特定情形下全国人民代表大会或者是常务委员会有权授予中央政府先行制定行政法规。二是中央政府向各级地方政府或各部委及其直属事业单位的授权,中央政府可进行授权事项的范围必须落入其自身业已享有的法定权力边界之内,非中央政府自身所享有的法定权力不得授予他者,或者说

中央政府被他者授予的权力也不得转授给第三人。三是地方性法规授权，地方性法规授权只能为执行法律、行政法规已经规定的授权事项作出细化授权或者是依据法定授权对自己所管辖范围内的事项进行具体性授权，如我国《立法法》第72条、第73条的规定。是故，作为行政事权的金融监管权配置亦无出其右，地方性金融组织或业态监管权的配置必须以上述3种方式进行。

在此问题解决进路之下，首先是必须在既定法律框架中进行，即由全国人民代表大会及其常务委员会对现行法律进行立法上的解释。关涉金融监管权配置最直接，且最基本的法律即是我国《立法法》，该法第8条第9项规定金融领域的基本制度只能制定法律，并且第9条还规定，针对该法第8条所规定事项，在法律尚未作出规定的情况下，全国人民代表大会及其常务委员会有权授权国务院根据现实社会诉求，对其中的部分事项先行以行政法规的形式进行规定。需要特别作出阐释的是，我国《立法法》第8条中的"基本制度"和第9条"部分事项"两个用语。具言之：一是金融"基本制度"涵括哪些内容？依据我国《立法法释义》[1]指出，金融"基本制度"应涵括规范货币发行、信贷、结算、信托、保险、票据贴现、汇兑往来、证券交易等活动的制度，凡是涉及上述交易活动的制度都只能制定法律。二是"对其中的'部分事项'先制定行政法规"并没有将金融事项排除在外。因此，在地方金融领域尚未制定法律或制定法律尚未成熟的情况下，全国人民代表大会及其常务委员会有权根据实际需要授权国务院对涉及货币发行、信贷、结算、信托、保险、票据贴现、汇兑往来、证券交易的"地方金融"事项先行以行政法规的形式进行规定。而待制定地方金融法律条件成熟的情况下，可由全国人民代表大会制定有关地方金融的基本法律。无论是暂时以国务院制定行政法规的方式，还是以未来制定法律的方式，均可将地方金融的监管权力配置给地方政府。

鉴于全国人民代表大会及其常务委员会可以或业已授权国务院对地方金融事项制定行政法规。以地方金融组织或业态准入资格的批准（行政许可）为例展开分析，我国《行政许可法》第12条、第14条规定，国务院可以通过颁布行政法规的方式，对正规金融机构之外的从事金融业务的机构设定行政许可。

---

〔1〕 参见《中华人民共和国立法法释义》，载中国人大网，http://www.npc.gov.cn/npc/flsyywd/xianfa/2001-08/01/content_140407.htm，最后访问日期：2015年9月29日。

同时,我国《行政许可法》第 12 条还明确了地方性法规不得对正规金融机构之外的从事金融业务的机构设定行政许可。另外,依据我国《行政许可法》第 16 条的规定,国务院所属各部委及其直属事业单位的部门规章则不得在法律、行政法规未作出规定的情况下设定行政许可。换言之,国家法律可将地方金融监管权配置给任意一个公共部门,全国人民代表大会及其常务委员会可授权国务院以行政法规的方式对地方金融监管权进行配置,无论是国务院各部委还是其直属事业单位,抑或是其他公共部门。至于地方性法规、规章则只能执行上位法有关地方金融监管权配置的规定。

二、地方政府参与金融监管之监管权力的结构性配置

"现代国家的体制改革要解决的首要问题就是国家权力重心的转移和政府职能的分化与重组"[1]以及政府组织结构的优化,而国家权力重心转移、政府职能分化与重组以及政府组织结构优化的过程最终即体现为国家权力配置以及各种不同权力间相互关系合理优化的过程。因此,对地方性金融组织或业态进行监管之监管体制改革的核心,除要实现金融监管职能的转变与金融监管组织结构的优化外,就是要实现地方政府金融监管权的结构化配置,即要对省级以下各级地方政府之间的金融监管权力结构关系予以厘清,继而实现地方政府金融监管权在省级以下地方政府之间的纵向划分与垂直性构造;同时在横向层面则体现为,地方政府金融监管权在地方政府职能部门间的分化重组,最终实现金融监管权的相对集中与金融监管权力设置的平面化构造。

(一)地方金融监管权纵向划分与垂直性构造

中央与地方金融监管权限划分的现行方案,无论是针对单一金融组织的监管权下放,还是地方金融监管权的整体下放,仅对中央与省级人民政府各自权限范围、责任承担等作了原则性规定,而未明确省级与地市级、区县级人民政府各自金融监管权限。地方金融监管权在省级、地市级、区县级人民政府间的配置及其关系缺乏明确规定,导致各级地方政府间金融监管权限划分的混乱与不协调。譬如,部分地方金融组织的市场准入、退出、日常监管权和风险处置责任均由所在地地方政府金融监管机构享有并行使;部分地方金融组织

---

〔1〕 汪进元:《国家治理体系中政府权力的分化与重组》,载《法商研究》2014 年第 3 期。

的市场准入、退出监管权由省级地方金融监管机构享有并行使，而日常监管权与风险排查、风险处置责任则交由其所在地地方金融监管机构；或者是仅规定省级地方金融监管机构享有某一金融组织之市场准入、退出与日常监管权，而未对地市、区县人民政府的金融监管权作出规定。值得注意的是，省级、地市级、区县级人民政府间金融监管权限划分的多元性、模糊性导致地方金融监管权行使的冲突与不协调，影响其合法性与权威。因此，有必要厘清省级以下各级地方政府间的金融监管权力关系，实现地方金融监管权的纵向划分与垂直性构造。

地方金融监管权在省、地市、区县人民政府间配置的最大难题是，究竟应将其层层下放到各级地方政府，还是完全划归省级人民政府，并由其在辖下地市、区县建立垂直管理的分支机构来行使地方金融监管权。当然，地方金融监管权在各级地方政府间的配置不能仅从权力属性角度来分析，应重点考虑地方金融的内在规定性。地方金融之"属"为"金融"，具有内在脆弱性、社会公共性、风险传染性等特征，因而地方金融监管权不能完全层层下放至各级地方政府。然而，正处于蓬勃发展中的地方金融，其样式繁多、数量庞大、关系庞杂以及多位于乡镇或区县等基层地方，[1]由地市、县区人民政府对其进行监管或许更恰当合理。值得注意的是，地方金融监管权的层层下放可能会导致地方金融监管机构被发展型地方政府"绑架"，成为地方政府为经济发展而融资的工具，从而会扭曲金融资源配置、引致金融风险集聚。出于对金融业战略重要性与金融风险防范、金融有序发展等多元因素的综合衡量，地方金融监管权或许应该集中于省级人民政府，并由其在辖下地市、区县建立的垂直管理分支机构来具体行使。

深入地讲，省级地方政府设立的金融监管机构负责地方金融市场准入、退出和风险处置责任，同时还负有在中央金融监管法律或政策指引下结合辖区实际制定实施细则的职责。省级地方政府设立的金融监管机构在地市、区县的派出机构则主要负责地方金融之日常运营的现场和非现场监管，当然，还要负责地方金融组织高级管理人员任职资格审查，对地方金融风险进行分析、研

---

[1] 参见陆岷峰、王虹：《加强地方政府金融监管责任的研究》，载《金融理论与教学》2014年第8期。

究以及统计、分析、上报辖区地方金融数据、信息等。转换到具体实践，即是将地方金融监管权统一交由省级地方金融监管机构享有，省级地方政府设立的金融监管机构辖下地市、区县的垂直管理分支机构，主要负责地方金融之日常运营监管，最终实现地方金融监管权在省级以下各级地方政府间的纵向划分与垂直性构造。

（二）地方金融监管权横向集中与平面化构造

中央已将小额贷款公司、融资担保公司等地方性金融组织或业态的监管权授予或委托地方政府，并指出由省级人民政府实施属地管理或交由省级人民政府指定部门行使，但未明确规定具体部门。起初，对小额贷款公司、融资担保公司进行监管的权力主要由地方“金融办”享有并行使，而对典当行、融资租赁公司、商业保理公司进行监管的权力则划归了省级商务主管部门以及设区的地市级商务主管部门。此外，地方发改委（局）负责监管各类股权投资公司、投资基金、企业债发行，省农业厅（现农业农村厅）参与对农业政策性保险试点工作的监管，省级供销社系统或农业厅负责对农村资金互助组织进行审批与监管。[1] 显然，地方金融监管权配置错综复杂，具有明显的“条块结合”特征。当然，地方金融监管权配置的“条块结合”特征主要由历史因素决定，由于以前地方没有专门的金融监管机构，一些明显具有金融属性之新型金融组织或业态的监管权则被划归传统的与之存在关联的行业主管部门。[2] 值得注意的是，地方金融监管权分散于不同的地方政府职能部门或直属机构，并且权力来源也不具有统一性，导致了地方金融监管规则的政出多门、横向分割、权力交叉与部门行政等问题的发生。[3] 因而，需要实现地方金融监管权的横向相对集中与平面化配置。

地方金融监管权的横向相对集中与平面化配置，除需保证监管标准统一、监管资源整合、节约监管协调成本外，还与不同样态地方性金融组织或业态的同质性，由行业主管部门享有地方金融监管权会导致监管独立性、专业性丧失紧密相关。小额贷款公司、商业保理公司、典当行等地方性金融组织或业态在

---

〔1〕 参见张旭、张静：《山东省地方金融监管体制面临的问题与对策》，载《金融发展研究》2014 年第 11 期。

〔2〕 参见陈道富：《提高地方金融监管有效性的对策建议》，载《国家治理》2016 年第 23 期。

〔3〕 参见周春喜、黄星澍：《地方金融的监管逻辑及规范路径》，载《浙江工商大学学报》2014 年第 5 期。

本质上的同一性、货币资金的跨行业互通性，决定了地方金融监管权应统一划归独立而专业的单一地方金融监管机构。事实上，北京、山东、温州等已明确将小额贷款公司、融资担保公司的监管权交由专职行使地方金融监管权的地方金融监督管理局统一享有并行使。其中，济南已积极推进典当行、融资租赁、股权投资、创业投资、农业保险等地方金融业务的统一归口管理。[1] 更值得注意的是，2018 年商务部办公厅《关于融资租赁公司、商业保理公司和典当行管理职责调整有关事宜的通知》已将融资租赁公司、商业保理公司和典当行制定经营和监管规则的权力划归原银保监会，并且在《中共中央关于服务实体经济防控金融风险深化金融改革的若干意见》（中发〔2017〕23 号）的指引下，上述 3 类组织的监管权也逐步由商务主管部门移交至“金融办”或“金管局”。事实上，地方金融监管权由不同行业主管部门向划归统一的地方金融监管部门，有助于保证金融监管的独立性、专业性，也符合行政权统一配置的“大部制”[2]改革趋势。[3]

值得注意的是，将分散于地方政府各职能部门，尤其是行业主管部门的地方金融监管权进行集中，并授予独立而专业的单一地方金融监管机构，虽可避免或消除地方金融监管权的分割与交叉，应在地方金融监管机构内部对金融监管之决策权、执行权与监督权进行适度分离，并分别由地方金融监管机构内部不同部门分别行使，最终实现地方金融监管权的“行政三分”。[4] 总体而言，地方金融监管权配置应从横向上的多元分散向相对集中转变，同时又需要对集中于地方金融监管机构的金融监管权进行重新分化组合。

第四节　地方政府参与金融监管的统筹协调框架

在地方政府参与金融监管中，地方政府之金融管理职能转变、组织结构优

---

〔1〕 参见张旭、张静：《山东省地方金融监管体制面临的问题与对策》，载《金融发展研究》2014 年第 11 期。

〔2〕 参见康良辉：《相对集中行使行政权制度研究》，中国政法大学出版社 2014 年版，第 81 页。

〔3〕 参见钱水土：《进一步完善地方政府金融管理体制的探讨》，载《清华金融评论》2014 年第 7 期。

〔4〕 参见崔卓兰、卢护锋：《行政自制之途径探寻》，载《吉林大学社会科学学报》2008 年第 1 期。

化、权力配置调整均属于体制性的静态安排，主要由宪法、组织法和具体的金融监督管理法加以规定，但涵括金融管理职能、组织结构、权力配置在内的静态性地方政府金融监管体制所面向的是变化的金融现实，此时动态化金融监管统筹协调架构的建立健全便显得格外重要。因此，在权限配置模糊不清的语境下，地方政府参与金融监管的统筹协调行，除体制性法律安排外，更需要机制性法律设计的有效配合，即分别从程序性的监管管辖、监管协助、监管协调和监管裁决四个层面予以展开。

地方政府参与金融监管的统筹协调，之所以从监管管辖、监管协助、监管协调和监管裁决四个层面的程序性机制的优化来展开，究其根本在于这四种机制之间具有紧密关系。具体来讲，监管管辖机制和监管协助机制主要是规范平行金融监管主体之间权力运行的规则，其有赖各金融监管职能部门的依法履职、自觉遵行，并且能够为地方金融监管权限冲突的解决提供了基本的法律规则。然而，金融监管权限冲突解决法律规则的确立并不意味着法律规则的自动适用和冲突的自动解决，因此需要在监管管辖、监管协助机制的基础上，积极建立完善的监管协调机制，而监管协调机制建立的核心即是重塑监管协调机构并优化相应的监管协调程序。更进一步讲，尽管监管协调和监管裁决都具有事后争议解决的特性，但监管协调更加尊重被协调者的主观意志，力求被协调者达成一致意见。与监管协调不同的是，监管裁决是共同上级机关或法定机关对金融监管部门之间的权限争议作出的“准司法”行为，具有不可更改的终局性质。

一、地方政府参与金融监管之监管管辖机制的确立

地方政府参与金融监管之监管管辖机制的确立，是为了解决因党中央、国务院及其所属中央金融管理部门和省级地方政府出台的具有组织法规范属性之国家规定〔1〕对地方金融监管权限划分不清而导致的问题。此时，在地方金融监管权划分领域，当体制性的组织法规范供给不足或存在漏洞时，就需要机

〔1〕 金融法中的“国家规定”包括全国人民代表大会及其常务委员会制定的法律和决定，国务院制定的行政法规、规定的行政措施、发布的决定和命令，国务院部委制定的部门规章以及以上述法律规范为依据制定的规范性文件、其他文件，或由监管部门联合制定，并经国务院同意。参见刘志伟：《金融法中的混业“但书”规定之反思》，载《法学研究》2019 年第 6 期。

制性的程序法规范来解决，并且首先需要具有程序法属性之金融监管管辖制度的引入来解决地方金融监管权限不清的问题。

无论是宪法、行政组织法，还是行政程序法，都与行政领域的管辖权紧密相关。其中，前者重点解决行政管辖权限划分的初次分配问题，而后者对行政管辖权限划分之规定则主要是在宪法、行政组织法对行政管辖权限给予初次分配基础上，而进行的再次分配或者为行政管辖权限的再次分配提供确定的程序性机制。之所以如此认为，是因为“行政管辖权是行政主体在行政程序法上的一项程序权力，它是行政主体之间就某一行政事务的首次处置所作的权限划分”，[1]并且行政管辖制度不仅要解决行政机关间的权限划分问题，这一问题通过组织法就能基本解决，管辖制度的核心是要解决各专业性质法律规范在分别授权有关主管部门对社会经济事务行使相关职权的基础上，如何解决授权不一形成的多重管辖的问题，其根本目的是当出现共同管辖或积极和消极的管辖权争议时，及时确定某一具体行政事务的管辖机关，从而化解权限纠纷。[2] 显然，在行政领域的管辖问题上，与宪法、行政组织法不同的是，行政程序法对行政管辖所起的作用不是划分各行政职能部门的行政管辖权，而是要解决不同法律、法规将同一行政事务授予不同行政职能部门管辖或者法律、法规未对某一行政事务确定具体的行政管辖职能部门而导致的管辖重叠、管辖空白等问题。

进一步从传统的程序法来看，管辖可分为级别管辖、地域管辖、事务管辖三种法律表现形式，其中，事务管辖又包括共同管辖、指定管辖以及移送管辖等不同类型的法律表现形式，当然，地方政府参与金融监管之监管管辖亦无出其右。从目前我国地方政府参与金融监管之监管权限的配置来看，为因应地方金融发展的需要，国家已经对地方政府参与金融监管的监管管辖权限进行了初步界分，这具体包括中央与地方各级人民政府之间金融监管管辖权限的划分，也包括地方各级人民政府不同金融监管相关职能部门间金融监管管辖权限的划分，同时还包括对地方金融进行监管的地域管辖限等的规定。譬如，

---

〔1〕 章剑生：《行政管辖制度探索》，载《法学》2002 年第 7 期。

〔2〕 金国坤：《行政权限冲突解决机制研究：部门协调的法制化路径探寻》，北京大学出版社 2010 年版，第 99 页。

以我国对融资性担保公司实行省级政府属地化管理为例。尽管我国已将融资性担保公司纳入属地监管，但其监管权限的首次划分存在的问题是，各省、自治区、直辖市人民政府确定的金融监管部门究竟是哪一个并不明确。进言之，即使目前大部分省、自治区、直辖市人民政府均将融资担保公司监管权划归省级人民政府“金融办”或“金管局”享有并行使，但仍存在将其划归政府其他职能部门享有并行使的情形，如江苏、湖北均将融资性担保公司的监管权划归省经济和信息化委员会享有并行使。事实上，各省、自治区、直辖市人民政府之具体享有并行使融资担保公司监管权之政府职能部门的非统一性极易导致不同省份融资担保公司金融监管部门在监管权行使上的冲突或不协调。

之所以出现地方金融监管权行使上的冲突与不协调，究其根本原因有三：一是各省、自治区、直辖市人民政府“金融办”或“金管局”在中央缺乏与之相对应的归口管理或指导部门，而经济和信息化委员会则在中央有对应的归口指导或管理部门，并且负有执行中央归口指导或管理部门所发布部门规章或规范性文件的义务，这会导致不同省级人民政府金融监管部门在融资担保公司等地方性金融组织或业态监管执法上的冲突。二是通过对全国（除我国港澳台地区之外）的 31 个省、市、自治区人民政府“金融办”或“金管局”之“三定规定”的分析，除广西壮族自治区、重庆市人民政府明确将“金融办”或“金管局”定性为议事协调机构的办事机构外，其他均将其定性为省、市、自治区人民政府组成部门、直属机构或办公室管理机构（包括议事协调机构的办事机构、事业单位等），性质定位上的差异又进一步加大了不同地方政府在金融监管执法中协调的难度。三是省、自治区、直辖市人民政府所指定的金融监管部门具体行使融资性担保公司等地方性金融组织或业态之市场准入、日常监管、事后退出以及处置风险等监管职责，但是目前大部分将融资性担保公司等地方性金融组织或业态的监管权划归省级“金融办”或“金管局”之后，由省级“金融办”或“金管局”负责融资性担保公司等地方性金融组织或业态的市场准入，而日常监管职责则基本上交给设区的市的人民政府“金融办”或“金管局”和县级人民政府“金融办”或“金管局”，此时在监管中就可能会出现省、地级市、县“金融办”或“金管局”在融资性担保公司等地方性金融组织或业态监管中的争权夺利或相互推诿的问题。由此看来，地方政府参与金融监管之监管管辖权限的初次配置应由金融监管组织法和管理法进行规定，在金融监管组织法和管理法规定不清或在实践中出现管辖冲突、管辖空白时，金融监管领域的程序法规范则会对地方政府参与金融监管之管辖权限的再次划分或最终权限的归属作出相应的程序性安排。

在实践中，目前我国已经在地方政府参与金融监管之监管管辖程序机制的设计层面采取了诸多具体措施，如国务院办公厅《关于加强影子银行监管有关问题的通知》（国办发〔2013〕107 号）首次对中央与地方政府之间的金融监管协调事项予以规定。在地方政府参与金融监管之协调机制层面，温州市人民政府办公室已于 2014 年发布《关于建立健全温州市地方金融监管协调机制的通知》（温政办机〔2014〕15 号），其对地方金融监管协调的工作任务、组织机构、职责分工、工作机制和工作要求予以初步明确。然而，目前所采取有关地方政府参与金融监管之监管管辖的程序性机制建设是在既有金融监管体制上的机制性调整，并且这种机制调整缺乏体系性，具有零散化的特点，此其一。二是已采取或实施的地方政府参与金融监管之监管协调的机制性调整策略缺乏可操作性，或者说仅仅是一种思路上的指引，事实上并没有对地方政府参与金融监管之监管管辖的程序机制予以明确。是故，有必要在对地方政府金融监管体制进行系统性改革的基础上，建立统一性、具体性的地方政府参与金融监管之程序法层面的监管管辖制度，以促进地方政府参与金融监管之监管协调机制的科学合理构建与完善。

在程序法层面，实现地方政府参与金融监管之监管管辖机制的统一性、具体性塑造，最主要的即是在法律法规层面对地方政府参与金融监管的级别管辖、地域管辖、事务管辖以及管辖权异议等作出明确规定。具体来讲：一是级别管辖与地域管辖主要由宪法、行政组织法和行政管理法进行规定，唯有在宪法、行政组织法和行政管理法规定不明或存在模糊时才应由行政程序法进行规定或适用行政程序法的规定，如对于难以确定具体监管部门之新兴地方性金融组织或业态的监管，应依据行政程序法规范来确定具体的监管部门。二是事务管辖作为金融监管职能部门权限分工的管辖形式应由行政组织法和具体的行政管理法进行规定，而不应由行政程序法进行规定，此时行政程序法对事务管辖所起的作用则主要是针对共同管辖中管辖权的确定问题，如由于地方金融的跨地区经营，不同省份地方政府设立的金融监管机构均享有监管权，此时行政程序法规范则应为最终监管机构的选择提供明确具体的程序机制。

另外,行政程序法还可适用到地方金融监管之指定管辖、选择管辖、移送管辖以及管辖权异议等问题的处理之中。当然,还需要分别就地方政府参与金融监管之级别管辖、地域管辖、事务管辖以及管辖权异议等诸种类型管辖的具体适用程序、行使管辖权过程中各地方政府设立的金融监管机构的权责作出明确规定。如此来看,地方政府参与金融监管之监管管辖机制的塑造需要宪法、行政组织法以及行政管理法等实体法与程序法的配合,其中,实体法主要是解决金融监管管辖权限的初次配置问题,而唯有实体法的规定存在法律漏洞或法律冲突时,程序法才会被用以解决金融监管管辖权限的交叉冲突或空白问题,即通过程序法来统一规定金融监管管辖权的行使或运行规则,特别是要对金融监管管辖权的最终确定或确定程序进行规定,以为各个与地方金融监管相关的监管部机构之间的金融监管管辖权限冲突提供基本的程序指引。

二、地方政府参与金融监管之监管协助机制的完善

地方政府参与金融监管之监管管辖程序法规范的有效确立与完善,主要针对的是地方政府参与金融监管的执法过程中同一层级地方政府或地方政府不同金融监管部门间的监管交叉或监管空白进行的机制性调整,是对地方政府金融监管权限初次配置缺失的积极补正。与之相异的是,地方政府参与金融监管之监管协助机制则主要适用于地方金融监管权在地方政府不同金融监管部门或与地方金融监管相关的同级政府职能部门之间权限配置清楚且没有任何权限争议的情形,当然,对于专属地方政府的部分地方金融监管事项,在监管执法中也会遇到需要中央金融管理部门及其派出机构或者本辖区,甚至是本辖区之外其他政府职能部门给予监管协助的情形。

地方政府参与金融监管之监管协助,是指在对地方金融进行监管的过程中,某一地方政府设立金融监管机构由于自身限制无法独立完成对地方金融的监管而请求与之没有隶属关系的其他金融监管部门或与金融监管相关的同级政府职能部门,被请求机关依法对其予以协助的行为。具体示例是《地方各级人民代表大会和地方各级人民政府组织法》第 67 条、《银行业监督管理法》第 13 条之规定。在对地方政府参与金融监管的执法过程中,应如何实现地方政府金融监管部门和其他与之没有隶属关系行政部门的有效协调,并促使政府其他职能部门应地方政府金融监管部门的请求予以积极协助?

作为金融综合改革试验区的温州，其在制度层面已经进行了“先行先试”的改革试验，具体是2014年温州市人民政府办公室所发布《关于建立健全温州市地方金融监管协调机制的通知》规定，“成立温州市地方金融监管工作协调小组（以下简称协调小组），由市政府分管领导任组长，市政府联系工作副秘书长和市金融办（局）主要负责人任副组长，市法院、市检察院、市委政法委、市委宣传部、市委农办（农业局）、市经信委、市公安局、市财政局（地税局）、市国土资源局、市住建委、市商务局、市审计局、市林业局、市市场监管局、市法制办、市金融办（局）、市人行、温州银监分局、温州保监分局、武警温州市支队等单位分管负责人为成员。根据工作需要，可邀请其他相关单位负责人参加”。同时，对各部门的工作职责予以明确规定，比如，“市公安局依法打击非法吸收公众存款、集资诈骗等非法集资犯罪活动以及骗取贷款、高利转贷、洗钱等扰乱金融秩序的违法犯罪行为，及时做好对移送的民间融资涉嫌犯罪材料的审查工作，并将审查结果反馈至协调小组办公室”。另外，该通知还在工作要求部分提出，“（一）协调小组各成员单位要认真落实联席会议议定事项，并按照各自职责对地方金融活动实施有效监管，对非法集资等地方金融风险事件进行妥善协调处置；（二）协调小组成员对联席会议决定的事情推诿或执行不到位，造成严重后果的，将根据《温州市民间融资管理条例》第四十八条有关规定处理，或提请相应上级主管部门处理”。

值得注意的是，温州有关地方政府参与金融监管之监管协助的规定与《地方各级人民代表大会和地方各级人民政府组织法》《银行业监督管理法》的最大不同是，前者仅属于政府内部的规范性文件，而后两者已经提升到法律层面上来，此其一；二是《地方各级人民代表大会和地方各级人民政府组织法》《银行业监督管理法》分别仅有一条对其进行规定，而《关于建立健全温州市地方金融监管协调机制的通知》的规定则较详细，但总体看来，金融领域的现有立法已在思路或理念层面对地方政府参与金融监管之监管协助作出了原则性规定，但缺乏专门针对金融监管或地方政府参与金融监管之监管协助机制的可操作性实践指引，那么地方政府参与金融监管之监管协助机制应该采取哪些具体性的优化措施？此问题的解决需要从形式层面与内容层面展开。

第一，从内容层面来看，一是必须明确地方政府参与金融监管之监管协助是一种法定的行政行为类型。事实上，我国《地方各级人民代表大会和地方各级人民政府组织法》《银行业监督管理法》之有关行政协助的规定，但并未对行政协助的法定理由、行政协助职责的法定性以及被请求行政部门不得拒绝作出明确规定。当然，也可在相关法律法规中规定地方政府金融监管协助的意定情形（这属于典型的自愿性金融监管协作行为）。二是明确规定地方政府参与金融监管之监管协助的法定情形，比如，地方政府金融监管部门独自行使地方金融监管权时无法实现监管目的、地方政府参与金融监管所需资料自己无权调查或者无权采取行动，以及其他必须提请地方金融监管协助的情形，等等。三是在法律层面明确地方政府金融监管部门提起地方政府金融监管协助的程序、被提出监管协助请求部门的审查与答复的程序和期限、提出请求部门与被请求部门实施行政协助的程序等。四是确定被提请金融监管协助的政府职能部门对所提请地方政府金融监管事项推诿或执行不到位，造成严重后果的，要承担相应的法律责任。五是要明确地方政府参与金融监管之监管协助的提请部门和被提请部门在地方金融监管协助执法中承担的法律责任，即要根据地方政府金融监管协助行为的性质来确定金融监管行为的法律责任承担方。

第二，从形式层面来看，在地方政府参与金融监管之监管协助机制具体内容作出厘定之后，其法治化确立则需要从以下两个层面逐步推进：一是需要从行政程序法律规范层面给予一般性的规定，如未来需要制定的行政程序条例或行政程序法等；二是要结合金融监管自身的特征和金融领域监管法律规范的基本内容制定金融监管协调或协助实施细则或具体办法。

三、地方政府参与金融监管之监管协调机制的重塑

金融监管协助（可分为法定的地方金融监管协助和意定的地方金融监管协助）为没有隶属关系的平行性的中央金融管理部门在地方的派出机构与地方政府设立金融监管机构以及地方政府设立的金融监管机构之间的配合提供了可能的途径，但这有赖中央管理部门在地方的派出机构与地方政府设立的金融监管机构以及地方政府设立的金融监管机构对法定金融监管协助法律规范的遵守和彼此之间的自愿协作。没有隶属关系的平行性的中央与地方以及地方各金融监管部门或机构，可能为了各自的部门利益而违反法律规定或约定不为请求部门提供金融监管协助，或者彼此在金融监管执法中“各自为战”。

在此情形之下，究竟应如何处理中央与地方以及地方各金融监管部门或机构之间的监管冲突？

在现行行政管理体制框架下，“国务院议事协调机构”和“部级联席会议”是非常典型的监管协调方式，[1]如金融监管部际协调联席会议、国务院农民工工作领导小组、国务院食品安全委员会等。在金融监管领域，为补齐金融监管短板、加强原“一行三会”或“一行二会”间的沟通与合作，国家已经采取了上述两种模式，即金融监管部际协调联席会议和国务院金融稳定发展委员会，并逐渐用第二种模式替代第一种模式，其中，从原“一行三会”或“一行二会”之上专门成立的原国务院金融稳定发展委员会，已经超越了传统的“领导小组”式议事协调机构模式。之所以说是对传统“领导小组”模式的超越，原因在于相较“领导小组”模式，“委员会”模式更加具有正式性、常规性的特征，“委员会的职能范围更广、机构设置更规范、参与成员更多元、统筹协调更有力、决策议事权威性更高”。[2] 在现行行政管理体制中“委员会”属于一级行政机构，具有一定的行政权、问责权和处罚权，并且不仅定位于协调而是兼具协调和稳定双重功能，“行政功能的目的主要是金融稳定，行政行为的对象主要是金融风险，行政手段主要是是协调，协调‘一行三会’行使行政职能，而不是其他”。[3]

为了进一步加强党中央对金融工作的集中统一领导，中共中央、国务院于2023年印发的《党和国家机构改革方案》提出，组建作为党中央决策议事协调机构的中央金融委员会，设立中央金融委员会办公室作为中央金融委员会的办事机构，同时不再保留国务院金融稳定发展委员会及其办事机构。但事实上，中央金融委员会及其办事机构的组建设立，并将国务院金融稳定发展委员会办公室职责划入中央金融委员会办公室，是对国务院金融稳定发展委员会及其办事机构的“升格改造”，这更有助于中国金融稳定和发展的顶层设计、统筹协调、整体推进、督促落实，金融领域重大政策、重大问题等的研究与解决，

---

〔1〕 朱春奎、毛万磊：《议事协调机构、部际联席会议和部门协议：中国政府部门横向协调机制研究》，载《行政论坛》2015年第6期。

〔2〕 张克：《从“领导小组”到“委员会”——中央决策议事协调机构优化记》，载《小康》2018年14期。

〔3〕 冉学东：《如何解读国务院金融稳定发展委员会》，载华夏时报网2017年7月16日，http://www.chinatimes.net.cn/article/69081.html，最后访问日期：2021年4月16日。

以及金融管理工作权威性和有效性的增强。

在地方政府参与金融监管之监管协调机制的重塑中，首先要摆脱的就是传统的“部级联席会议”和“领导小组”式议事协调思路，因为尽管金融监管协调部际联席会议制度是经国务院批准建立，但依据《中国人民银行法》第 9 条的规定可知，金融监管协调部际联席会议制度必须是国务院建立而非国务院批准同意，此其一；二是“协调作为一项管理活动，是与计划、组织、指挥相对应的，带有领导意志性，它是协调者凌驾于协调部门之上的一种领导行为，不以被协调者的意志为转移”，[1]是一种上级机关予以调处的内部行政行为。鉴于此，地方政府参与金融监管之监管协调机制的建立必须是监管协调机构协调而非主管部门的协调，并且监管协调机构必须是被协调中央金融监管部门地方派出机构或地方政府金融监管部门的共同上级机关，具有管理与被管理的行政隶属关系。

既然地方政府参与金融监管之监管协调机制的重塑，必须是金融监管协调机构的协调而不是金融监管主管部门的协调，那么地方政府参与金融监管之监管协调的启动便需要专门性的金融监管协调机构或协调牵头主体来依职权主动或被动发起。在地方政府参与金融监管的监管协调中，监管协调机构或牵头主体的确定直接关乎地方政府参与金融监管之监管协调效果的好坏与否，那么究竟应该是由地方政府设立的金融监管机构，还是由中国人民银行在地方的派出机构，抑或是地方党委组建设立的金融委员会及其办事机构，来负责建立地方政府参与金融监管的协调机制？[2]地方政府参与金融监管之监管协调机构应采取什么样的方式予以组织？从中共中央、国务院于 2023 年印发的《党和国家机构改革方案》来看，中央金融委员会及其办事机构和中央金融工作委员会的组建设立来看，或许在中央金融委员会及其办事机构和中央金融工作委员会的指导下，由地方党委组建设立地方党委金融委员会及其办事机构和地方党委金融工作委员会作为地方政府参与金融监管的协调机构或牵头主体，并承担地方政府参与金融监管协调机制的构建完善将更具有现实可

---

〔1〕 金国坤：《行政权限冲突解决机制研究：部门协调的法制化路径探寻》，北京大学出版社 2010 年版，第 279 页。

〔2〕 刘志伟：《地方金融监管分权：协同缺失与补正路径》，载《上海金融》2017 年第 1 期。

能性和具体可操作性。具体原因如下:一是在走中国特色金融发展之路,进一步强化党中央对金融工作的领导,建立健全金融稳定和发展统筹协调机制的语境下,地方党委组建设立地方党委金融委员会及其办事机构和地方党委金融工作委员会,是地方党委在中央金融委员会及其办事机构、中央金融工作委员会指导下,自觉服从、主动作为建立健全金融稳定和发展统筹协调机制具体体现和切实行动。二是2022年10月出版的《党的二十大报告读本》在"加强和完善现代金融监管体系"部分,明确提出"中央金融管理部门要依照法定职责承担监管主体责任,派出机构要自觉服从地方党委政府领导,积极发挥专业优势和履行行业管理职责,共同推动建立科学高效的金融稳定保障体系",显然这为地方党委组建设立地方党委金融委员会及其办事机构和地方党委金融工作委员会作为地方政府参与金融监管协调的协调机构或牵头主体,并承担起地方政府参与金融监管协调机制构建完善职责提供了最好的注脚。如此,中国人民银行、国家金融监督管理总局、中国证监会在地方的派出机构、地方政府设立的金融监管机构以及本级政府相关职能部门,如经信委、商务局等,顺其自然地也就成为地方金融监管协调机制的被协调对象。当然,这也是地方政府,尤其是省级人民政府履行对地方金融组织的监督管理和风险处置职责,承担地方法人金融机构的风险处置属地责任,督促各类股东履行补充资本的义务,对省级行政区域内防范和处置非法集资工作负总责的基本要求。另外,对于跨区域的地方金融监管协调来说,可由共同上级地方党委设立的地方金融监管协调机构作为协调主体,若问题提升至涉及国家金融监管、稳定和改革重大事项,则应由中央金融委员会及其办事机构和中央金融工作委员会负责协调。

进一步讲,地方政府参与金融监管之监管协调机制的构建完善,必须要明确地方党委建立的金融监管协调机构不是对地方金融进行监管的机构,或者说其并不享有地方金融监管权,而是一种具有行政管理属性的处理地方政府设立的金融监管机构与"一行一总局一会"在本辖区派驻机构以及与其他与地方金融监管相关职能部门之间权限争议的内部性管理行为,并且地方党委建立的金融监管协调机构需要实现专职设立,此其一;二是必须肯定或者是确认地方党委建立的金融监管协调机构的主体地位,以提升地方党委建立的金融监管协调机构在处理地方政府设立的金融监管机构与"一行一总局一会"在地方派出机构以及其他与金融监管相关职能部门之间权限争议的有效性与权威,并应建立相应的监管责任承担机制;三是地方党委建立的金融监管协调机构之监管协调工作开展是在地方金融监管管辖权发生冲突、地方金融监管协助机制不能顺利实施之后才予以采取的权限争议解决手段,具有程序启动上的法定性,即是说,地方党委建立的金融监管协调机构之监管协调的启动以前置性争议解决程序的难以发挥作用或无法发挥作用为其启动前提性要件。

四、地方政府参与金融监管之监管裁决机制的建立

作为金融监管程序法的核心组成的金融监管管辖机制与金融监管协助机制,可为平行地方金融监管部门间监管权限冲突的处理提供程序性法律保障机制。然而,金融监管管辖机制与金融监管协助机制并不能总是自主有效地运行,这便需要依靠特定的金融监管协调机构予以维系和推动,而金融监管协调机构之监管协调行为的实施又依赖终局性的争议裁决机制,所以地方政府参与金融监管的协调运行还需要从法律层面再造和优化地方金融监管协调机构和建立相应的地方金融监管权限争议裁决机制。

无论是新组建的具有决策议事协调属性的中央金融委员会和金融监管协调部际联席会议制度,还是温州市地方金融监管协调机制的创建与完善,抑或是新兴的金融监管管辖机制、监管协助机制的法律确认与优化,这都是金融监管权限争议发生以前采取的预防性机制或者是调解性的争议处理机制,事实上并未为金融监管权限争议发生以后冲突的解决提供终局性的监管争议裁决机制。然而,在现实实践中,无论是中央与地方政府之间、同级地方政府之间,还是地方政府设立的金融监管机构之间却经常发生事后性的监管权限争议。譬如,对于河北省农村信用联社组织所辖各县级信用社违法违规为地方政府融资平台融资的行为,河北银监局分别与河北信用联社、河北省“金融办”进行协调沟通,但河北信用联社、河北省“金融办”均对河北银监局的沟通行为置若罔闻。值得注意的是,此问题的最终解决还是银监会与河北省政府沟通协调的结果。[1] 又有,在广东“华鼎担保”事件的处理中,省“金融办”与原银监会该辖区的原银监分局就各自的责任分担问题产生严重分歧,并且此后两部门

---

〔1〕 孙弢、王吉如:《地方金融监管之惑》,载《金融世界》2013年第1期。

不再就地方金融的监管事宜进行沟通协调。[1] 再就是,在云南“泛亚有色金属交易所”事件中,无论是中国证监会、原中国银监会,还是云南省“金融办”、昆明市“金融办”等相关金融监管主体彼此都难以确定自己是否真正享有对“泛亚有色金属交易所”进行监管的权力或者是负有相应的监管责任,即中国证监会、原中国银监会、云南省“金融办”、昆明市“金融办”等部门在地方性金融组织或业态的监管中存在权责配置不清、权限边界模糊的问题。

究竟谁真正享有地方金融监管权和负有相应的地方金融监管责任?从国务院《关于清理整顿各类交易场所切实防范金融风险的决定》(国发〔2011〕38号)来看,省、自治区、直辖市人民政府要对其辖区内的各类交易场所实行“属地管理”,其具体包括对地方性交易场所进行日常性的监管、对非法交易场所进行清理整顿以及要承担最后的风险处置责任。此后的国务院《关于同意建立清理整顿各类交易场所部际联席会议制度的批复》(国函〔2012〕3号)则进一步明确,中国证监会在征询“清理整顿各类交易场所部级联席会”成员意见的基础上,可依照证券期货法律规范对省、自治区、直辖市人民政府正在查处且性质认定存在疑问的非法证券期货交易活动出具专业性的认定意见,但并未对中国证监会所出具专业认定意见的法律性质、效力予以明确。事实上,正是源于对中国证监会所出具认定意见的差异,中国证监会和地方“金融办”就各自的权责范围产生了认知上的分歧,中国证监会坚持认为其所出具的有关非法证券期货交易活动性质的意见仅仅是地方交易场所监管部门执法的基础而不是直接对非法证券期货交易活动进行监管并作出处罚。[2] 与之相反,云南省和昆明市“金融办”则认为,地方“金融办”仅仅对像“泛亚有色金属交易所”这样的地方交易场所具有清理整顿的权力或者责任,并不享有真正的执法权力,自己并无法定的权力或者资格对地方交易场所进行监管。同时,云南省“金融办”与昆明市“金融办”也对彼此之间的监管权责分配存在认识上的分

〔1〕 庞华伟:《金融办银监局“互斥”责任 华鼎危机“大事化小”》,载《中国经营报》2012年11月5日,A03版。

〔2〕《中国证券监督管理委员会2015年10月16日新闻发布会》,载中国证券监督管理委员官网,http://www.csrc.gov.cn/pub/newsite/zjhxwfb/xwfbh/201510/t20151016_285243.html。

歧。[1] 由此可知,中国证监会、云南省“金融办”、昆明“金融办”等金融监管部门分别从不同侧面、不同维度来证明地方金融监管责任归属于其他政府部门。从上述三个事件来看,“河北信用社”事件最后由原中国银监会出面和河北省政府交涉才得以解决、“广东华鼎案”与“云南泛亚有色金属交易所”事件最后都是不了了之或尚未得到有效解决,这也在一定层面证明了迄今为止我国尚未建立制度化的地方金融监管权限争议事后裁决机制。

为避免此等问题在未来继续出现,亟须从制度上对事后性的监管权限争议作出最终裁决性的制度安排,即建立制度化的地方金融监管权限争议事后裁决机制,究竟应如何具体建立?从现实可行的角度来讲,整体上或许应该采取“两步走”的改革方案:一是在现行地方政府参与金融监管的体制框架之下建立地方政府参与金融监管之事后权限争议裁决机制;二是地方政府金融监管权限争议事后裁决机制的最终完善与制度化创建,需要以地方金融监管“体制”的改革来带动“机制”的调整,即在中央与地方金融监管职责划分之体制改革彻底完成后,在法律、行政法规层面,如在金融稳定法、地方金融监督管理条例中确立地方政府参与金融监管之监管权限争议裁决机制。

更进一步,无论采用何种改革方案,地方政府参与金融监管之权限争议事后裁决机制的最终完善与制度化创建都需要明白,具有事后裁决属性之“行政权限争议的处理是在主观上各职能部门之间发生相互争权或推诿的情况下,有争议之外的第三方站在公正的立场上解决纠纷的准司法行为”,[2] 因此应作出如下具体安排:首先是确立地方金融监管权限争议事后裁决的第三方争端解决机构,这又需要分两种情形:一是对于涉及“一行一总局一会”在省级地方的派出机构与省级地方政府设立的金融监管机构、不同省级地方政府设立的金融监管机构间权限争议的解决,应由具有具有决策议事协调属性的中央金融委员会及其办事机构作出最终裁决;二是对于省内地方政府设立的金融监管机构之间的监管权限争议应由地方党委组建设立的地方党委金融委员会及其办事机构作为地方金融监管权限争议的第三方裁决机构。其次是确立地方

---

[1] 《泛亚 400 亿产品深陷兑付危机监管:有责任但缺依据》,载央广网,http://china.cnr.cn/yaowen/20150918/t20150918_519897390.shtml。

[2] 金国坤:《行政权限冲突解决机制研究:部门协调的法制化路径探寻》,北京大学出版社 2010 年版,第 279 页。

政府参与金融监管之权限争议事后处理争端解决的程序机制，应在程序法层面建立“一行一总局一会”在地方派出机构、不同地方政府设立的金融监管机构的监管权限争议裁决机制，与地方金融之监管权限争议相关的任何一个部门都可以向作为第三方的中央金融委员会及其办事机构或地方党委组建设立的地方党委金融委员会及其办事机构提起争端解决的裁决申请；之后，中央金融委员会及其办事机构或地方党委组建设立的地方党委金融委员会及其办事机构应及时处理，并将是否受理裁决申请的结果发送相关金融监管部门；受理之后则应及时对“一行一总局一会”在地方的派出机构、不同地方政府设立的金融监管机构的监管权限争议进行审查，并作出正式的处理意见，而后及时送达“一行一总局一会”在地方的派出机构、不同地方政府设立的金融监管机构。

参考文献

一、中文类参考文献

(一)著作类

1. 朱文生:《完善上海地方政府金融管理体制研究》,上海大学出版社2013年版。

2. 武志:《中国地方金融体系的改革与重构》,东北财经大学出版社2006年版。

3. 宋瑞敏、李燕:《地方金融风险研究:现状、对策》,中南大学出版社2011年版。

4. 应宜逊编:《地方金融发展研究》,浙江工商大学出版社2012年版。

5. 宋炳方:《与政府官员谈地方金融》,经济管理出版社2005年版。

6. 周建松、姚星垣:《浙江地方金融发展续论》,浙江工商大学出版社2013年版。

7. [德]齐佩利乌斯:《德国国家学》,赵宏译,法律出版社2011年版。

8. 石佑启、杨治坤、黄新波:《论行政体制改革与行政法治》,北京大学出版社2009年版。

9. 彭文平:《金融发展二阶段论》,经济科学出版社2004年版。

10. 焦瑾璞:《构建中国金融行为监管体系研究》,中国金融出版社2015年版。

11. 张杰:《中国金融制度的结构与变迁》,中国人民大学出版社2011年版。

12. 唐志军:《地方政府竞争与中国经济增长:对中国之"谜"中的若干谜现象的解释》,中国经济出版社2011年版。

13. 唐丽萍:《中国地方政府竞争中的地方治理研究》,上海人民出版社 2010 年版。

14. 厉以宁:《中国经济双重转型之路》,中国人民大学出版社 2013 年版。

15. [美]戈德史密斯:《金融结构与发展》,浦寿海等译,中国社会科学出版社 1993 年版。

16. 邓正来:《法律与立法的二元观:哈耶克法律理论的研究》,上海三联书店 2000 年版。

17. 金国坤:《行政权限冲突解决机制研究:部门协调的法制化路径探寻》,北京大学出版社 2010 年版。

18. 吴庚:《行政法之理论与实用》,中国人民大学出版社 2005 年版。

19. [德]奥托 · 迈耶:《德国行政法》,商务印书馆 2013 年版。

20. 中国行政管理学会主编:《政府层级管理》,人民出版社 2009 年版。

21. 贾隽、行金玲主编:《组织理论与设计》,西安交通大学出版社 2011 年版。

22. 周永坤:《宪政与权力》,山东人民出版社 2008 年版。

23. [美]彼得 · H. 舒克编著:《行政法基础》,王诚等译,法律出版社 2009 年版。

24. 经济合作与发展组织编:《OECD 国家的监管政策:从干预主义到监管治理》,陈伟译,法律出版社 2006 年版。

25. 盛学军等:《全球化背景下的金融监管法律问题研究》,法律出版社 2008 年版。

26. 周永坤:《规范权力:权力的法理研究》,法律出版社 2006 年版。

27. 王国红:《政策规避与政策创新:地方政府政策执行中的问题与对策》,中共中央党校出版社 2011 年版。

28. 何显明:《市场化进程中的地方政府行为逻辑》,人民出版社 2008 年版。

29. 李飞等主编、杨希天等编著:《中国金融通史:中华人民共和国时期(1949 ~ 1996)》(第 6 卷),中国金融出版社 2002 年版。

30. 胡燕龙主编:《新中国金融史》,云南大学出版社 1993 年版。

31. 刘鸿儒等:《变革:中国金融体制发展六十年》,中国金融出版社 2009

年版。

32. 汪世银:《中国金融体制改革的理性思考》,中国财政金融出版社 2009 年版。

33. 张翔:《改革进程中的政府部门间协调机制研究》,社会科学文献出版社 2014 年版。

34. 魏星河、陈洪生主编:《政府责任与地方治理》,中共中央党校出版社 2005 年版。

35. 王广谦主编:《中国经济改革 30 年(金融改革卷)》,重庆大学出版社 2008 年版。

36. 封丽霞:《中央与地方立法关系法治化研究》,北京大学出版社 2008 年版。

37. 叶必丰:《行政法学》(修订版),武汉大学出版社 2003 年版。

38. [美]G. 沙布尔·吉玛、[美]丹尼斯·A. 荣迪内利:《分权化治理:新概念与新实践》,唐贤兴等译,格致出版社/上海人民出版社 2013 年版。

39. [美]维托·坦茨:《政府与市场:变革中的政府职能》,商务印书馆 2014 年版。

40. 金太军等:《政府职能梳理与重构》,广东人民出版社 2002 年版。

41. 冯辉:《论经济国家——以经济法学为语境的研究》,中国政法大学出版社 2011 年版。

42. 张为杰:《分权治理、地方政府偏好与公共政策执行机制研究》,中国社会科学出版社 2016 年版。

43. 周飞舟、谭明智:《当代中国的中央与地方关系》,中国社会科学出版社 2014 年版。

44. 林尚立:《国内政府间关系》,浙江人民出版社 1998 年版。

45. 薄贵利:《集权分权与国家兴衰》,经济科学出版社 2001 年版。

46. 郑永年:《中国模式:经验与挑战》,中信出版集团 2016 年版。

47. 朱丘祥:《从行政分权到法律分权——转型时期调整垂直管理机关与地方政府关系的法治对策研究》,中国政法大学出版社 2013 年版。

48. [美]查默斯·约翰逊:《通产省与日本奇迹:产业政策的成长(1925 - 1975)》,金毅、许鸿艳、唐吉洪译,吉林出版集团有限责任公司 2010 年版。

49. [美]禹贞恩编:《发展型国家》,曹海军译,吉林出版集团有限责任公司2008年版。

50. 易重华:《中国地方政府转型》,中国社会科学出版社2008年版。

51. 鲁敏:《转型期地方政府的角色定位与行为调试研究》,天津人民出版社2013年版。

52. 荣敬本等:《从压力型体制向民主合作体制的转变》,中央编译出版社1998年版。

53. 王绍光、胡鞍钢:《中国国家能力报告》,辽宁人民出版社1993年版。

54. 李利明、曾人雄:《1979－2006中国金融大变革》,上海人民出版社2007年版。

55. 徐孟洲等:《金融监管法研究》,中国法制出版社2008年版。

56. 朱丘祥:《从行政分权到法律分权——转型时期调整垂直管理机关与地方政府关系的法制对策研究》,中国政法大学出版社2013年版。

57. [奥]凯尔森:《法与国家的一般理论》,沈宗灵译,中国大百科全书出版社1996年版。

58. [日]松村岐夫:《地方自治:政治主体》,孙新译,经济日报出版社1989年版。

59. 潘德冰等:《中国模式:理想形态及改革路径》,广东人民出版社2012年版。

60. 潘德冰、颜鹏飞:《权力结构论》,香港:中国国际文化出版社2010年版。

61. 李瑞昌:《政府间网络治理:垂直管理部门与地方政府间关系研究》,复旦大学出版社2012年版。

62. 黄爱学:《金融商品交易反欺诈制度研究》,法律出版社2012年版。

63. 中国人民银行金融稳定分析小组编:《中国金融稳定报告(2005)》,中国金融出版社2005年版。

64. 张勇:《统筹协调:地方政府经济调节与国家宏观调控》,知识产权出版社2015年版。

65. 康良辉:《相对集中行使行政权制度研究》,中国政法大学出版社2014年版。

66. 李曙光:《国有资产法律保护机制研究》,经济科学出版社 2015 年版。

67. 胡家勇等:《政府职能转变与政府治理转型》,广东经济出版社 2015 年版。

68. 杨旭:《中国渐进改革中的金融控制:基于金融史视角》,经济科学出版社 2012 年版。

69. 金岳霖主编:《形式逻辑》(第 2 版),人民出版社 2006 年版。

70. 王章留等:《地方政府经济行为论》,武汉大学出版社 2003 年版。

71. 沈立人:《地方政府的经济职能和经济行为》,上海远东出版社 1998 年版。

72. 马英娟:《政府监管机构研究》,北京大学出版社 2006 年版。

73. 宋晓梧:《地方政府公司化研究》,中国财富出版社 2014 年版。

74. 万江:《中央经济政策的地方执行研究》,法律出版社 2012 年版。

75. 郭向军:《经济监管机构的法律地位》,中国金融出版社 2013 年版。

76. 熊文钊:《中国中央与地方关系宪政研究》,北京大学出版社 2005 年版。

77. [美]理查德 · B. 斯图尔特:《美国行政法的重构》,商务印书馆 2011 年版。

78. [美]马克 · 艾伦 · 艾斯纳:《规制政治的转轨》,尹灿译,中国人民大学出版社 2015 年版。

79. [美]詹姆斯 · 威拉德 · 赫斯特:《美国史上的市场与法律》,郑达轩等译,法律出版社 2006 年版。

80. 朱光磊:《当代中国政府过程》,天津人民出版社 2015 年版。

81. 曹正汉:《国家与市场关系的政治逻辑——当代中国国家与市场关系的演变(1949 ~ 2008)》,中国社会科学出版社 2014 年版。

82. 马洪雨:《论政府证券监管权》,法律出版社 2011 年版。

83. 张荔、车辉:《转轨国家金融体制变迁》,中国金融出版社 2008 年版。

84. 中国财政金融政策研究中心课题组:《无危机增长——"中国模式"中的财政金融因素》,中国人民大学出版社 2009 年版。

85. 李超等:《中国市场经济建设中的财政与金融关系》,中国金融出版社 2009 年版。

86. 周振超:《当代中国政府“条块关系”研究》,天津人民出版社 2009 年版。

87. 刘嗣明:《经济体制、政治体制与社会制度的关系研究》,中央编译出版社 2014 年版。

88. 刘承礼主编:《分权与央地关系》,中央编译出版社 2015 年版。

89. 周德文:《温州金融改革——为中国金融改革探路》,浙江人民出版社 2013 年版。

90. 赖先进:《论政府跨部门协同治理》,北京大学出版社 2015 年版。

91. 郑永年:《中国的“行为联邦制”:中央—地方关系的变革与动力》,邱道隆译,东方出版社 2013 年版。

92. 熊伟:《银行监管权边界问题研究》,法律出版社 2013 年版。

93. 钱宁峰:《行政组织法立法论研究》,东南大学出版社 2015 年版。

94. [美]华莱士 · E. 奥茨:《财政联邦主义》,陆符嘉译,译林出版社 2012 年版。

95. 朱光磊主编:《现代政府理论》,高等教育出版社 2006 年版。

96. 张军、周黎安编:《为增长而竞争:中国增长的政治经济学》,上海人民出版社 2007 年版。

97. 胡建淼主编:《公权力研究:立法权、行政权、司法权》,浙江大学出版社 2005 年版。

98. 杨淑萍:《行政分权视野下地方责任政府的构建》,人民出版社 2008 年版。

99. 许成钢:《政治集权下经济分权与中国改革》,载吴敬琏主编:《比较》第 36 辑,中信出版社 2008 年版。

100. 徐明、卢文道:《证券交易“买者自负”原则的司法适用及其法制化》,载张育年、徐明主编:《证券法苑》第 4 卷,法律出版社 2011 年版。

(二)论文类

101. 单飞跃、吴好胜:《地方金融管理法律问题研究》,载《法治研究》2013 年第 6 期。

102. 杨同宇:《金融权力配置的法治化——以我国中央和地方金融监管权配置为中心的考察》,载《财政监督》2015 年第 19 期。

103. 李强:《地方金融改革的政策法律空间初探》,载《商业时代》2014 年第 16 期。

104. 肖何:《地方金融管理法律问题探析》,载《时代金融》2016 年第 26 期。

105. 傅勇、李良松:《金融分权的逻辑:地方干预与中央集中的视角》,载《上海金融》2015 年第 10 期。

106. 崔霞、云子奇:《中央与地方准金融机构的监管权限划分研究》,载《管理观察》2016 年第 20 期。

107. 武晨:《基于分权视角的地方政府金融监管职权边界研究》,载《技术与市场》2013 年第 4 期。

108. 董雨翀、万方:《金融分权与地方经济增长》,载《金融与经济》2015 年第 5 期。

109. 余霞民:《政府行为差异下的最优金融分权:论地方金融管理体制改革》,载《浙江金融》2016 年第 5 期。

110. 张震宇:《完善地方金融监管体制》,载《中国金融》2016 年第 1 期。

111. 董宁:《地方金融监管体制改革路径探析》,载《征信》2015 年第 5 期。

112. 陈晨:《地方金融监管体制改革路径研究——以山东省为例》,载《山东经济战略研究》2014 年第 10 期。

113. 郭可为:《中央与地方金融监管体制改革之路》,载《金融博览》2015 年第 9 期。

114. 朱文生:《完善地方政府金融管理体制研究》,载《上海金融学院学报》2012 年第 10 期。

115. 李兴民:《完善地方政府金融管理体制的思考》,载《中国浦东干部学院学报》2012 年第 2 期。

116. 周逢民:《中央与地方政府金融监管模式选择》,载《金融发展评论》2012 年第 5 期。

117. 孙天琦:《宁夏"金融办":职责明确,实权在握,强势管理,执行力强,创出了一个很好的地方金融管理模式》,载《西部金融》2008 年第 8 期。

118. 郭德香、李海东:《金融改革背景下我国地方金融监管模式研究》,载《郑州大学学报(哲学社会科学版)》2016 年第 5 期。

119. 董世坤:《地方金融要破四道题》,载《光明日报》2013 年 10 月 8 日,第

16 版。

120. 董世坤:《中央与地方金融权力关系的变迁》,载《湖北大学学报(哲学社会科学版)》2014 年第 3 期。

121. 董世坤:《中央与地方金融权力配置研究》,载漆多俊主编:《经济法论丛》2014 年上卷(总第 26 卷),法律出版社 2014 年版。

122. 段志国:《论地方金融监管权的理论逻辑与配置建构》,载《宁夏社会科学》2015 年第 3 期。

123. 段志国:《我国金融监管权的纵向配置:现状、问题与重构》,载《金融理论与教学》2015 年第 6 期。

124. 段志国:《金融监管权的纵向配置:理论逻辑、现实基础与制度建构》,载《苏州大学学报(哲学社会科学版)》2015 年第 4 期。

125. 汤柳:《当前制度条件下中央与地方金融管理权的边界确定》,载《上海金融》2011 年第 7 期。

126. 车茹雅:《我国金融自由化的次序选择》,载《经济导刊》2008 年第 3 期。

127. 仇娟东、何风隽、艾永梅:《金融抑制、金融约束、金融自由化与金融深化的互动关系探讨》,载《现代财经(天津财经大学学报)》2011 年第 6 期。

128. 陈晓莉、胡金焱:《再论中国金融自由化的次序》,载《南开学报(哲学社会科学版)》2014 年第 5 期。

129. 曹正汉、史晋川:《中国地方政府应对市场化改革的策略:抓住经济发展的主动权》,载《社会学研究》2009 年第 4 期。

130. 钱颖一、许成钢、董彦彬:《中国的经济改革为什么与众不同——M 型的层级制和非国有部门的进入与扩张》,载《经济社会体制比较》1993 年第 1 期。

131. 周立:《渐进转轨、国家能力与金融功能财政化》,载《财经研究》2005 年第 2 期。

132. 周立:《改革期间中国国家财政能力和金融能力的变化》,载《财贸经济》2003 年第 4 期。

133. 董彦岭:《我国金融地方化趋势与地方金融发展战略》,载《海南金融》2007 年第 4 期。

134. 罗毅、肖立强:《金融乱象的前世今生》,载《资本市场》2011 年第 12 期。

135. 潘宏晶、吕庆明:《地方政府金融办职能定位问题研究》,载《西部金融》2014 年第 1 期。

136. 李富有、孙晨辉:《银行信贷资金变相流入民间借贷市场的影响效应——基于存在寻租行为的分析》,载《西安交通大学学报(社会科学版)》2013 年第 3 期。

137. 王曙光:《金融自由化中的政府金融监管和法律框架》,载《北京大学学报(哲学社会科学版)》2004 年第 1 期。

138. 巴曙松、吴博、刘睿:《金融结构、风险结构与我国金融监管改革》,载《新金融》2013 年第 5 期。

139. 李健:《优化我国金融结构的理论思考》,载《中央财经大学学报》2003 年第 9 期。

140. 张立洲:《论金融结构、金融监管与中国金融发展》,载《经济学动态》2002 年第 7 期。

141. 贾辉艳:《金融结构与金融监管结构相关性问题研究》,载《经济研究参考》2009 年第 39 期。

142. 史建平、高宇:《宏观审慎监管理论研究综述》,载《国际金融研究》2011 年第 8 期。

143. 张健华:《深化地方金融管理体制改革》,载《金融发展评论》2013 年第 10 期。

144. 李有星、王琳:《地方金融监管机构的主体属性与职能定位》,载洪艳蓉主编:《金融法苑》2015 总第 90 辑,中国金融出版社 2015 年版。

145. 孙弢、王吉如:《地方金融监管之惑》,载《金融世界》2013 年第 1 期。

146. 周学东:《央地金融监管职责的边界与协调》,载《上海证券报》2015 年 3 月 24 日,A01 版。

147. 石佑启:《论法治视野下行政权力的合理配置》,载《学术研究》2010 年第 7 期。

148. 莫于川:《行政职权的行政法解析与建构》,载《重庆社会科学》2004 年第 1 期。

149. 高家伟:《论行政职权》,载《行政法学研究》1996 年第 3 期。

150. 应松年、薛刚凌:《论行政权》,载《政法论坛(中国政法大学学报)》2001 年第 4 期。

151. 朱新力、罗利丹:《行政组织法的功能拓展及其制度设计》,载《法治研究》2012 年第 11 期。

152. 杨小君:《契约对行政职权法定原则的影响及其正当规则》,载《中国法学》2007 年第 5 期。

153. 杨小君:《二十世纪西方国家行政权的扩张》,载《西北政法学院学报》1986 年第 2 期。

154. 赵肖筠、张建康:《行政权的定位与政府机构改革》,载《中国法学》1999 年第 2 期。

155. 刘素梅:《论行政权力的扩张》,载《苏州大学学报(哲学社会科学版)》2006 年第 3 期。

156. 郭道晖:《法治行政与行政权的发展》,载《现代法学》1999 年第 1 期。

157. 张树义、梁凤云:《现代行政权的概念及属性分析》,载《国家行政学院学报》2000 年第 2 期。

158. 季涛:《行政权的扩张与控制》,载《行政法学研究》1997 年第 1 期。

159. 谢晖:《行政权规范:现状 · 对策 · 意义》,载《宁夏社会科学》1995 年第 2 期。

160. 邓晔:《论行政权的扩张与控制》,载《法学杂志》2008 年第 2 期。

161. 郭道晖:《行政权的性质与依法行政原则》,载《河北法学》1999 年第 3 期。

162. 盛学军:《政府监管权的法律定位》,载《社会科学研究》2006 年第 1 期。

163. 张弘:《行政职权理论范畴对中国行政法的影响与反思》,载胡建淼主编、浙江大学公法与比较法研究所编:《公法研究》第 7 辑,浙江大学出版社 2009 年版。

164. 何风隽:《中央政府与地方政府的金融资源配置权博弈》,载《重庆大学学报(社会科学版)》2005 年第 3 期。

165. 陈道富:《我国地方金融监管的现状与问题》,载《重庆理工大学学报

（社会科学版）》2016 年第 11 期。

166. 高西庆：《论证券监管权——中国证券监管权的依法行使及其机制性制约》，载《中国法学》2002 年第 5 期。

167. 周永坤：《权力结构模式与宪政》，载《中国法学》2005 年第 6 期。

168. 杜治洲：《中国行政体制纵向权力结构调整 30 年——经验、教训与趋势》，载《学术界》2008 年第 5 期。

169. 郭道晖：《权力的多元化与社会化》，载《中国法学》2001 年第 1 期。

170. 宋惠昌：《现代社会权力结构新探》，载《政治与法律》1999 年第 1 期。

171. 胡杰：《论权力的权利性》，载《法制与社会发展》2013 年第 2 期。

172. 燕继荣：《分权改革与国家治理：中国经验分析》，载《学习与探索》2015 年第 1 期。

173. 魏红英：《纵向权力结构合理化：中央与地方关系和谐发展的基本进路》，载《中国行政管理》2008 年第 6 期。

174. 雒永信：《管理幅度的理论探讨》，载《上海企业》2006 年第 8 期。

175. 刘敏：《地方政府"先行先试"的法理前提》，载《探索与争鸣》2012 年第 1 期。

176. 王广辉、胡朋：《论先行先试权评估的缘起、标准与方法》，载《河南师范大学学报（哲学社会科学版）》2013 年第 1 期。

177. 刘江会：《为什么是"渐进式制度变迁"——基于中国经济改革的一种经验分析》，载《江苏社会科学》2001 年第 2 期。

178. 朱富强：《渐进：改革的一般逻辑》，载《社会科学》2001 年第 3 期。

179. 赛晓序：《激进改革与渐进改革的差异之透析》，载《齐鲁学刊》2003 年第 4 期。

180. 薛汉伟、孙代尧：《中国走向市场经济的渐进改革》，载《北京大学学报（哲学社会科学版）》1996 年第 3 期。

181. 陈红娟：《降低风险与道路内生——试错式改革与中国特色社会主义道路的探索》，载《社会主义研究》2014 年第 3 期。

182. 李宜春：《政府层级管理体制改革的实践与思考》，载《中国行政管理》2011 年第 3 期。

183. 陈天祥：《中国地方政府制度创新的角色及方式》，载《中山大学学报

(社会科学版)》2002 年第 3 期。

184. 钟瑞庆:《渐进式改革与私权的发展—中国式道路的法律角度的考察》,载《中外法学》2006 年第 6 期。

185. 王诚:《试论综合配套改革中的“先行先试”》,载《天津社会科学》2008 年第 5 期。

186. 杨瑞龙:《我国制度变迁方式转换的三阶段论——兼论地方政府的制度创新行为》,载《经济研究》1998 年第 1 期。

187. 周望:《如何“先试先行”?——央地互动视角下的政策试点启动机制》,载《北京行政学院学报》2013 年第 5 期。

188. 李克强:《关于深化经济体制改革的若干问题》,载《求是》2014 年第 9 期。

189. 张健华:《深化地方金融管理体制改革》,载《金融发展评论》2013 年第 10 期。

190. 刘永刚、魏华:《金融办秘史》,载《中国经济周刊》2012 年第 2 期。

191. 文炳勋:《新中国金融体制的历史演进》,载《中共党史研究》2006 年第 4 期。

192. 马向荣:《地方“金融办”职能定位与金融分层监管体系催生》,载《改革》2014 年第 2 期。

193. 鸿儒:《银行进行综合反映工作的内容和方法》,载《中国金融》1964 年第 3 期。

194. 巴曙松、刘孝红、牛播坤:《转型时期中国金融体系中的地方治理与银行改革的互动研究》,载《金融研究》2005 年第 5 期。

195. 丁骋骋、傅勇:《地方政府行为、财政—金融关联与中国宏观经济波动——基于中国式分权背景的分析》,载《经济与社会体制比较》2012 年第 6 期。

196. 王存轩:《金融监管适当地方化的思考》,载《金融理论与实践》2002 年第 6 期。

197. 张旭、张静:《山东省地方金融监管体制面临的问题与对策》,载《金融发展研究》2014 年第 11 期。

198. 刘志伟:《地方金融监管权的理性归位》,载《法律科学(西北政法大学学报)》2016 年第 5 期。

199. 盛学军、刘志伟:《证券式众筹:监管趋势与法律进路》,载《北方法学》2015 年第 4 期。

200. 刘志伟:《证券储架发行机制的立法评估与制度重塑——基于对现行六部部门规章之储架发行条款的分析》,载《法学评论》2015 年第 6 期。

201. 黄金荣:《"规范性文件"的法律界定及其效力》,载《法学》2014 年第 7 期。

202. 耿宝建:《行政授权新论——走出理论与现实困境的一种认知尝试》,载《法学》2006 年第 4 期。

203. 徐跃:《"三定"规定制度是机构编制管理创新的工作平台》,载《中国机构改革与管理》2011 年第 1 期。

204. 郭德香、李海东:《金融改革背景下我国地方金融监管模式研究》,载《郑州大学学报(哲学社会科学版)》2016 年第 5 期。

205. 田利辉:《建议设置独立的天津金融监管局》,载《中国经济报告》2014 年第 12 期。

206. 谢志岿:《协调中央与地方关系需要两次分权——对协调中央与地方关系的一项新的探索》,载《江海学刊》1998 年第 1 期。

207. 单飞跃、严颂:《经济宪政视域中的中央与地方关系——国家结构形式对经济权力配置的影响》,载《上海财经大学学报》2008 年第 4 期。

208. 童之伟:《国家结构形式实质的广域探讨》,载《现代法学》1994 年第 6 期。

209. 杨光斌:《国家结构理论的解释力与适用性问题》,载《教学与研究》2007 年第 7 期。

210. 字来宏:《中国式财政分权与经济增长》,载《思想战线》2013 年第 1 期。

211. 贾康:《中国财政体制改革之后的分权问题》,载《改革》2013 年第 2 期。

212. 周雪光:《权威体制与有效治理:当代中国国家治理的制度逻辑》,载《开放时代》2011 年第 10 期。

213. 杨龙、张振华:《政治集权与经济分权配置制度的绩效与问题》,载《江苏行政学院学报》2011 年第 5 期。

214. 邱少春、崔兵:《什么是有效的金融集权与金融分权? ——基于“中国式分权”背景的分析》,载《理论月刊》2015 年第 1 期。

215. 周雪光:《从“黄宗羲定律”到帝国的逻辑:中国国家治理逻辑的历史线索》,载《开放时代》2014 年第 4 期。

216. 中国人民银行九江市中心支行课题组、骆钲、黎建新:《立法规范地方政府金融管理职责的思考》,载《武汉金融》2013 年第 4 期。

217. 劳海燕:《地方政府参与地方金融管理实证研究》,载《西南金融》2003 年第 12 期。

218. 谢瑞芬:《完善地方政府金融管理体制探讨》,载《河北金融》2012 年第 12 期。

219. 伍文芳、钟伟:《从政府经济职能的理论沿革看我国政府经济职能定位》,载《社会主义研究》2003 年第 5 期。

220. 郁建兴、徐越倩:《从发展型政府到公共服务型政府——以浙江省为个案》,载《马克思主义与现实》2004 年第 5 期。

221. 郁建兴、高翔:《地方发展型政府的行为逻辑及制度基础》,载《中国社会科学》2012 年第 5 期。

222. 张建英:《中国地方政府经济职能转型的实证分析:以苏州市为例》,载《江苏社会科学》2011 年第 1 期。

223. 蔡欣怡、魏名:《发展型国家理论和市场保护型联邦主义模型在中国缘何没有解释力?》,载《经济社会体制比较》2011 年第 1 期。

224. 朱长存:《地方分权、晋升激励与经济增长:基于文献的思考》,载《社会科学战线》2009 年第 4 期。

225. 黄力平:《把 GDP 放在干部考核的合适位置》,载《中国青年政治学院学报》2005 年第 1 期。

226. 刘瑞明、白永秀:《晋升激励与经济发展》,载《南方经济》2010 年第 1 期。

227. 何智美、王敬云:《地方保护主义探源——一个政治晋升博弈模型》,载《山西财经大学学报》2007 年第 5 期。

228. 刘瑞明、金田林:《政绩考核、交流效应与经济发展——兼论地方政府行为短期化》,载《当代经济科学》2015 年第 5 期。

229. 赵祥、谭锐:《土地财政与我国城市“去工业化”》,载《江汉论坛》2016 年第 1 期。

230. 黄征学:《如何破解土地、财政、金融“三位一体”发展模式——来自佛山的案例》,载《中国发展观察》2013 年第 10 期。

231. 陈志楣:《九十年代国家财政能力研究》,载《北京商学院学报》1997 年第 2 期。

232. 金双华:《财政转移支付制度对收入分配公平作用的研究》,载《经济社会体制比较》2013 年第 5 期。

233. 王瑞敏:《由乱而治:中国人民银行与地方政府的关系》,载《现代商业》2008 年第 8 期。

234. 祝继高、饶品贵、鲍明明:《股权结构、信贷行为与银行绩效——基于我国城市商业银行数据的实证研究》,载《金融研究》2012 年第 7 期。

235. 李宜春:《论分权背景下的中国垂直管理体制——概况、评价及其完善建议》,载《经济社会体制比较》2012 年第 4 期。

236. 盛学军:《后危机时代下对金融监管法价值的省思》,载《重庆大学学报(社会科学版)》2011 年第 1 期。

237. 邢会强:《金融危机治乱循环与金融法的改进路径——金融法中“三足定理”的提出》,载《法学评论》2010 年第 5 期。

238. 郭小聪:《集权与分权:依据、边界与制约》,载《学术研究》2008 年第 2 期。

239. 冯果:《金融法的“三足定理”及中国金融法制的变革》,载《法学》2011 年第 9 期。

240. 封丽霞:《中央与地方立法权限的划分标准:“重要程度”还是“影响范围”?》,载《法制与社会发展》2008 年第 5 期。

241. 邢会强:《商业银行的公共性理论——兼论商业银行收费法律问题》,载《现代法学》2012 年第 1 期。

242. 刘作翔:《中国司法地方保护主义之批判——兼论“司法权国家化”的司法改革思路》,载《法学研究》2003 年第 1 期。

243. 耿宝建:《行政授权新论——走出理论与现实困境的一种认知尝试》,

载《法学》2006 年第 4 期。

244. 尹振东:《垂直管理与属地管理:行政管理体制的选择》,载《经济研究》2011 年第 4 期。

245. 任进:《规范垂直管理机构与地方政府的关系》,载《国家行政学院学报》2009 年第 3 期。

246. 沈荣华:《分权背景下的政府垂直管理:模式和思路》,载《中国行政管理》2009 年第 9 期。

247. 周虎:《金融监管的核心和内容》,载《银行家》2003 年第 3 期。

248. 冯辉:《我国金融市场从"机构监管"到"功能监管"的法律路径——以金融理财产品监管规则的改进为中心》,载《法学》2010 年第 7 期。

249. 冬晓:《风险监管是金融监管的核心》,载《中国金融家》2011 年第 2 期。

250. 中国金融四十八论坛课题组:《金融消费者保护是金融监管的核心》,载《今日财富(金融发展与监管)》2011 年第 3 期。

251. 王华庆:《论行为监管与审慎监管的关系》,载《中国银行业》2014 年第 5 期。

252. 陆岷峰、王虹:《加强地方政府金融监管责任的研究》,载《金融理论与教学》2014 年第 8 期。

253. 刘新荣、陈波、陶钧:《对建立完善地方金融监管工作协调机制的思考》,载《西南金融》2016 年第 4 期。

254. 项峥:《金融风险意识需要健全制度引导》,载《证券时报》2014 年 4 月 1 日,A3 版。

255. 柴瑞娟:《民间资本控股村镇银行:逻辑证成与法律规制》,载《法学评论》2012 年第 6 期。

256. 戴小平、王玉兴:《我国民营银行的市场定位及经营模式研究》,载《上海金融学院学报》2015 年第 1 期。

257. 高玉成、郑伟、刘俊峰:《农村资金互助社发展与监管问题探析》,载《金融理论与实践》2015 年第 6 期。

258. 王怀勇:《金融监管边界的经济学与法学分析》,载《政法论坛》2013 年第 9 期。

259. 刘志伟:《非法集资行为的法律规制:理念检视与路径转换》,载《江西财经大学学报》2016 年第 1 期。

260. 高晋康:《民间金融法制化的界限与路径选择》,载《中国法学》2008 年第 4 期。

261. 刘维林:《激励相容与金融监管的边界》,载《经济纵横》2009 年第 11 期。

262. 李哲:《金融教育结构性缺失:对金融危机的一个反思》,载《江西财经大学学报》2011 年第 5 期。

263. 王华庆:《有效开展金融消费者教育》,载《中国金融》2013 年第 22 期。

264. 刘志伟:《民间借贷风险的法律规制——以风险的类型化为视角》,载《四川师范大学学报(社会科学版)》2014 年第 1 期。

265. 刘志伟:《金融创新中证券投资者知情权的法律保护》,载《西南金融》2014 年第 3 期。

266. 杨松、郭金良:《多层次民间金融监管的法律治理路径——基于民间金融交易特殊性的分析》,载《沈阳师范大学学报(社会科学版)》2014 年第 3 期。

267. 刘志伟:《论 P2P 网络借贷平台业务发展的合法模式选择——从〈关于促进互联网金融健康发展的指导意见〉谈起》,载《中南大学学报(社会科学版)》2015 年第 6 期。

268. 冯果、蒋莎莎:《论我国 P2P 网络贷款平台的异化及其监管》,载《法商研究》2013 年第 5 期。

269. 周玲玲:《美国金融欺诈频发的原因与启示》,载《学术交流》2010 年第 12 期。

270. 刘宪权:《刑法严惩非法集资行为之反思》,载《法商研究》2012 年第 4 期。

271. 徐澜波:《我国刑法应以金融欺诈罪代替金融诈骗罪》,载《政治与法律》2007 年第 2 期。

272. 应寅锋:《金融稳定视角下的政府职能及行为研究》,载《财贸经济》2009 年第 7 期。

273. 张红力:《制定金融稳定法》,载《中国金融》2013 年第 7 期。

274. 杨子强:《制定金融稳定法》,载《中国金融》2013 年第 6 期。

275. 常健:《论金融稳定的含义、法律特征与法律限度》,载《安徽大学学报(哲学社会科学版)》2011 年第 5 期。

276. 高秦伟:《论首都金融稳定协调机制的构建》,载《法学杂志》2011 年第 2 期。

277. 刘鹏:《比较公共行政视野下的监管型国家建设》,载《中国人民大学学报》2009 年第 5 期。

278. 刘义胜:《地方政府职能转变的影响因素分析》,载《内蒙古社会科学(汉文版)》2009 年第 1 期。

279. 宋晓梧:《"三维市场经济"与地方政府职能界定》,载《人民论坛 · 学术前沿》2013 年第 12 期(下)。

280. 何显明:《地方政府研究:从职能界定到行为过程分析》,载《江苏行政学院学报》2006 年第 5 期。

281. 石亚军:《地方政府职能转变重在接准、放实、管好》,载《中共中央党校学报》2014 年第 2 期。

282. 韩亚锋、任宗哲:《地方政府经济职能和经济行为的思考》,载《西北大学学报(哲学社会科学版)》2011 年第 4 期。

283. 马雪彬、赵晶晶:《出资人、需求者:地方政府之于地方性金融机构监管职责的角色诉求矛盾》,载《云南财经大学学报(社会科学版)》2012 年第 1 期。

284. 周春喜、黄星澍:《地方金融的监管逻辑及规范路径》,载《浙江工商大学学报》2014 年第 5 期。

285. 刘如翔:《反思与重构:论我国国有金融资本出资人代表制度的完善》,载《中国证券期货》2010 年第 4 期。

286. 文申:《地方政府金融办职能该如何定位》,载《金融博览》2010 年第 10 期。

287. 胡国梁:《国资委法律性质研究》,载《湖南科技大学学报(社会科学版)》2015 年第 3 期。

288. 年志远、王相东:《国资委权益监管与政府行政监管——兼论国资委监管职能定位》,载《社会科学战线》2013 年第 11 期。

289. 杨子强:《完善地方金融监管体制》,载《中国金融》2014 年第 5 期。

290. 王自力:《地方政府隐性金融干预行为及福利损失分析》,载《河南金融管理干部学院学报》2007 年第 2 期。

291. 张雪兰、何德旭:《关于完善我国地方政府金融管理体制的思考》,载《财贸经济》2011 年第 7 期。

292. 晋入勤:《应重新定位国资委并更新其职权》,载《法学》2008 年第 6 期。

293. 刘锷:《金融办现状及其未来发展的相关思考》,载《甘肃金融》2013 年第 1 期。

294. 蓝虹、穆争社:《论完善地方金融管理的边界、组织架构及权责制衡机制》,载《上海金融》2014 年第 2 期。

295. 钱水土:《进一步完善地方政府金融管理体制的探讨》,载《清华金融评论》2014 年第 7 期。

296. 袁安照:《金融办监管金融国资利弊互现》,载《上海国资》2010 年第 5 期。

297. 曹源芳:《我国各省市金融垄断程度判断——基于金融勒纳指数的分析》,载《财经科学》2009 年第 4 期。

298. 付子堂、张善根:《地方法治建设及其评估机制探析》,载《中国社会科学》2014 年第 11 期。

299. 皮建才:《垂直管理与属地管理的比较制度分析》,载《中国经济问题》2014 年第 4 期。

300. 汪进元:《国家治理体系中政府权力的分化与重组》,载《法商研究》2014 年第 3 期。

301. 陈道富:《提高地方金融监管有效性的对策建议》,载《国家治理》2016 年第 23 期。

302. 崔卓兰、卢护锋:《行政自制之途径探寻》,载《吉林大学社会科学学报》2008 年第 1 期。

303. 章剑生:《行政管辖制度探索》,载《法学》2002 年第 7 期。

304. 庞华伟:《金融办银监局“互斥”责任　华鼎危机“大事化小”》,载《中国经营报》2012 年 11 月 5 日。

（三）其他类

305.《申万宏源详解配资业务生态　场外配资规模约 2 万亿》，载东方财富网，http://finance.eastmoney.com/news/1344,20150629521653484_0.html。

306. 王胜春：《地方政府金融监管边界在哪》，载和讯网，http://bank.hexun.com/2012-09-13/145801938.html。

307. 纪敏：《中国金融监管职能定位不清》，载贵阳网，http://www.gywb.cn/content/201603/27/content_4738833.htm。

308.《温州市金融办和温州市金融局主要职责》，在温州政府网，http://www.wzjrb.gov.cn/art/2012/8/9/art_8709_91792.html。

309. 王永吉：《审计署：银行贷款占 36 个地方政府债务余额的 78%》，载中国新闻网，http://www.chinanews.com/gn/2013/06-10/4918865.shtml。

310. 何晓晴：《互金地方监管：缺人、缺钱、缺执法权，监管名存实亡》，载和讯网，http://news.hexun.com/2016-11-06/186758416.html。

311. 张莫、蔡颖：《地方金融办将被剥离融资职责——分层监管仍面临多重博弈》，载新华网，http://jjckb.xinhuanet.com/2014-05/08/content_503463.htm。

312. 陈春林：《2013 年中国家庭民间借贷规模超过 5 万亿》，载扬子晚报网，http://epaper.yzwb.net/html_t/2014-02/27/content_139319.htm?div=-1。

313. 王金龙：《泛亚危机被指监管缺失》，载中国经营网，http://www.cb.com.cn/index.php?m=content&c=index&a=show&catid=21&id=1145626&all。

314. 詹晨：《“泛亚事件”巨大的资金漏洞该由谁来兜底?》，载界面网，http://www.jiemian.com/article/466104.html。

315. 周俊生：《泛亚事件的核心是监管机构“集体作弊”》，载美财社网，http://www.mcshe.com/xfgd/67973.html。

316. 中国证券监督管理委员会 2015 年 10 月 16 日新闻发布会，载中国证监会官网，http://www.csrc.gov.cn/pub/newsite/zjhxwfb/xwfbh/201510/t20151016_285243.htm。

317. 王逸群：《泛亚 400 亿产品深陷兑付危机监管：有责任但缺依据》，载央广网，http://china.cnr.cn/yaowen/20150918/t20150918_519897390.shtml。

318. 杨井鑫、李玉敏：《地方政府融资需求旺盛　监管层监管城商行平台贷》,载腾讯财经,http://finance. qq. com/a/20130301/001034. htm。

319.《国务院部分部门“三定”规定》,在中国广播网,http://www. cnr. cn/newspaper/news/200807/t20080718_505040149. html。

320. 郭峰:《互联网金融不适合交给地方监管》,载腾讯财经,http://finance. qq. com/a/20150507/026549. htm。

321. 王逸群:《泛亚 400 亿产品深陷兑付危机监管:有责任但缺依据》,载央广网,http://china. cnr. cn/yaowen/20150918/t20150918_519897390. shtml。

322. 贺晨:《“类泛亚”地方交易所谁来管? 证监会“我没权力”》,载美财社网,http://www. mcshe. com/xfgd/67973. htm。

323.《盘点 2015 年典型的金融诈骗案例》,载网贷天眼网,http://news. p2peye. com/article - 476566 - 1. html。

324. 杨峻:《投资者教育是互联网金融风险防范的重要一环》,载华龙网,http://news. cqnews. net/html/2016 - 08/12/content_38075766. htm。

325. 赵昌文等:《关于完善地方国有金融资产管理体制的建议——基于成都市的调查分析》,载国务院发展研究中心官网,http://www. drc. gov. cn/xscg/20130319/182 - 224 - 2874383. htm。

326. 彭苏平:《上海国资委收回市属金融企业监管权　地方国资统一监管在沪确立》,载新浪财经,http://finance. sina. com. cn/money/bank/bank_hydt/2016 - 06 - 08/doc - ifxsvenv6969837. shtml。

327. 陈莹莹:《金融监管协调部际联席会议制度获准建立》,载新华网,http://news. xinhuanet. com/fortune/2013 - 08/21/c_125212131. htm。

328.《中华人民共和国立法法释义》,载中国人大网,http://www. npc. gov. cn/npc/flsyywd/xianfa/200108/01/content_140407. htm。

329. 殷剑峰:《金融分权加剧系统性金融风险——关于我国财政金融体制改革“顶层设计”的思考(上)》,载《第一财经日报》2013 年 7 月 1 日,A08 版。

330. 周学东:《央地金融监管职责的边界与协调》,载《上海证券报》2015 年 3 月 24 日。

331. 上海证券报两会报道组:《铸造区域金融安全网　中央地方金融分级监管体系现雏形》,载《上海证券报》2015 年 3 月 13 日。

332. 刘小旭:《筹建满一年　民营银行离我们到底有多近》,载《中国商报》

2015 年 8 月 18 日。

333. 陈锐:《中国区域金融稳定评估问题研究》,武汉大学博士学位论文 2010 年 5 月。

334. 人民银行营业管理部课题组、蒋万进:《北京市金融监管协调机制研究》,载《中国金融》2008 年第 14 期。

二、外文类参考文献

(一)著作类

335. Wallace Oates, *The Economics of Fiscal Federalism and Local Finance*, Cheltenham: Edward Elgar Publishing Ltd. ,1998.

336. Roy Bahl, *Restructuring Local Government Finance in Developing Countries*, Cheltenham: Edward Elgar Publishing Ltd. ,2003.

337. Walter, Andrew, *Governing Finance: East Asia's Adoption of International Standards*, Ithaca: Cornell University Press,2008.

338. Jianjun Li, Sara Hsu, *Informal Finance in China: American and Chinese Perspectives*, Oxford: Oxford University Press,2009.

339. David Wilson, Chris Game, *Local Government in the United Kingdom*, Basingstoke: Palgrave MacMillan,2011.

340. Christine P. W. Wong, *Financing Local Government in the People's Republic of China*, Oxford: Oxford University Press,1997.

341. PF Landry, *Decentralized Authoritarianism in China*, New York: Cambridge University Press,2008.

342. Robin A. Johnson, Norman Walzer, *Local Government Innovation: Issues and Trends in Privatization and Managed Competition*, Westpoint: Quorum Books, 2000.

343. Khan Aman. Eds, *Financial Management Theories in the Public Sector*, Westpoint: Quorum Books,2004.

(二)论文类

344. G. Montinola, Y. Qian, B. R. Weingast Federalism, *Chinese Style: The*

Political Basis for Economic Success in China, World Politics, Vol. 48, No. 1, Oct. 1995.

345. Hehui Jina, Yingyi Qian, *Regional Decentralization and Fiscal Incentives: Federalism, Chinese Style*, Journal of Public Economics, Vol. 89, No. 9 - 10, Sep. 2005.

346. Wallace E. Oates, *On Local Finance and the Tiebout Model*, The American Economic Review, Vol. 71, No. 2, Papers and Proceedings of the Ninety-Third Annual Meeting of the American Economic Association May. 1981.

347. George G. Daly, *The Burden of the Debt and Future Generations in Local Finance*, Southern Economic Journal, Vol. 36, No. 1, Jul. 1969.

348. Richard Bird, *Local Finance and Economic Reform in Eastern Europe*, Environment and Planning C: Government and Policy, Vol. 12, No. 3, Dec. 1994.

349. S. C. Dow, C. J. Rodriguez-Fuentes, *Regional Finance: A Survey*, Journal of Regional Studies, Vol. 31, No. 9, Dec. 1997.

350. Andrew G. Walde, *Local Governments as Industrial Firms: An Organizational Analysis of China's Transitional Economy*, American Journal of Sociology, Vol. 101, No. 2, Sep. 1995.

后　记

本书以我的博士学位论文为基础修改而成。回首过往,博士学位论文能够顺利成稿,主要得益于读博期间有充足的时间让我投身于“地方金融”这一主题的学习与研究,工作后真的很难找到如此完整的时间去洒脱无束地研究一个主题、撰写一篇文章。当然,能够有充裕的时间精心科研,尤其感念各位师长亲朋一直以来对我生活、学习的关心支持,对我的宽容与厚爱。

研究对象的选择与确定,说来偶然,也是必然。记得2014年,我参与了盛学军教授主持的温州大学金融研究院暨温州市金融研究院“民间金融监管协调法律制度的创建与完善”项目的申报与报告撰写。在研究民间金融监管协调法律问题的过程中,我发现一个问题——既有金融监管法律制度并没有对民间金融的监管权力进行规定,遑论民间金融监管权的分配与协调。此时,我觉得民间金融或非正规金融监管权力在中央与地方政府间的重新配置可以作为博士学位论文选题的一个切入点。恰巧,2013年11月《中共中央关于全面深化改革若干重大问题的决定》也正式提出有效“界定中央和地方金融监管职责和风险处置责任”,随后国务院于2014年专门发布了《关于界定中央和地方金融监管职责和风险处置责任的意见》(国发〔2014〕30号),这进一步从现实需求与政策支持层面证实了中央与地方政府金融监管权责配置问题的重要性和研究的可行性。经过与盛老师多次深入交流,老师支持我将“地方政府参与金融监管法治论”作为博士学位论文的选题,并最后敲定。

理想很丰满,现实很骨感。当我真正开始着手博士学位论文之提纲设计、内容撰写时,深深感到了自己知识的匮乏、积淀的不足,可谓力不从心。

博士学位论文之所以能完成，绝对离不开西南政法大学经济法学院、经济法学科多位老师的大力帮助与支持。卢代富教授曾多次提醒我，“地方金融”内涵与外延的确定对该选题至关重要，必须要厘清，否则将影响论文内容的逻辑自洽性与完备性；岳彩申教授对地方政府参与金融监管之中国地方政府及其“金融办”融资与监管职能合一的问题提出了自己独到的见解，并说该论文的撰写一定要结合中国实践，写出中国特色；许明月教授指出，中国单一制的国家结构能否为地方政府参与金融监管提供法律上的可行性空间，厘清此问题必须要结合国家权力结构理论进行分析才能更深入地展开；李玉虎教授就我博士学位论文的提纲设计、内容编排、观点提出等方面提出了全面而系统的宝贵意见，并与我进行了多次深层次的交流与探讨。无论好坏优劣，现在论文已经写完，并且自己也做到了尽心尽力，如有缺憾，也只能怪自己“荒学怠研”了。

最应感谢的是我的硕士、博士研究生导师盛学军教授。自攻读硕士学位一直到留校任教，常随先生左右，深感荣幸之至。先生为人谦逊儒雅，为学严谨求实，为师兢兢业业，皆令学生仰之弥高。是先生将天生愚钝的我带上了学术道路，手把手地教我如何去阅读文献、如何去撰写论文、如何去表达自己所欲表达之事等。先生传授给我的不仅是专业知识，更重要的是教我学会了如何去做学问，教给我的是学术研究“利器”。是先生为我提供了博士求学期间的学费、会务费、调研费等各种费用，博士入学之时先生就对我说，“不用担心上学期间的费用，有什么困难直接对我说就好，你现在最重要的就是安安心心学习、踏踏实实搞研究”。先生所为之一切，对于我这个“穷”学生来说，可谓是最大的支持与帮助，也是最大的鼓舞与引导。先生对我的恩情，我将终生难忘，未来我也将谨遵先生教诲，脚踏实地为学、认认真真做事、光明磊落做人，并尽我最大努力来回报先生对我的厚爱。

最后，本书能够出版得到了西南政法大学经济法学院、经济法学科的基金资助，更得到了卢代富教授、盛学军教授两位老师的倾力支持。自己的拖沓懈怠导致博士学位论文写完之后一直被束之高阁，是盛老师多次催促我赶快修改，是卢老师多次与出版社沟通协调。为了让我的博士学位论文能够在《经济法博士精品文库》出版，卢老师、盛老师不仅亲自上阵沟通协调出版事宜，还包容了我在其中的思虑不周、处事不全，可谓操碎了心！当然，还要特别感谢法律出版社法治与经济分社沈小英分社长、陈妮副编审、毛镜澄编辑，感谢他们在文稿修改、出版中给予的帮助、理解与宽容。

刘志伟

2023 年 1 月